Joseph Müller

Der steyerische Robinson

Reisen und besonders merkwürdige Begebenheiten des Joseph Müller

Joseph Müller

Der steyerische Robinson
Reisen und besonders merkwürdige Begebenheiten des Joseph Müller

ISBN/EAN: 9783744634076

Hergestellt in Europa, USA, Kanada, Australien, Japan

Cover: Foto ©Andreas Hilbeck / pixelio.de

Weitere Bücher finden Sie auf **www.hansebooks.com**

Der
Steyerische Robinson,

oder

Reisen

und

besondere merkwürdige Begebenheiten

des

Joseph Müller

an den Brasilianischen Küsten von Amerika.

Frankfurt und Leipzig.
1793.

Jilly in Steyermark ist der Ort, an welchem ich das Licht der Welt erblickte. Mein Vater, Wenzel Müller, mußte seinen täglichen Bissen Brod den Kindern vom Hintern herunter hauen; ich will sagen, er war daselbst Schulmeister. Zwar war dieser Posten seiner Geburt und seinen Wissenschaften nicht angemessen, da er von gutem alten Adel abstammte. Er hatte die schönen Wissenschaften studieret, sprach verschiedene Sprachen, und verstand auch die Rechte; allein das Glück wollte ihm nicht. Da er auf Universitäten alles sein Geld verstudieret hatte, und zu Bestreitung der Unkosten seiner bevorstehenden Doktorpromotion aber den letzten Wechsel, den Rest seines Vermögens, erhalten hatte; gerieth er den Abend vorher in ein Kaffeehaus, wo even Pharo gespielet wurde, fieng an zu spielen, und — verlor alles, bis auf etliche Gulden, die er noch mit sich davon trug.

Er fieng nun an Information in Sprachen, Musik und Wissenschaften zu geben; da er aber dadurch kein großes Glück machte, so wollte er eben auf Gerathewohl in die Welt gehen; als er

ne Hofmeisterstelle bei einem Edelmanne auf dem
ande erhielt. Sein Prinzipal versprach ihm nach
iniger Zeit eine weitere Empfehlung zu einer ein=
räglichen Stelle; allein er hielt sein Wort nicht,
nd brauchte ihn, da seine Kinder erwachsen waren,
u allerhand unwürdigen Geschäften. Indessen hatte
r Bekanntschaft mit dem Pfarrer, und dieser, der
ehr kränklich war, und stark an dem Podagra litt,
alf ihm, unter dem Bedinge, daß er seine verdienst=
olle Köchinn heirathen mußte, zum Schuldienste,
ermachte ihm auch bei seinem Tode einige hundert
Gulden an Geld.

Kurze Zeit nach dieser Heirath kam ich zur
Welt, und erbte meines Vaters Namen, wozu ich
en Taufnamen Joseph erhielt. Ich wurde ganz
ehrbar, und in aller Gottseligkeit erzogen. Mein
Vater unterwies mich im Lesen, Schreiben, und
einigen Sprachen. Ich mußte ihm immer zur Seite
eyn. Gieng er ins Wirthshaus, wo er, beson=
ers wenn er von den Bauern zechfrey gehalten wur=
e, oft ganze Nächte sitzen blieb, so saß ich an sei=
ner Seite, und sang mit ihm ein Liedchen um das
andere; und da ich etwas älter wurde, gebraucht
er mich an der Orgel zum Blasebalgtreten. Da
er bei der Herrschaft noch immer in Gnaden stand
so wurde ich nicht selten, besonders wenn Gäst
kamen, in das Schloß gerufen, wo ich über de
Tafel mit aufwarten mußte. Bei dieser Gelegen
heit wurde ich mit den jungen Herren bekannt
Sie hudelten mich auf allerley Art, doch nahmen
sie mich auch öfters mit sich auf die Jagd; vor
welche

welcher ich ihnen die geschossenen Haasen und Rebhühner nach Hause tragen mußte. Diese Ergötzlichkeit gefiel mir ungemein, und ich äußerte das Verlangen, ein Jäger zu werden, worin sie mich auch bestärkten, und es endlich bei ihrem Herrn Vater so weit brachten, daß er mich zu seinem Revierjäger in die Lehre gab. Ich wurde in meiner Kunst sehr geschickt, und nach ausgestandenen drei Lehrjahren bekam ich den Hirschfänger.

Ich war nun schon neunzehn Jahre alt, und bildete mir nicht wenig auf dieses Ehrenzeichen ein, wozu ich (meiner Meinung nach) noch mehr Ursache hatte, da mich der gnädige Herr mit einem neuen Hute, Kleide, Stiefeln und hirschledernen Hosen beschenkte. Die Herrschaft versprach mir, mich so lange bei sich zu behalten, bis sich etwa eine Gelegenheit zeigen würde, wo ich als Forstknecht eintreten könnte; und ich blieb unterdessen im Schlosse, und versah zugleich die Dienste eines Bedienten, ministrirte auch zugleich in der Hauskapelle, wenn sich mein Prinzipal Messe lesen ließ. Bei müßigen Stunden gieng ich in die Schenke, oder wandelte im Dorfe herum, und zeigte mich in meiner Montirung meinen alten Gespielen, den Bauernbuben, gegen welche ich eine unglaubliche Autorität spielte; und kaum glaubte ich meinen immer krumm getragenen, und auf einem Ohre sitzenden Hut ein wenig zu rücken, wenn sie mich in größter Demuth grüßten; ja ich sah sie nicht einmal über die Achsel an. Mein Stolz gieng so weit, daß ich meine Geburtssprache ganz ablegte, und dafür den Schlesion,

und

und die **hochdeutsche** Sprache des gnädigen Herrn
annahm; und weil dieser sehr stotterte, und auf
dem linken Auge schielte, so gab ich mir alle nur er-
innliche Mühe, es ihm vollkommen abzulernen.

Dies machte mich dann vollends respektabel,
und zog aller Augen auf mich; und da ich ohnedem
von Gesicht ein hübscher Pursche war, so machte
ich viel Aufsehens, und unsere Dorfnymphen wandten alle Kunst und Fleiß an, mir zu gefallen, und
Neigung einzuflößen. Unter andern **hatte der** da-
malige Pfarrer eine junge Tyrolerinn zur Haushälterinn, welche er seine Muhme nannte, die aber,
wie ich in der Folge **von** ihr selbst erfuhr, nichts
weniger, als mit ihm verwandt war. Sie war
neunzehn Jahre alt, brunet, von mittelmäßigem
Wuchse und hoher Brust, und hatte ein sehr ange-
nehmes Gesicht, und hochschwarz schmachtende Augen. Diese trug unter den übrigen den Sieg über
mich davon.

Es war nicht schwer an sie zu kommen, indem
mich der gnädige Herr immer mit Bothschaften zum
Pfarrer schickte, welcher zum Zeitvertreibe nach
Tische gemeiniglich den langen Puff mit ihm spielen
mußte. Da mir die Dirne, welche Marie hieß,
immer die Thüre aufmachte, so hatten wir Gelegenheit genug, uns zu erklären, und bei meinem
weiten Eintritte in die Pfarre wußte ich schon ihre
Gesinnungen; und wir verabredeten uns, wo wir
in Zukunft einander allein sehen wollten. Ich nahm
also die Gelegenheit in Acht, wenn der Herr Pfarrer im Schlosse war, mich hinter dem Sessel weg-
zuschlei-

zuschleichen, und ließ es mir indessen bei seiner Muhme recht gut gehen.

Wir waren wirklich beide in einander verliebt, und es war meine erste Liebe; **dies**, glaub' ich, ist genug gesagt. Die Gutherzige machte mir verschiedene Geschenke an Strümpfen, Schnallen, Knöpfen u. dergl. Unter andern verehrte sie mir nach damaliger Mode einen schwarzledernen Hosenträger, auf der vordern Seite mit einem **rothen** Herzen, worauf sie eigenhändig mit Silberfaden eine Drei und ihren Namen gesticket hatte. Dieses hielt ich für ein unschätzbares Kleinod, und trug es ihr zu Ehren, bis es zerrissen war. Uibrigens versorgte sie meinen Magen auf das allerbeste, und der Herr Pfarrer hatte keinen Braten, keinen Leckerbissen, noch auserlesenen Wein im Keller, wovon sie mir nicht zu kosten gegeben hätte.

Allein ein Feind, ein Neider lauerte hinter uns, und zerstörte unsere Freundschaft auf ewig. Die Viehmagd, ein unbehilflicher grober Bauerntrampel, hatte ebenfalls ein Auge auf mich geworfen, und gab mir ihre Neigung vielfältig zu verstehen. Da sie ein taubes Ohr bei mir fand, so entdeckte sie ihrem Herrn aus Rache unsere Bekanntschaft, und dieser durchstrich sie auf die strengste Weise. Es war aber an meinem Namenstage, als er wieder bei meinem Herrn spielte, und ich von seiner Muhme zu Gaste geladen war. Sie hatte es sich an diesem Tage besonders angelegen seyn lassen, mich recht gut zu bewirthen, und Wein und Speisen im Uiberflusse aufgetragen. Unter andern

brachte sie den Rest von einem wilden Schweins=
kopfe, von dem sie sagte, daß er des Herrn Pfar=
rers Leibspeise wäre; ich sollte mir ihn nur schme=
cken lassen; und wenn er darnach fragen sollte,
wollte sie sich schon damit heraus reden, daß ihn
die Katzen gefressen hätten.

Ich folgte ihrem Zuspruche treulich, und was
ich nicht aufzehren konnte, steckte sie mir in die Ta=
sche. Nach Tische pflegten wir unsere Zärtlichkeit,
und wiederholten einander unter den theuersten
Schwüren die Versicherungen ewiger Treue. Ich
saß eben in des Herrn Pfarrers blautüchenen Lehn=
sessel, und hatte seine von Schwanfeder=Küßchen
gemachte, und mit Bandschleifen gezierte Mütze auf
dem Kopfe, und seine theuerste Muhme auf dem
Schooße, als er, mittelst eines Hauptschlüssels,
plötzlich zur Thüre herein trat, und uns über=
rumpelte.

Nichts kam unserm Schrecken gleich. Marie
fiel in Ohnmacht, und ich stand wie versteinert da.
Der Herr Pfarrer ergriff sogleich einen Stiefel=
knecht, und wollte mir damit das Konfekt auftra=
gen: allein ich lief um den Tisch herum; und da
er mich nicht fangen konnte, warf er solchen in
größtem Grimme nach mir. Zu seinem Unglücke
lief ich aber, als der Wurf geschah, vor seinem
Spiegel vorbei; und da ich mich bückte, fuhr das
Holz in denselben, und zertrümmerte dies alte Fa=
milienstück, welches noch ein ganzes Dutzend dar=
unter stehende porzellänene Kaffeeschaalen und Kan=
nen in Scherben verwandelte.

End=

Endlich brachte er mich in einen Winkel, und wollte Hand an mich legen; da ich aber vollen Halses schrie, daß ich die herrschaftliche Montirung nicht prügeln lassen würde, und meinen Hirschfänger zog, ließ er keichend von mir ab, und nahm eine Pistole von der Wand, die er auf mich losdrückte; allein sie versagte. Er rannte noch einmal fort, und brachte einen Nachtwächterspieß, mit welchem er aber, ehe er mich erreichte, vor Uibereilung über und über purzelte.

Ich machte mir diesen Augenblick zu Nutze, ergriff die Zimmerthüre, und eilte, was ich konnte, zum Hause hinaus. Mein erster Gang war zu einem der jungen Herren, welchem ich mein Abentheuer vertraute, und dieser erzählte es noch denselben Abend seinem Papa, der mich sogleich zu sich rief, und mich um alle Umstände fragte, worüber er dermaßen lachte, daß ich besorgte, es möchte ihm der Athem aussen bleiben. Des andern Tages kam der Herr Pfarrer, und verklagte mich bei ihm; richtete aber weiter nichts damit aus, als daß er derb ausgelachet, und tüchtig herum genommen wurde.

Er ließ hierauf meinen Vater kommen, erzählte ihm meine Aufführung, und gab ihm den Bescheid, daß er ihn um meinetwegen um seinem Dienst bringen würde. Mit Thränen berichtete er mir diese Ankündigung; und da der Schulmeisterdienst von der Pfarrei abhieng, konnte auch die Herrschaft wenig helfen, da der Herr Pfarrer ganz unerbittlich blieb. Endlich wurde der Vergleich getroffen, aß ich zur Sicherheit des Herrn Pfarrers da[s] Dorf meiden, und mich in eine andere Provinz be[ge]eben solle. Ich gieng solchen meinem Vater z[u] iebe ein, und verließ also meine Heimath.

Meine Straße war nach Tyrol gerichtet, un[d] ch bot mich manchem Jäger zum Knechte an, be[k]am aber von jedem den Bescheid, daß er bereit[s] amit versehen sey, und da itzt schwere Zeiten wä[r]en, sich mit wenigen Leuten behelfen müsse. Ic[h] oußte nicht, was ich bei solchen Umständen anfan[g]en sollte. Meine etliche Gulden, welche mir di[e] ungen Herren auf den Weg gegeben hatten, ware[n] ereits verzehret, und ich hatte weder Freunde noc[h] Bekannte, die mir etwas mitgetheilet hätten. I[n] ieser Noth nahm ich mir vor, mich bei den Sol[d]aten unterhalten zu lassen; da aber in dieser Ge[g]end keine standen, so mußte ich mich entschließen och bis Inspruck zu wandern.

Zween Tage hatte ich schon auf dem Wege zu ebracht, als ich zu einem Wirthshause kam, wel[c]hes mitten in einem Walde lag. Da ich ziemli[ch] urstig war, und noch sechs Kreuzer in meinem gan[z]en Vermögen hatte, beschloß ich hinein zu gehen olche zu vertrinken, und dann, wenn ich keine Hülf[e f]ände, meine etliche Hemden, die ich noch in de[r] Jagdtasche hatte, loszuschlagen. Wie ich in di[e] Stube kam, sah ich sechs Kerls hinter einem Tisch itzen, welche Charten spielten. Sie hatten sämmtlic[h] o etwas Verschmitztes an sich; und da ich die Auge[n] veiter in der Stube herum warf, wurde ich einige Schießgewehre gewahr, die in einem Winkel standen

Ich wußte nicht, was ich aus dieser Erscheinung machen sollte. Der große Wald, das einzelne Wirthshaus, die handfesten Kerls, die Gewehre; alles dieses kam mir verdächtig vor, und erfüllte mich mit Furcht; noch mehr aber, da sie bei meiner Erblickung auch aufmerksam zu werden anfiengen, und mich ganz bedeutend betrachteten. Der Wein wollte mir nicht schmecken, indem ich sie für nichts weniger als Räuber hielt, die mir vielleicht das Leben nehmen würden; allein das Räthsel klärte sich gar bald auf, sie waren Raubschützen.

Sie mochten mir meine Furcht angesehen haben, denn nach einigen Minuten, und nachdem sie ein Paar mal die Köpfe zusammen gestecket hatten, näherte sich mir einer, und befragte mich um alles, was er zu wissen verlangte. Da ich ihm meine ganzen Umstände aufrichtig entdecket hatte, fieng er also an:

„Guter Freund, da du eben nichts zum Beßten
„hast, so wird es dir auch wohl nicht unangenehm
„seyn, wenn ich dir einen Vorschlag thue. Wir
„alle, wie du uns hier siehst, sind Jäger, die keine
„Revieren haben, noch Schußgeld bekommen, und
„gleichwohl jagen, so weit der Himmel blau ist.
„Gott hat die Welt erschaffen, und alle Thiere, und
„sie den Menschen Preis gegeben. Große Herren
„eignen sich freilich das Wildprat allein zu, aber
„mit Unrecht. Das Wild nähret sich von den Früch-
„ten der Bauern, lebt unter dem freien Himmel,
„und gehöret keinen Menschen zu, oder einem wie
„dem andern. Wir sind also solche, die das Recht
„der Natur ausüben; wir gehen auf die Jagd, und

B „was

„was wir schiessen, ist unser; wird verkauft, und
„das Geld brüderlich getheilet. Wenn du ein gu=
„ter Schütze bist, und Lust hast, bei uns zu blei=
„ben, so wird es dich nicht reuen, und dir besser
„gehen, als wenn du so ein armseliger Knecht bei
„einem Jäger wärest."

Er brauchte noch verschiedene Gründe, mich zu überreden; und da ich keine bessere Aussichten hatte, gab ich endlich mein Wort. Sie brachten hierauf eine hölzerne Schießscheibe, giengen mit mir vor das Haus, und einer rollte sie in einiger Entfernung vorüber, wornach ich also schießen mußte. Die Probe fiel so gut aus, daß ich mit dem Stutz in vollem Laufe den Mittelpunkt heraus schoß, und sie mir insgesammt ihren Beyfall zujauchzten, und die Hände gaben. Wir giengen in die Stube, und zechten noch eine Weile, bis wir das Wirthshaus gegen Abend verließen.

Wir gelangten bald an einen waldichten Berg, wo wir uns sogleich auf verschiedene Posten aus= theilten, und Anstand machten. Ich mochte etwa eine halbe Stunde gelauert haben, so kam ein gros= ser schwerer Hirsch heraus, welchen ich auch so= gleich niederschoß. Weil er mein erstes Stück, und ich bedürftig genug war, so wurde er mir gleich= sam zum Einstande ganz gelassen, und ich bekam sechs Gulden dafür. Wer war froher als ich? — Wir blieben diese Nacht in einem kleinen Dorfe auf dem Gebirge, wo wir mit Gesottenem und Gebra= tenem, bedienet wurden, und so gieng es alle Tage; allein es war von keiner langen Dauer.

Einst=

Einstmals, da wir eben von der Jagd kamen, und einen Wagen voll Wild mit uns führten, stießen wir unvermuthet auf ein Kommando Soldaten, bei welchem noch einige Jäger und Gerichtsdiener waren, die vermuthlich vorsetzlich gegen uns ausgeschicket worden waren. Sie machten sogleich den Angriff auf uns; wir setzten uns zwar zur Wehre, und gaben einigemal Feuer; da sie uns aber an Anzahl weit überlegen waren, ließen wir den Wagen im Stiche, und nahmen die Flucht.

Jeder lief wie er sich retten konnte. Als ich einige hundert Schritte entfernet war, sah ich einen großen Hund hinter mir herrennen, welchen sie mir nachgehetzet hatten. Ich hatte mich eben verschossen; aber zum Glück besann ich mich auf meinen Hirschfänger, und sobald mich der Hund einholte und fassen wollte, versetzte ich ihm einen Hieb über die Nase, daß er sogleich auf der Stelle liegen blieb, und ich meinen Weg ungehindert fortsetzen konnte.

Nach einer Stunde glaubte ich mich schon ziemlich in Sicherheit, und verschnaufte ein wenig in einem dicken Gebüsche, worauf ich in starken Schritten weiter gieng.

Ich beschloß auf der Stelle, meine Gesellschaft, bei welcher der Aufenthalt so gefährlich war, nicht mehr aufzusuchen, sondern vielmehr außer Landes zu gehen; besonders da ich itzt einige Dukaten im Sack hatte, und sobald keine Noth besorgen durfte. Ich hatte meinen Lehrbrief bei mir; doch kehrte ich bei keinem Jäger ein, so lange ich mich noch auf dem Tiroler Gebiete befand, bis ich die Bayerische Gränze

Gränze erreichet hatte. Auch in diesem Lande machte ich wenig Zuspruch; und wenn ich ja zu einem Jäger kam, geschah es nur Scheins wegen, und ich spannte die Saiten immer so hoch, daß sie mich gerne wieder ziehen liessen. Mein Vorsatz war, gerade nach München zu gehen, und dort bey irgend einer Herrschaft Dienste zu suchen.

Ohne Hinderniß und sonderbare Vorfälle kam ich in dieser Hauptstadt an, und kehrte in einem Gasthofe ein, welcher vor dem Thore lag. Es war eben Mittagszeit, als ich ankam, und ich fand eine Menge Bediente und Herrschaftsjäger, die hier in die Kost giengen. Da letztere sahen, daß ich ein Fremder war, riefen sie mich gleich zu ihrem Tische, und ich mußte mit ihnen speisen. Kunst- und Profeßionsverwandte pflegen bald mit einander bekannt zu werden. Sobald ich ihnen meinen Vorsatz eröffnet hatte, versprachen sie mir sogleich, sich meinetwegen alle Mühe zu geben, und hielten auch ihr Wort so ehrlich, daß mir einer von ihnen drei Tage darnach die Nachricht brachte, wie ich auf seine Empfehlung alle Stunden bei einem jungen Kavalier als Livereyjäger in Dienste treten könnte. Ich säumte nicht, mich von ihm in das Haus führen zu lassen, und stand des andern Tages mit einem Monatgeld von zehn Gulden ein.

Mein Herr war damals 24 Jahre alt, und hatte erst vor kurzem seinen Herrn Vater nach einer langwierigen Krankheit verloren. Er besaß ziemliches Vermögen; da aber seine Frau Mutter noch lebte, und er noch nicht majorenn war, bekam er

nur

nur so viel in die Hände, als zu seinem standesmäßigen Auskommen hinreiche. Er hatte erst vor wenigen Tagen ein eigenes Quartier bezogen, und ich war einer von seinen ersten eigenen Bedienten. Er war kein Spieler noch Trinker, hatte aber die sogenannten noblen Paßionen, und war sehr lustigen Humors; doch besaß er ein sehr gutes Herz, bis daß er das Frauenzimmer ein wenig zu stark liebte, und öfters deswegen ansehnliche Thorheiten begieng.

Ich lernte mich bald in seine Denkungsart schicken, und gewann dadurch sein Vertrauen so vollkommen, daß er selten etwas unternahm, wo er sich nicht meiner zum Gehülfen, oder doch meines Gutachtens bedienet hätte. Ich war dazumal selbst noch in einem Alter, wo man gemeiniglich alle Schelmenstreiche als Spaß ansiehet, und nicht sonderlich zur Prüfung seiner Handlungen aufgeleget ist; deswegen kann man sich leicht vorstellen, daß ich ihm eben keine Kirchen aufbauen half. Er hatte eine Gesellschaft von noch einigen lustigen Brüdern seines Alters, mit welchen er öfters auf das Land ritt, und kleine Schmausereyen anstellte. Unter andern war er einmal mit ihnen in einem Gasthofe, wo sie zwei Tage hintereinander blieben.

Der Wirth war ausserordentlich höflich, und suchte dadurch dasjenige zu ersetzen, was an der Bedienung abgieng, indem die Speisen ziemlich schmal, elend zugerichtet, und der Wein schlecht war. Desto ansehnlicher war aber die Rechnung, die ihnen der Herr Wirth brachte, als sie wieder

fort

fort wollten. Die Summe war so groß, daß sie alle darüber erstaunten, und glaubten, er wolle nur seinen Spaß mit ihnen treiben; allein er versicherte sie, daß er in allem Ernst gerechnet habe; und da sie sich der Bezahlung weigerten, ließ er ein Schloß an die Thüre des Stalles legen, worin sie ihre Pferde hatten. Sie mußten sich also zur Berichtigung bequemen, und legten unter den jämmerlichsten Scheltworten das Geld auf den Tisch, welches der Wirth mit großer Gelassenheit einstrich, und sich spottweise noch höflich dafür bedankte, wobei er sie bat, ihm bald wieder die Ehre zu geben.

Sie sprachen auf dem ganzen Rückwege von dem betrügerischen Wirth, und schwuren, sich an ihm zu rächen. Ohngefähr vier Monate nachher gieng ich mit meinem Herrn aus der Komödie, und unter der Thüre sahen wir einen ehrwürdig gekleideten Mann heraus kommen, welcher ein Frauenzimmer am Arm führte. Ob er gleich eine schön frisirte Beutelperücke, ein gesticktes Kleid, und Degen trug, kostete es uns dennoch keine Mühe, ihn sogleich für den betrügerischen Wirth zu erkennen. Wir folgten ihm auf dem Fuße nach, ohne daß er uns wahrnahm, bis er endlich in einer unbedeutenden Gasse in ein Haus gieng, welches er hinter sich zuschloß.

Gleich daneben war ein Weinhaus. Wir giengen in solches, eine Bouteille Necker zu trinken, und erkundigten uns genau, wem das andere Haus zugehörte, worauf wir folgende Umstände erfuhren: das Haus habe vorher einer Wachshändlers-Witwe

Witwe zugehöret, und das Gewölbe sey gleich neben der Thüre. Sie hätte sich vor einiger Zeit in einen reichen Wirth vom Lande verliebet, und dieser hätte seine Wirthschaft aufgegeben, und sie geheirathet. Sie logirten im ersten Stocke, und wenn jemand welches haben wolle, darf er nur am Drathe ziehen und läuten, worauf der Hausherr sogleich aus dem Fenster sähe, und frage, was man wolle.

Alle diese Nachrichten waren uns sehr lieb, und wir giengen nach Hause. Den andern Tag hielt mein Herr alsobald mit seinen Freunden Konferenz, auf was für Art sie sich an dem Gauner rächen wollten. Es kamen verschiedene Vorschläge aufs Tapet, wovon jedoch keiner von der Versammlung angenommen wurde, und so gieng alles wieder ohne Entschluß von einander.

Als ich ihre Verlegenheit erfuhr, studierte ich einige Stunden nach, und endlich fiel ich auf ein Mittel, welches ich sogleich meinem Herrn eröffnete. Es gefiel ihm ungemein, und da er es im Rathe vortrug, erhielt es allgemeinen Beifall. Ich will es nicht vorläufig erklären; der Verfolg der Geschichte wird zeigen, daß mein Anschlag nicht übel ausgesonnen war, und vortreflich gerieth.

Es wurden sechs Stangen zugerichtet, die bequem bis auf des Wachshändlers Fenster reichten. An vier derselben befestigte ich starke Faßreife, an die übrigen zwei aber dicke Strohwische, auf die Art, wie die Maurerpinsel, womit man weißet. Auf den Abend giengen wir mit diesen Instrumenten zu seinem Hause, und nahmen noch zwei Schäffel mit uns, wovon eines mit Wagenschmiere, das andere aber mit Unflath gefüllet war. Die Fenster hatten in der Mitte kleine Flügel, wodurch man nur mit dem Kopf allein heraus kommen kann. An diese legten wir unsere Reife mit den Stangen, daß der kleine Flügel in der Mitte blieb. Da die Stube vier Fenster hatte, und wir nicht wußten, durch welches er heraus kommen würde, so wurden sie alle vier also beleget.

Sobald alles fertig war, wurde an der Glocke gezogen. Gleich machte er das Fenster auf, und rufte was es gäbe; aber in dem Augenblick wurde er mit dem Reife am Halse so stark auf den Fensterstock niedergezogen, daß er nicht mehr zurück konnte. Die Strohwische waren schon in die Materie eingetauchet, und nunmehr wurde er damit im Gesichte mit größtem Fleis wechselsweise bestrichen, abgerieben und gepeitschet.

Da er mit der Gurgel fest auflag, so konnte er auch nicht um Hülfe rufen, und alles, was man vernahm, war ein eckelhaftes Gemöckse. Da er genug getünchet, und wir unsern Muth vollkommen an ihm gekühlet hatten, wurde der Reif los gelassen; aber hier folgte noch ein lustiges Nachspiel; denn kaum fühlte er sich frey, so fuhr er so schnell zurück, daß er mit dem Hintertheil des Kopfes den ganzen Fensterflügel mit sich hinein in die Stube riß. Wir ließen die leeren Schäffel stehen, und entfernten uns in größter Geschwindigkeit, theilten uns aber der Sicherheit wegen an der nächsten Ecke,

und

und giengen einzeln nach Hause, wo wir uns mit Lachen noch etwas rechtes zu gute thaten.

Seit dieser Zeit vermehrte mein Herr seinen Aufwand um ein Beträchtliches, und da seine Einkünfte zu derselben Bestreitung nicht hinreichten, verfiel er in Schulden, die unvermerkt ziemlich anwuchsen. Er wandte sich deswegen an seine Frau Mutter; da aber diese sich zu deren Bezahlung nicht verstehen, und er nicht gern vor seines Gleichen zu Schanden werden wollte, so war er in größter Beklemmung. In dieser Verlegenheit wurde er mit der Tochter eines reichen Bäckers bekannt. Sie war kaum funfzehn Jahre alt, schön, und das einzige Kind. Mein Herr machte gleich einen Anschlag auf sie, und da sie ziemlich stolz war, und wie er merkte, nichts in der Welt so sehnlich wünschte, als die Frau eines Edelmanns zu werden, so fiel es ihm nicht schwer, Gehör zu erlangen, da er ihr einen Antrag von Heirath machte.

Sie verwies ihn auf ihren Vater, und er glaubte schon gewonnenes Spiel zu haben, und hielt um sie an; allein der Vater war ganz anderer Meinung. Er dankte für die Ehre, die er seinem Hause bezeigen wollte, gab ihm aber zu verstehen, wie er muthmaße, daß er nicht seine Tochter, sondern nur seine Thaler heirathen würde — daß eine Bürgerstochter unter dem hohen Adel nicht geachtet sey — daß sie sich gar nicht in einen so vornehmen Stand würde finden können — daß sie sich weit besser für einen Bürger schicke, und bei ihres Gleichen bleiben solle; — und endlich daß sie überhaupt

haupt zum Heirathen noch zu jung sey. Mein Herr wurde förmlich abgewiesen; nichts desto weniger gab er die Hoffnung nicht auf, da er der Liebe des Mädchens versichert war. Sie hatte es sich schon in den Kopf gesetzet, eine Dame zu werden, und konnte sich nicht einmal den Gedanken an eine Bürgersfrau mehr verzeihen. Diese Stimmung machte sich mein Herr zu Nutze, und that ihr den Vorschlag zu einer Entführung, welchen sie auch ohne alles Bedenken annahm.

Die Anstalten waren bald dazu gemacht. Mein Herr suchte noch alles sein Bischen Kredit zusammen, nahm Kleider, Seidenzeuge, Stoffe, Silberwerk, Uhren und andere Sachen auf Konto aus den Gewölbern, und machte sie sogleich zu Gelde, verschaffte sich auch zugleich ein Paar Wechsel, die er sich auszahlen ließ, und seine Schöne versicherte sich einiger tausend Gulden aus ihres Vaters Kasten in Golde.

Da sie also fertig waren, bestellte ich die Post, und Lieschen (so hieß sie) der wir den Ort der Zusammentreffung in der Kapuzinerkirche beigebracht hatten, stellte sich richtig ein; worauf wir in größter Eile an einem Abend davon fuhren, und uns nach Bayreuth wandten. Wir stiegen dort in einem Gasthofe ab, und gleich den andern Tag erkundigten wir uns nach einem dürftigen Landpfarrer. Sobald wir einen erfahren hatten, ließ mein Herr einspannen, und fuhr mit Lieschen hinaus. Durch das Geschenk von einem Dutzend Dukaten ließ er sich leicht bereden, das verliebte Paar zu kopu-

kopuliren, und Lieschen wurde auf der Stelle **Frau Baronesse R * ***.

Wir bezogen hierauf ein Privathaus, und lebten ganz in der Stille. Mein Herr hatte seinen Namen verändert, und suchte in dieser Stadt so lange unerkannt zu bleiben, bis er erfahren würde, wie der Vater seiner nunmehrigen Gemahlinn sowohl, als seine Familie diesen Streich aufgenommen haben möchten. Er hoffte, daß ersterer, wenn er sehe, daß die Sache nicht mehr zu ändern sey, und endlich den Vortheil der Ehre überdächte, welche ihm die Verwandschaft mit einem so vornehmen Hause brächte, sich leicht geben, und alles gern verzeihen, letztere aber in Ansehung des großen Vermögens seiner Gemahlinn ihr eben so gerne vergeben würde, daß sie nicht von altem Adel wäre, und nichts anders, als eine Brätzel und Backschüssel in ihrem bisherigen Wappen zu führen gehabt hätte. Abein die Sache lief übler ab, als wir dachten.

Der Baron hatte schon einige Briefe nach München geschrieben, ohne die mindeste Antwort darauf zu erhalten. Plötzlich kam ein Officier mit 10 Mann der Bayreuther Soldaten, der meinem Herrn Arrest ankündigte, und ihm die Thüre mit einer Wache besetzte. Da ich nicht wußte, wie diese Sache ablaufen würde, und mir überdies der Jägerdienst bei einem Herrn, wo ich keinen Schuß zu thun hatte, und meine ganze Kunst verlernen mußte, ohnedem nicht mehr anständig war, so wollte ich mein Glück weiter versuchen, und begehrte meinen

nen Abschied, welchen er mir auch ohne Widerrede gab.

Mein Vorsatz war, mich in das Bambergische zu begeben, und dort Revierdienste zu suchen, und ich packte meine Sachen zusammen, und gieng am frühsten Morgen aus dem Hause. Wie ich an das Thor kam, rief mich der Thorschreiber an; ich müßte einen Paß aufzeigen, und da hieß es, daß ich noch einmal zurück auf die Hauptwache gehen sollte, um solchen von dem Offizier unterschreiben zu lassen. Nach langem vergeblichen Weigern folgte ich einem Gemeinen von der Wache; aber als ich dort ankam, war des Offiziers erste Frage, ob ich nicht Dienste bei seinem Fürsten nehmen wolle. Vergebens schlug ich solche aus. Er versicherte mich, daß ich nicht von der Stelle kommen würde; und da ich sah, daß es einmal nicht anders war, gab ich nach, und nahm das aus einem Gulden und zwanzig Kreuzern bestehende Handgeld an, worauf ich sogleich zur Fahne schwören mußte.

Es war eben zu der Zeit, da der Krieg in Amerika ausgebrochen war, wo sich die englischen Kolonien von dem Mutterreiche abgerissen hatten. Der Markgraf von Anspach hatte die Gefälligkeit für die Engländer, ihnen seine sämmtlichen Soldaten in Sold zu geben, und dafür statt des Geldes meist englische Pferde anzunehmen, und ließ daher alles anwerben, was nur gehen und eine Flinte tragen konnte. Es wurde dazumal eben ein Jägerkorps aufgerichtet, unter welches ich gestecket wurde, und kurze Zeit nachher traten wir unsere Reise nach

nach England an, welche von Hause aus fast beständig zu Wasser gieng.

Ich hatte mir niemals vorgenommen, meinem Schwur getreu zu seyn; denn eines Theils war ich fest überzeugt, daß es keine Sünde sey einen erzwungenen Schwur zu brechen; dann sah ich wohl ein, daß kein Landesfürst berechtiget sey, einen fremden Menschen zu einem Schwure zu zwingen, daß er sich um seiner Laune willen todtschlagen lassen solle. Am allerwenigsten wollte mir dieses in den Kopf, daß man uns auf eben die Art verkaufte und verschickte, wie die heutigen Macedonier ihre gemästeten Schweine über die Ungarische Gränze zu versenden pflegen.

Sobald wir an die Holländische Gränze kamen, machte ich Anstalten zur Flucht. Wir wurden daselbst an einem Abend wegen stürmischen Wetter an Land gebracht, und unser Jägerkorps wurde in ein großes Wirthshaus geleget; vor welches man einige Grenadiers Wache stellte. Ich machte nicht viel Umstände. Gegen die Abenddämmerung gieng ich aus dem Hause, gab dem Grenadier eine Maulschelle, daß er nieder purzelte, und zog meinen Weg sodann ungehindert fort.

Niemand im Lande hielt mich auf, und nachdem ich hin und wieder gegen vierzehn Tage herumgezogen war, kam ich endlich nach Brüssel, wo mich ein begüterter Graf in Dienste nahm. Ich war ganzer drei Jahre bei ihm, und er mit meinem Fleiß und Treue eben sowohl zufrieden, als ich mit seiner Behandlung; endlich bekam er zu meinem größten Leidwesen eine verzehrende Krankheit, und starb.

Bei Eröffnung des Testamentes fand sichs, daß der Graf einem jeden von uns funfzig Dukaten vermachet hätte, und ich dünkte mich nunmehr ein kleiner Kapitalist zu seyn. Ich war nunmehr Willens, mich mit diesem kleinen Vermögen in mein Vaterland zurück zu begeben, und gedachte dort eine kleine Landwirthschaft zu kaufen, die doch allenfalls so viel eintragen könnte, daß ich mich davon mit einer schwachen Familie nothdürftig ernähren möchte.

Man kann sich leicht vorstellen, daß ich den Entwurf machte, des Herrn Pfarrers meines Geburtsdorfes Haushälterinn, das liebenswürdige Tyroler-Mariechen, zu meiner zukünftigen Ehegattinn zu erwählen. Schon führte ich sie im Geist an den Altar, wo sie mir mit jungfräulichem Erröthen ihre schöne Hand gab, schloß sie schon in meine Arme, und hatte einen Wettstreit mit ihr, wer diese oder jene häusliche Arbeit über sich nehmen sollte.

Ganz trunken von solchen Gedanken, verließ ich endlich die Stadt Brüssel, und reisete gegen mein Vaterland zu. Ich gieng im Anfange zu Fuße. Schon hatte ich sechs Meilen zurückgeleget, als ich in einem großen Wirthshause in einem kleinen Flecken übernachtete. Hier ließ ich mir etwas zu Essen und zu Trinken geben. Während ich Mahlzeit hielt, kam ein Jäger, welchen ich vorher nicht bemerket hatte, an meinen Tisch, und wünschte mir einen guten

ten Appetit. Er nannte mich Herr Kamerad, und bat sich die Erlaubniß aus, sich ein wenig bei mir nieder setzen zu dürfen. Es war mir angenehm, einen Profeßionsverwandten zu finden, und wir ließen uns bald in ein vertrautes Gespräch ein.

Er hatte nicht sobald erfahren, daß ich meinen Weg nach Steyermark richte, so sagte er mir, daß er eben dahin zu reisen im Begriff sey, weil einer von seinen nächsten Verwandten, welcher sich vor Zeiten in Gräz niedergelassen, daselbst mit Tod abgegangen wäre, und ihm ein beträchtliches Legat vermehrt hätte — er müsse nur vorher noch einen Weg nicht weit über die Gränze in das Holländische Gebiete machen, von dort aber nähme er einen leichten Wagen, mit welchem er die Reise fortsetzte. — Er reise nicht gern allein; wenn ich ihm aber den Gefallen thun, und ihn bis an den angezeigten Ort im Holländischen Gebiete begleiten wollte, so verspräch er mir, mich von dort aus in seinem Wagen unentgeltlich bis nach Gräz mitzunehmen, ohne daß es mich etwas mehr, als meine Zehrung allein, kosten solle.

Ich vermuthete gar nichts Arges, und da mir eben das Sprichwort einfiel, daß es besser sey, selbst schlecht zu fahren, als stolz zu Fuße zu gehen, so brauchte es mir nicht viel, mich dazu zu entschließen, und sein Anerbieten unter einer vorläufigen Danksagung anzunehmen. Mit dem frühesten Morgen giengen wir von hier mit einander fort, und gelangten den Abend darauf in ein Dorf, von welchem wir, seinem Vorgeben nach, nur noch zwei gute Stunden bis zu dem angezeigten Orte hatten. Wir hielten recht vergnügte Abendmahlzeit, und tranken den besten Wein in solchem Uebermaße, daß er mir zuletzt in den Kopf stieg. Der Wirth wies mir eine Schlafkammer an, worin nur ein einziges Bette stand, und versprach, mich früh, sobald es nur grau werden würde, wecken zu lassen. Ich legte mich nieder, und schlief theils aus Müdigkeit, theils wegen getrunkenem Wein, im Augenblick ein.

Früh Morgens erwachte ich von mir selbst, erschrack aber, da ich sah, daß die Sonne schon sehr hoch gestiegen war, und wußte nicht, was Ursache seyn mochte, und mich weder die Wirthsleute noch mein Kamerad aufgewecket hatten. Ich erhob mich geschwind, und wollte in die allgemeine Gaststube gehen. Zu meinem großen Unglücke hatte ich mich ganz ausgezogen, und meine Beinkleider unter den Kopfpolster gestecket. Da ich sie hervorziehen wollte, fand ich sie nicht an dem gewöhnlichen Platze; sie lagen neben dem Bette auf dem Fußboden. Ich zog mich in aller Eile an, und gieng hinunter.

Auf der Stiege begegnete mir der Wirth, und fragte mich, ob ich nichts von meinem Kameraden wisse; er habe ihn seit Abend nicht mehr gesehen. Ich erschrack über diese Nachricht, und wartete bis gegen Mittag; da er aber noch nicht zum Vorschein kam, merkte ich, daß ich betrogen war. Der Wirth brachte nunmehr die Rechnung. Sie betrug für Zehrung sechzig Gulden; und dreißig Gulden standen auf dem Zettel, welche der Wirth meinem Kameraden **gestern** Abends nach meinem Schlafenge-

hen

hen zum Spiel geborget hätte. Kaum wußte ich, wie ich über diese so überspannte Summe mein Erstaunen genugsam ausdrücken sollte, die mir beinahe die Hälfte meines kleinen Kapitals entriß.

Doch was half alles Nachdenken? der Wirth wollte bezahlt seyn, und ich mußte mich dazu entschließen. Mit Schmerz zog ich meine Börse heraus, öffnete sie; doch ach, alles Geld war weg, bis auf ein Paar Gulden Silbermünze; ich war beraubt, bestohlen. Sogleich erhub ich ein erbärmliches Geschrei darüber; eine Weile hörte mich der Wirth an; endlich wurde er ungeduldig. "Er Flegel!" fieng er an: "hör' er auf mit seinen "Schimpfereien. Ich glaube gar nicht, daß er "einmal in seinem Leben funfzig Dukaten gesehen, "geschweige denn im Sacke gehabt hat. Betrüger "seyd ihr, einer wie der andere. Wenn ihr ge"glaubet habt, einen holländischen Wirth zu prel"len, so waret ihr sehr im Irrthum; ich bin nicht "so dumm, daß ich mit mir eine Komödie spielen, "euch fressen und saufen, und davon ziehen, und "von euch oben drein brav auslachen lasse. Er "soll mir nicht entwischen: hat er kein Geld, "und Geldes werth, so muß er mit dem Leibe be"zahlen, und da nicht von der Stelle!" Er rief hierauf seinem Hausknecht und noch etlichen Kerlen, die mir den Hirschfänger abnehmen, und mich, mit starken Prügeln bewaffnet, bewachen mußten, wobei er mir andeutete, daß er mich, wenn mein Kamerad bis gegen Abend nicht zurückkäme, des andern Tages den Gerichten überliefern würde, wo

C   ich

ich von Glück zu sagen haben würde, wenn ich mit der Brandmarkung und Landesverweisung wegkäme.

Diese Drohungen kamen mir äußerst schrecklich vor. Bald wurde meine Wache von etlichen Bauern abgelöset, und es sprach den ganzen Vormittag kein Mensch mit mir, als wenn ich nicht ehrlich wäre. Zu Mittage kam ein fremder, gut gekleideter Mann in die Stube, welcher sich zu essen geben ließ. Er sah mich über eine Weile als wie von ohngefähr an, und endlich nahte er sich, und ließ sich mit mir in ein Gespräch ein, da ich ihm dann mein ganzes Unglück erzählte. Er schien den wärmsten Antheil daran zu nehmen, und versicherte mich, daß er mich recht sehr bedaure; doch letzlich, als er meine Kraftlosigkeit sah, hub er an: — „Ich „will ihm einen Vorschlag thun. Wenn er diesen „eingehet, so wird nicht nur seine Schuld bezah„let, und noch etwas für ihn übrig bleiben, son„dern auch er in den Stand gesetzet werden, sich „ein schönes Vermögen zu erwerben, von welchem „er in Zukunft bequem leben, und von allen Men„schen unabhängig bleiben kann; kurz, der sein „zeitliches Glück seyn wird."

Da er merkte, daß ich geneigt war ihn anzuhören, erklärte er mir, wie die ostindische Kompagnie solcher jungen Leute zu ihrem Dienste benöthiget wäre. Wenn ich als Matrose eintreten wollte, so wolle er mir eine Kapitulation auf zwei Jahre schaffen; und er versicherte mich, daß man mir fünfhundert Gulden Anwerbegeld auf die Hand reichen würde. Von dem, was nach Anschaffung meiner

noth-

nothwendigen Reiseequipage übrig bleiben würde, könnte ich mir etwas weniges von europäischen Waaren mitnehmen, und solche im Tausch mit den Indianern mit großem Vortheil absetzen. Es würde mancher eben dasselbe thun; allein die holländische ostindische Kompagnie erlaube diesen Handel niemanden, als wer sich solchen bei seiner Anwerbung ausbedinge. — Wenn ich also seinen Vorschlag anzunehmen gedächte, welcher das einzige Mittel mich zu retten sey, wolle er sogleich dem Wirth meine Schuld bezahlen, und mich los machen. —

Er gab mir eine halbe Stunde Zeit zur Uiberlegung, weil er, wie er sagte, sodann weiter reisen, und mich verlassen müßte. Was sollte ich thun? Ohne Geld, ohne Freunde, von allen andern Hülfsmitteln verlassen, gab ich ihm endlich mein Wort, seinem Rathe zu folgen, und er legte dem Wirth das Geld baar auf den Tisch. Ich war nun frei; aber freilich frei, um wieder in eine andere Sklaverei gestürzet zu werden, die ich jedoch zu meinem größten Glück nicht kannte. Mein Begleiter nahm von den Wirth eine Kalesche, und wir fuhren bis an den nächsten Fluß, wo wir ein Schiff bestiegen, und unsere Reise weiter fortsetzten.

Nach etlichen Tagen erreichten wir die Stadt Amsterdam, und kehrten in einem Wirthshause am Wasser ein, wo unser Schiff anlegte, und seine Ladung, die meistentheils in grünen Waaren und anderen Lebensmitteln bestand, auslud. Mein Begleiter führte mich sogleich, nachdem er einige Worte mit dem Gastwirthe gesprochen hatte, in eine große

Stube im Hofe, die mit starken Thüren versehen, und vor den Fenstern mit gedoppelten eisernen Gittern versehen war. Hier hieß er mich zu bleiben, und verließ mich unter der Versicherung, daß er bald wieder zu mir kommen wolle. Ich war nicht allein; es saßen noch funfzehn Mannspersonen an einer großen Tafel, wovon einige Karten spielten, andere ihre Pfeife Taback schmauchten, einige aber mit untergestützten Ellbogen in tiefes Nachdenken versenket zu seyn schienen.

Ich näherte mich ihnen, und grüßte sie, und sie hießen mich neben ihnen Platz zu nehmen. Nach einigen unbedeutenden Fragen war ich so treuherzig, ihnen mein an der Gränze gehabtes Unglück zu erzählen, und rühmte ihnen die Großmuth meines unbekannten Begleiters, der mich so uneigennützig aus diesem Labyrinth gerissen hätte. Bei diesen Worten fiengen einige an zu lachen, und sagten, sie bedauerten mich, daß ich in die Hände dieses Spitzbuben, dieses Seelenverkäufers gerathen wäre; doch sollte ich mich mit ihnen trösten, indem sie gleiches Schicksal mit mir hätten. Sie machten mir itzt einen wahren Begriff von meinem und ihrem Zustande, erklärten mir, daß wir ewige Sklaven wären, in ein ungesundes Land gesendet würden, wo die meisten Europäer zu Grunde gehen, und unser Vaterland niemals mehr wieder zu sehen hoffen dürften. Sie verständigten mich, daß mein erster Reisekamerad, der Jäger, der Gastwirth und mein letzterer Begleiter nichts anderes, als ein Bändchen solcher vermaledeyter Seelenverkäufer gewesen wäre,

die

die von einem so unseligen Handwerke, Menschen unglücklich zu machen, lebten.

Nur gar zu gut sah ich ein, in welche Grube ich gestürzet war, und wie mich kein Mittel mehr daraus retten könnte. Im Anfange überließ ich mich der äußersten Verzweiflung, und wollte mir den Kopf an der Wand entzwei stossen, um meinem unglücklichen Leben ein Ende zu machen; aber die Mitgefährten meines Elendes trösteten mich so gut sie konnten, ob sie gleich selbst Trostes bedürftig waren. Endlich legte sich meine aufbrausende Heftigkeit wieder, und das Beispiel der anderen machte, daß ich Speise und Trank zu mir nahm, und mich in mein Schicksal ruhig ergab. Wir blieben ganzer acht Tage hier, binnen welchen wir noch einigen Zuwachs von verschiedenen eben so Unglücklichen erhielten, als wir selbst waren. Mein letzter Reisebegleiter hatte sich von der Stunde an nicht mehr sehen lassen, und ich war nunmehr völlig überzeugt, daß ich das war, was ich wirklich war.

Endlich an einem Abende wurden wir, von einer starken Wache begleitet, an das Ufer geführet, und in ein Schiff gebracht, in dessen Kajüte wir uns versperren lassen mußten. Es war schon dunkel. Wegen der ruhigen Bewegung des Wassers, und da uns alle Aussicht benommen war, würden wir geglaubet haben, nicht von der Stelle zu kommen, wenn uns nicht das Geräusche der Ruder eines andern überzeuget hätte. Nach einer Zeit von etlichen Stunden wurde still gehalten; man führte einen nach dem andern von uns heraus.

Ich

Ich war einer von den letzten, den die Reihe traf. Sobald ich auf das Verdeck kam, legte man mir ein eisernes Band um den Leib, welches an einer Kette befestiget war, und so mußte ich an einer Art von Treppe hinauf steigen, bis ich wieder auf einen platten Boden kam, den ich bei den angebrannten Laternen für den eines großen Schiffes erkannte, welches, wie es die Folge lehrte, unser zukünftiger Bestimmungsort war. Man hatte in Ansehung der blechenen Bänder diese Vorsicht mit uns gebrauchet, damit nicht etwa Einer in das Wasser springen, und sich bei der Dunkelheit der Nacht mit Schwimmen an das Land retten, und ihnen entlaufen möchte.

Man brachte uns hier insgesammt in den Raum hinunter. Wie wir alle beisammen waren, kam ein alter Mann in einem wollenen Perückchen, den ein Schreiber mit einem Buche, drei Offiziere, und einige bewaffnete Soldaten begleiteten. Wir mußten einer nach dem andern vor ihm treten; er fragte uns, wo wir her wären, und kurz um alle unsere Umstände, welche der Schreiber in sein Buch eintragen mußte; dann ließ er einem jeden einen Bündel bringen, in welchem, wie er sagte, alle seine Kleider und Bedürfnisse wären. Baares Geld bekam keiner in die Hände, sondern er machte die Rechnung für die Kleidungen und Nothwendigkeiten, und sagte, daß der Uiberrest gleichsam als Kaution aufbehalten würde, bis wir unsere Zeit ehrlich ausgedienet hätten, und wieder von der Reise zurück kommen würden, wo dann, nebst der

ver=

verdienten Besoldung, jedem sein Abschied ertheilet werden sollte.

Wie mir bei dieser Rede zu Muthe war, kann man sich leicht vorstellen. Ich wurde einem alten erfahrnen Matrosen übergeben, welcher mich meine Sachen zusammen nehmen, ihm folgen, und dort, wo er mir meinen Schlafplatz neben dem seinigen anzeigte, die Hangmatte, ein mir ganz ungewohntes Bett, aufhängen hieß. Die Kaufmannsgüter, welche wir mitzunehmen hatten, waren bereits alle im Schiffe, und es hieß, daß wir in einer Stunde die Anker lichten, und in See stechen würden. Es wurden während dieser Zeit allerlei Vorbereitungen dazu gemachet, und da jeder im Schiffe seine Beschäftigung hatte, wurde mir auch eine zu Theil. Ich mußte einige Tauen von der Dicke eines Armes in eine Rolle oder Zirkel um den Mastbaum herum zusammen legen, wobei es mir ziemlich warm wurde.

Endlich sollte der Anker gehoben werden, und ich wurde an die Winde gerufen. Wir hatten nur einen einzigen im Grunde liegen; aber er hielt sehr fest, und unserer acht mußten alle Kräfte anwenden, bis er sich löste, und in die Höhe gebracht werden konnte. Andere hatten inzwischen die Segel an die Masten geschlagen, und waren an den befestigten Strickleitern wie die Katzen herumgestiegen, um die Taue in Ordnung zu bringen. Da alles dieses vollendet war, geschahen von dem Schiffe neun Kanonenschüsse, die in eben der Anzahl vom Lande beantwortet wurden, und das Schiff setzte sich endlich in Bewegung.

Es war, wie ich von meinen Kameraden hörte, ein sehr schwerfälliges altes Gebäude, welches schon oft diese Reise gemachet hatte, und sie glaubten, daß man vom Glücke würde sagen können, wenn es wieder nach Europa zurück käme; auch hatte es viele Ladung, und hundert und funfzig Matrosen nebst dreihundert Soldaten an Bord, welche auf Batavia, einer den Holländern in Ostindien zugehörigen Besitzung, als Rekruten, für den Abgang zum Theil, ausgesetzet werden sollten. Es gieng also sehr tief im Wasser, und ob wir gleich zwei Lootsen hatten, welche uns aus dem Hafen führen mußten, so hatten wir doch alle Vorsicht nöthig, die Sandbänke und Untiefen vorbei zu fahren, und brachten zwei volle Tage zu, ehe wir aus dem Texel kamen. Endlich nahmen die Lootsen Abschied, und kehrten um, und wir waren uns selbst überlassen. Wir hatten zwar guten Wind; allein, da er sehr schwach wehete, und das Schiff, bei allem dem, daß es sehr schwer beladen, noch dazu ein schlechter Segler war, so legten wir in vier Tagen kaum dreißig Meilen zurück.

Wir kamen endlich in den sogenannten Kanal, oder die Meerenge zwischen England und Frankreich. Hier überfiel uns eine gänzliche Windstille, und wir hatten volle zwölf Tage zu thun, ehe wir aus demselben kamen. Hierbei hatte ich aber Gelegenheit, die englische Küste, an welcher wir am nähesten hinkamen, nach Genüge zu betrachten; besonders gewährten die an derselben hinlaufenden Kreidenberge einen angenehmen Anblick. Wir waren

aber

aber in dieser Zeit auch nicht müßig. Die Soldaten mußten exerziren, uns aber übte man in Beisetzung und Einnehmung der Segel, in dem Besteigen der Taue, Stangen und Masten; auch mußten wir uns zum Schwimmen bequemen, und da ich solches schon vordem bei Gelegenheit, wenn ich mit andern meines Gleichen in Flüssen badete, versuchet hatte, machte ich darin gute Fortschritte, und war bei der fünften Probe schon im Stande, mich von dem Mastbaum hinunter in die See zu stürzen, und eine Weile herum zu schwimmen.

Da ich einsah, daß ich einmal in einen sauern Apfel beißen mußte, so gab ich mir alle Mühe, mich in den von mir geforderten Wissenschaften zu vervollkommnen, und befriedigte den Willen meiner Vorgesetzten, so gut es nur möglich war.

Meine Thätigkeit und guter Wille kam gar bald vor die Ohren des Kapitains. Er war ein gebohrner Deutscher aus Münster gebürtig, und hatte sich von einem Bootsjungen durch persönliche Verdienste bis zu diesem Posten geschwungen. Er war ein sehr ernsthafter und pünktlicher, dabei aber doch gütiger Mann. Einmal, es war an einem Nachmittage, als wir eben abgespeiset hatten, kam ein Unteroffizier, und hieß mich zu ihm kommen. Ich folgte mit Zittern, weil ich befürchtete, etwas in meiner Schuldigkeit versäumet zu haben; allein er redete mich sehr liebreich an, indem er sagte, er hätte von meinem Vorgesetzten zu seinem Vergnügen vernommen, daß ich mich in meinen Obliegenheiten so thätig erwies; ich solle in diesem lobens-
wür-

würdigen Eifer fortfahren, so verspräche er mir mein Glück befördern zu helfen.

Bei meiner näheren Ausfragung vernahm er, daß ich nicht allein vollkommen lesen, rechnen, und schreiben konnte, sondern auch in Sprachen und einigen andern Wissenschaften nicht ganz leer war. Er erfreuete sich darüber, schenkte mir ein Glas spanischen Wein, und verließ mich, mit der Versicherung, mir mein Schicksal erleichtern zu helfen. Von diesem Tage an mußte ich immer auf das Verdeck kommen, wenn Unterricht in der Seekarte, in der Messung der Höhe und Breite, und dem Gebrauche des Kompasses gegeben wurde, und ich befriedigte meine Gönner durch meine Aufmerksamkeit vollkommen.

Unter diesen Beschäftigungen erhub sich endlich ein frischer Nordostwind, welcher uns endlich aus dem Kanal in die spanische See führte, von welcher wir aber die Küsten nicht erblicken konnten. Das Meer rollte uns hier in weit größern und längern Wogen entgegen, die sich ächzend an dem Vordertheil des Schiffes brachen, und es war für einen, der das erstemal vom festen Lande kam, gewiß ein schauervoller Anblick; doch das Beispiel der älteren Matrosen wirkte so viel auf mich, daß ich meine Furcht unterdrückte, und bald wurde ich dessen so gewohnt, daß ich mir gar nichts daraus machte, und ohne Bedenken auf den obersten Mastkorb hinan kletterte, als wenn das Schiff noch vor Anker läge. Der Wind blieb uns immer günstig, und unsere Reise gieng sehr gut von statten, bis endlich

ein

ein kleiner Sturm entstand, der sich aber in der folgenden Nacht wieder legte. Am Morgen bemerkten wir, daß wir von unserm Kurs etwas gegen Osten gekommen waren, welcher Fehler aber alsobald durch Nehmung der vorigen Richtung wieder gut gemachet wurde.

Nachmittags um drei Uhr rief der Matrose vom Mastkorbe plötzlich herunter, daß er ein Segel in der Ferne sehe, welches gerade auf uns zu käme, und bald darauf kündigte er noch eines im Rücken an. Da wir wußten, daß wir durch den Sturm etwas gegen die barbarischen Küsten gekommen waren, so machte diese Nachricht einen stärkern Eindruck als gewöhnlich, und nöthigte uns, in gehörige Verfassung zu setzen. Jeder bekam seinen Platz, und mir wurde der meinige am Steuerruder angewiesen.

Unser Schiff, ob es gleich nur ein Kauffahrdeyschiff war, führte dennoch zwölf Kanonen. Der Kapitain ließ alsobald das Geschütz laden, die Schießlöcher eröffnen, und so mußten sich die Konstabler mit brennenden Lunden bereit halten.

Nach einer guten Stunde waren wir bereits bis auf drei Kanonenschüsse weit von dem vorderen Schiffe. Unser Kapitain hatte mittlerweile die holländische Flagge aufstecken lassen; da aber unser Gegner keine Flagge führte, so gaben wir das Zeichen durch einen Kanonenschuß, welcher aber so wenig als die Flagge erwiedert wurde; im Gegentheil suchte man uns zu umsegeln, und unter dem Wind zu kommen.

Der Kapitain, der dieses merkte, wandte sogleich alle Mittel an, den Wind zu behalten, und seegelte sogleich, ohne das andere Schiff im Rücken zu erwarten, auf diesen Betrüger los. Da er sah, daß er sich nicht mehr verstellen konnte, steckte er endlich die türkische Flagge auf, und rief uns zu, die Segel zu streichen, und uns zu ergeben. Statt der Antwort gaben wir ihm eine ganze Lage, die er auch sogleich erwiederte, und damit fieng nun das Gefecht an.

Wir tummelten uns herzhaft herum, und es hatte schon eine halbe Stunde gedauert, als endlich der andere Räuber, denn er war es wirklich, auch dazu kam, und sich uns unter den Spiegel legen wollte. Er hatte noch keinen Schuß gethan, so schickten wir ihm schon einige Kugeln entgegen, und eine davon gieng so glücklich, daß sie ihn völlig zu Grund richtete; wiewohl dieses auch durch die eigene Unvorsichtigkeit der Türken geschehen seyn kann. Mit einem betäubenden, entsetzlichen Knall flog das Raubschiff in die Luft, und streuete Stücken Holz, Taue, Geräthschaften und Gewehre weit umher, und ein Anker, von 500 Pfunden fiel auf unser Schiff, erschlug drei Soldaten, und beschädigte einige Balken.

Man sah eine Menge zerrissener Körper und leichter Sachen auf dem Wasser schwimmen, und von der Erschütterung und dem zugleich erfolgten Untersinken des Kiels schwankte unser Schiff hin und her. Kaum wurde der vordere Räuber diesen Unfall gewahr, so wandte er sich unter großem Geschrei unter dem Wind, und nahm die Flucht. Wir gaben

gaben ihm noch eine doppelte Lage aus dem kleinen Gewehre, wie aus dem Geschütze auf den Weg; da er aber weit schneller segelte als wir, ließen wir das Verfolgen, und begnügten uns damit, so gut davon gekommen zu seyn.

Nach dieser geendigten Arbeit rief uns der Kapitain auf das Verdeck zusammen, dankte uns insgesammt für die erwiesene Tapferkeit und Entschlossenheit, und ließ jedem Mann eine Maaß Danziger Branntwein zur Erholung austheilen. Wir hatten in diesem Gefechte nur zehn Verwundete und sechs Todte bekommen, welche letztere, nach Gewohnheit der Seefahrer, in Segeltuch genähet, und mit allen militärischen Ehrenbezeigungen in die See gesenket wurden. Unser Schiff hatte, bis auf die etlichen durchlöcherten Segel keinen beträchtlichen Schaden gelitten, welcher in ein Paar Tagen völlig wieder geheilet war, und so setzten wir unsere Reise ungehindert fort; bald aber bekamen wir mit einem andern Feinde zu fechten, indem sich der Scharbock einstellte, welcher aus Mangel frischer Speisen entstand, da wir lauter eingesalzenes Fleisch und faules Wasser, worin es von Würmern ganz lebendig war, genießen mußten.

Wir hatten gar bald eine Menge Kranke auf dem Schiffe, und in Zeit von drei Wochen waren schon mehr als dreißig Mann gestorben, und in die See geworfen worden. Wir würden gewiß weit besser weggekommen seyn, wenn wir nicht durch öftere Windstillen um mehr als anderthalb Monathe auf unserer Reise wären verzögert worden. Indessen

ſen machte uns dieſer Umſtand viele Sorgen, beſonders da die Equipage in kurzer Zeit über die Hälfte zu erkranken anfieng.

In dieſer Verlegenheit ſchwebten wir dahin, und erwarteten nichts anders, als daß wir, einer nach dem anderen, den Weg über Bord nach der Ewigkeit würden antreten müſſen. Die ganze Mannſchaft war bereits ſo matt, daß, wenn uns noch ein Seeräuber angegriffen hätte, wir uns auf der Stelle hätten ergeben müſſen. Unſere Aerzte hatten demnach alle Hände voll zu thun, und ſelbſt der erſte Arzt fieng ſchon an über Mattigkeit zu klagen. Plötzlich aber erſchien ein Geneſungsmittel, welches beſſer als alle Arznei wirkte, da die Maſtkorbwache plötzlich: Land vorwärts, rief. Der Kapitän ertheilte ihm dafür eine ganze Maaß Branntwein, und ſogleich lief alles Volk auf das Verdeck, es zu ſehen; allein ſo ſehr wir uns auch umſahen, war dennoch nichts zu entdecken.

Der Kapitain ließ einen andern auf den Maſtkorb ſteigen; da aber dieſer zum Unglück eben kein ſcharfes Geſicht in die Ferne hatte, und mit der Nachricht herunter kam, daß er auch nichts entdecken könnte, glaubte der Kapitain, der erſtere Matroſe hätte ihn vorſetzlich betrogen, um die Maaß Branntwein zu erhaſchen, beſonders weil er als ein ſtarker Liebhaber deſſelben bekannt war. Er erzürnte ſich alſo, und diktirte ihm zur Strafe, an dem groſen Maſtbaum gebunden zu werden, wo er für ſeinen Leichtſinn funfzig Streiche auf den Rücken erhalten ſollte. Sein Befehl wurde auch alſobald

ins

ins Werk gesetzet; allein eben wie der Konstabel die Taue zum ersten Streiche aufheben wollte, schrien einige andere am Bargspriet: Land, Land, doch Land! — Er wurde also wieder losgelassen, und bekam zu seiner Entschädigung noch eine Maaß Branntwein, die ihm aber, um seiner Gesundheit zu schonen, nicht gleich gegeben, sondern gut geschrieben wurde, womit er aber schlecht zufrieden schien.

Wir sahen itzt ganz deutlich am Horizont herauf die Spitzen des weltbekannten Tafelberges sich allmählich erheben, über welchem einige ganz weiße Wölkchen schwebten, die gleichsam auf seinem Haupte zu liegen schienen. Wir waren also an dem Vorgebirge der guten Hoffnung. Das Frohlocken und die Freude darüber war allgemein. Jeder wünschte noch diesen Tag das Land betreten zu können; allein da wir nach des Kapitains Rechnung solches erst nach Mitternacht erreichen konnten, ließ er die meisten Segel einnehmen, um auf dem offenen Wasser zu bleiben, und nicht Gefahr zu laufen, im Finstern an eine der Klippen zu stoßen, wovon die Küste so voll ist, und zu scheitern.

Wir blieben die ganze Nacht munter. Sobald es Tag wurde, krochen wir auch schon wieder hervor, unser Land zu betrachten, und sahen es nur noch eine starke Seemeile vor uns liegen. Wir steuerten dem Hafen zu; vor demselben begrüßten wir das Kastell mit den gewöhnlichen Schüssen, die es auch sogleich erwiederte, worauf wir einen Lootsen bekamen, welcher uns vor Anker führte.

Unsere

Unsere Kranken wurden ungesäumt an Land und in das Spital gebracht, wornach das Schiff ziemlich geräumig wurde; alle anderen aber mußten darauf bleiben, und auch mich würde dieses unangenehme Geschick getroffen haben; da aber kurz vorher des Kapitains Bedienter gestorben war, bat er sich von dem Gouverneur die Erlaubniß aus, mich zu sich nehmen zu dürfen, bis er diese Stelle wieder ersezen könnte.

Ich hatte also Gelegenheit genug, mich auf dem Vorgebirge umzusehen; allein da es ohnehin genug Reisebeschreibungen giebt, welche umständlich davon handeln, will ich alle bekannten Merkwürdigkeiten übergehen. Es gefiel mir hier sehr wohl, indem es guten Wein und Erfrischungen in Menge gab; allein ich hatte kein Geld, und vom Kapitain bekam ich sehr wenig für meine Dienste, wiewohl mir das ohngefähr ein Glück zuführte, welches ich nimmermehr vermuthet hätte.

Ich gieng nämlich eines Tages mit noch einigen Bekannten auf den Tafelberg, auf welchem wir die Nacht bleiben mußten. Da ich mir zuvor den Bart abgeschoren hatte, so hatte ich meinen kleinen Spiegel noch im Sacke behalten. Durch Zufall trennte ich mich von meinen Kameraden, und mußte ganz allein auf der bloßen Erde schlafen, wo ich fast zu erfrieren glaubte. Gegen Morgen machte ich mich wieder auf den Weg, herunter zu steigen, und bemerkte, als ich schon einige hundert Schritte zurück geleget, daß ich meinen Spiegel verloren hatte. Ich vermuthete gleich, daß er mir auf meinem Lagerplatze aus dem Sacke gerutschet sei und kehrte wieder um, ihn zu suchen.

Als ich dahin kam, sah ich zu meinem Erstaunen einen Pavian von außerordentlicher Größe auf der Erde sitzen, welcher sich in meinem Spiegel besah, und ihn in den Händen hatte. Ich schlich ganz leise gegen ihn. Er mochte mich im Spiegel hinter dem darin stehenden Kameraden haben kommen sehen; denn nach einer kleinen Weile that er den Spiegel weg, und sah aufmerksam vor sich hin; da er aber nichts mehr sah, hielt er den Spiegel wieder vor. Er that dieses einigemal; weil ihm aber dadurch immer die Figur verloren gieng, so sah er entschlossen wieder hinein, und ließ sich durch nichts mehr irre machen.

Ich benutzte diesen Umstand, und beschloß das Thier zu fangen. Unvermerkt war ich hinter ihm, und warf mich wie der Blitz auf seinen Rücken, indem ich ihn zugleich mit beiden Händen an den Backen fest hielt, daß er mich nicht beißen konnte. Er machte im Schrecken einen gewaltigen Sprung mit mir vorwärts, und lösete dadurch eine breite Steinplatte ab, auf welcher wir, gleichsam wie auf einem Schlitten, den hohen Berg herunter fuhren. Da ich meine Füsse um seine Arme geschlagen hatte, konnte er auch keinen Sprung mehr zuwege bringen, welcher mir ohnfehlbar den Hals gekostet hätte.

Wir kamen glücklich hinunter bis an den Fuß, wo der Stein liegen blieb. Hier begann nun ein neuer Kampf. Der Pavian suchte seine Arme loszubekommen, und endlich gelang es ihm auch, und er er machte entsetzliche Sätze. Doch mein Schluß war fest, und da ich ihn an den Backen gut angeklammert hatte, war es mir leicht, ihn nach dem Stadtthore zu lenken. Er schrie fürchterlich, und da die Wache uns erblickte, glaubte sie, es sey ein Zauberer, der auf dem Teufel geritten käme, warf das Gewehr weg, und lief eilends davon. Zum Glücke kamen ein Paar Hottentotten, welche den Teufel besser kannten, und da sie uns so kämpfen sahen, herbei eilten, und meinen Bucephalus bändigen halfen.

Es bedurfte nicht mehr viel Mühe, die Bestie zu bezwingen. Der Affe war zuletzt so matt, daß er kaum mehr keichen konnte, und ließ, von der Müdigkeit gleichsam gezähmt, mit sich machen, was wir wollten. Wir legten ihm eine Art von Beißkorb an, und einen Strick um den Bauch, und so führte ich ihn zu meinem Kapitain. So ungehalten er auch über mich war, daß ich meine Begleiter verloren hatte, so sagte er doch kein Wort vor lauter Erstaunen, als er meinen Pavian erblickte.

Er war nicht allein von außerordentlicher Größe, indem er, wenn er aufgerichtet stand, über sechs Schuhe maß, sondern auch der Seltenheit wegen einzig in seiner Art. Der ganze Vordertheil seines Leibes war schwarz; um den Hals war er aschgrau; auf dem Kopf, der gleichfalls grau war, hatte er einen rothen runden Flecken, wie ein Käpplein, und seine Hinterfüße fielen ins Röthliche; auch hatte er rothe Posteriora, und eine blaue Nase; übrigens sah sein Gesicht äußerst falsch und boshaft aus.

Der

Der Kapitain konnte sich nicht genug an ihm sehen, und bewunderte meinen Muth. Endlich rieth er mir, ihn dem Gouverneur zu bringen, der mich gewiß für meinen Fang belohnen würde. Er gieng sogleich mit mir dahin, und meldete es ihm. Kaum hatte mich der Gouverneur erblicket, so schlug er für Freuden in die Hände, und hieß das Thier in den Stall bringen, wofür er mir sogleich zwölf holländische Dukaten schenkte, und eine weitere Beförderung versprach. Der Kapitain erzählte mir Abends, als er nach Hause kam, daß er von dem Gouverneur vernommen, wie ihm dieß Thier **viel** Schaden gethan, indem es über die Hälfte von dem Obst und andern Gewächsen, die er mit vielen Kosten hatte pflanzen lassen, jährlich geraubet und verdorben hätte, ohne daß es ihm möglich gewesen, seiner habhaft zu werden. Als wir nachher wieder auf das Vorgebirge zurück kamen, hörten wir, daß der Gouverneur bald nach unserer Abreise gestorben wäre. Kurz vor seinem Tode hätte der Pavian an der Kette entsetzlich gelärmet. Da nun des Gouverneurs Nachfolger ohnehin nicht in beßtem Vernehmen mit ihm gestanden, hätte er beschlossen, die Bestie lauffen zu lassen, um ihm auch ein Stück Arbeit damit zu geben, welches er in der That hätte.

Der Gouverneur hielt sein Wort, mich zu befördern, treulich. Unser Schiffschreiber, der im Spital lag, war gestorben, und ich erhielt seine Stelle. Da die meisten Kranken wieder hergestellet waren, auch wir uns mit nöthigen Erfrischungen versehen hatten, so lichteten wir nach einem Aufenthalt von fünf Wochen den Anker wieder, und setzten unsere Straße mit gutem Winde fort. Wir hatten auf dieser Reise keinen Anstoß mehr, und kamen endlich glücklich in Batavia an. Unser Empfang war hier eben so freundschaftlich, wie auf dem Vorgebirge der guten Hoffnung, und die Lebensmittel, die man hier in größtem Uiberflusse findet, waren noch um die Hälfte wohlfeiler.

Wider Vermuthen hatte unser Schiff diese lange Reise ausgehalten, und gieng sechs Wochen nach unserer Ankunft mit einer Ladung von Kaffee, Zimmt und Ingwer wieder nach Europa zurück. Es nahm einige hundert Soldaten mit, welche ihre Kapitulationszeit ausgedienet hatten, und nunmehr nach ihrem Vaterlande zurück wollten. Da Batavia vielleicht die ungesündeste Gegend in der ganzen Welt ist, so wird man sich nicht wundern, wenn ich sage, daß sie insgesammt sehr ausgemergelt waren, und man sie, Mann für Mann, ihrer ausgedorrten Figur wegen sehr füglich anstatt heiliger Leiber in gläserne Kästen hätte legen, und auf Altäre stellen können. Es waren einige darunter, die kaum die Knochen mehr schleppen konnten; denn ohngeachtet taumelten sie an Bord, und das größte Versprechen hätte sie nicht zurückhalten können, so stark war ihre Begierde, diese Gegend zu verlassen, und Europa wieder zu suchen. Ich durfte, wie alle übrigen erst Angekommenen, nicht mitreisen, sondern wurde als Unterschreiber in ein Handlungs-Komtoir verwendet, wo ich, da wir mit einigen englischen Faktoreyen auf Carlestown zu thun hatten,

ten, wegen meinen geringen Kenntnissen in der englischen Sprache wichtige Dienste that.

Vier ganze Jahre mußte ich auf dieser Niederlassung bleiben, in welcher Zeit, wie ich nach und nach erfuhr, fast drei Viertel von denen gestorben waren, die mit mir von Europa herüber kamen, welches hier nichts Ungewöhnliches ist, indem ein Europäer selten sechs oder acht Jahre zu überleben pflegte. Endlich fieng ich auch an, milzsüchtig zu werden, und meine Gesundheit gerieth in Verfall. Sobald ich dieses merkte, drang ich auf meine Entlassung, die man mir, da ich ohnedem schon über meine Zeit gedienet hatte, nicht vorenthalten konnte. Es gieng eben um diese Zeit wieder ein Schiff mit Handlungsartikeln nach Amsterdam, auf welchem ich Erlaubniß erhielt, zurück zu kehren. Obschon meine Besoldung klein gewesen war, so hatte ich mir doch einige hundert Thaler erspart, für welche ich mir größten Theils einige Spezereyen einkaufte, die ich in Europa gut anzubringen hoffte, das übrige aber in Dukaten in meinen Hosenbund nähete. Ich erhielt auf diesem Retourschiffe noch meine alte Stelle als Schiffsschreiber, und durfte also weder für Kost noch Bequemlichkeit sorgen.

Unter großem Frohlocken segelten wir aus Batavia, wiewohl meist in zerrütteten Gesundheitsumständen, und ehe wir noch das Vorgebirge der guten Hoffnung erreichen konnten, mußte noch mancher von der Equipage sein Grab in dem Grunde des Meeres finden. Endlich langten wir zu unaussprechlicher Freude in der Tafelbay an, und

wurden

wurden sämmtlich an Land gesetzet, um uns von unserer Krankheit wieder zu erholen. Das hier herrschende gesunde Klima, besonders aber die Hoffnung, bald wieder die Thürme von Amsterdam zu sehen, stellte uns in Kurzem wieder her. Ich war einer der ersten von diesen; bei den meisten dauerte es doch über sechs Wochen. Diese Zeit machte ich mir zu Nutze, mich auf dem Kap vollkommen umzusehen, wozu mir die Bekanntschaft mit einem Deutschen, Namens Wippermann, sehr nützlich war. Wir machten beide eine kleine Reise in das Land, versahen uns mit Lebensmitteln, Schießgewehre, und einem Wegweiser, und traten so den Weg an.

Da wir den ersten Abend an kein Dorf oder eine Hütte kamen, so mußten wir uns entschließen, in einer sandigten Gegend unter freiem Himmel zu bleiben; doch gab uns der Wegweiser den Rath, wegen den Löwen, die hier in großer Menge des Nachts herum streichen, ein Feuer zu machen. Mir war zwar nicht wohl dabei zu Muthe; doch da ich bei den beiden keine Furcht gewahr wurde, ließ ich mir auch nichts merken. Wir unterhielten es die ganze Nacht, und blieben munter, ohne daß sich etwas Gefährliches gezeiget hatte; allein gegen Anbruch des Tages hörten wir von Weitem ein Gebrülle, welches sich immer näherte. Wir machten uns schon zur Gegenwehre fertig, und spannten die Hähne; doch es entfernte sich wieder, daß wir endlich gar nichts mehr vernahmen.

So bald es Tag wurde, giengen wir weiter, und langten nach 4 Stunden bey einem hottentottischen

schen Dorfe an, welches aus ungefähr zehn elenden Hütten bestand, die aus vier armdicken in die Erde gerammelten Pfählen, und breiten Blättern statt des Daches, verfertiget war; die Seitenwände aber hatten sie mit Zweigen und trockenem Haidegrase durchflochten. Gleich vor der ersten Hütte hatte sich eine Parthie von ihnen gelagert. Sie lagen insgesammt, Männer, Weiber und Kinder, auf den Bäuchen, und zeigten uns die nackenden Hintern. In ihrer Mitte hatten sie einen hölzernen Stock, welcher statt eines Tabackkopfes diente, und unten eben so viele Löcher hatte, als Hottentotten waren, deren jeder aus einem darin steckenden Rohre Taback schmauchte. Er stank entsetzlich. Sie rauchten nicht nach Belieben, sondern zogen, und bliesen den Rauch nach einem gewissen Tempo von sich, welches einer unter ihnen gab, indem er nach langsam aufgezogenem Fuße damit auf eine hinter sich liegende Art von Trommel einen Schlag führte.

Die Weiber, die auch mit rauchten, hatten ihre langen Brüste über die Achseln hinter sich geworfen, woran kleine Kinder, die gleichsam mit Kuhmist überzogen waren, und mehr jungen Bären, als menschlichen Geschöpfen glichen, statt des Tabacks Muttermilch tranken; andere Weiber aber schlugen ihre Eiter unter den Arm hinter sich, und ließen ihre Fratzen also ziehen, die ihnen zum Theil während dieser Beschäftigung aufrecht auf dem Hintern saßen, und dabey mit den kleinen Fäusten auf dem Leibe herum trommelten; übrigens hatten sie

ins-

insgesammt Arme und Füße mit Schaafgedärmen, wovon die erste Fülle nicht gänzlich ausgedrücket seyen, dick umwickelt, welches sehr ekelhaft aussah.

Wir mochten wohl eine Viertelstunde vor ihnen gestanden haben, ohne daß sich einer nur gerühret hätte; sobald aber ihre Pfeife ausgerauchet war, erhoben sich einige von der Erde, und betrachteten uns mit einem dummen Erstaunen, worüber ich von Herzen lachen mußte. Dies Lachen gefiel ihnen; sie mochten es für eine Art Musik gehalten haben, und machten wirklich Miene darnach tanzen zu wollen, wobey sie mit dem Munde einen Ton von sich gaben, wie ein Indianischer oder Truthahn, wenn er über etwas böse wird, und gandert. Ich griff hierauf in meinen Tabacksbeutel, und schenkte ihnen eine Handvoll geschnittenen Knaster, welchen sie gar nicht kannten. Ich gab ihnen durch Zeichen zu verstehen, daß es Taback sey, worauf sie alsobald ihre Pfeife wieder füllten, und schmauchten, dabei aber nach der Reihe ächzten und murmelten; woraus ich abnehmen konnte, daß er ihnen sehr delikat schmecken mochte.

Sobald sie fertig waren, gieng einer von ihnen in eine Hütte, und brachte einen Ranzen, der das Rauche inwendig hatte. Er griff mit der Hand darein, und zog sie mit Butter gefüllet wieder heraus, die er mir vermuthlich zum Gegengeschenke verehren wollte. Ich sträubte mich, dieses unappetitliche Gericht anzunehmen; aber auf Zureden meines Führers, welcher aus dieser Verschmähung üble Folgen prophezeyen wollte, nahm ich sie gleichwohl

wohl an, wickelte solche in ein großes Blatt, und steckte sie in den Sack, in dem Vorsatze, sie, sobald sie weiter gehen würden, wegzuwerfen.

Wir nahmen nunmehr auf einem andern Wege unsern Rückzug gegen die Stadt zu, und kamen in eine gebüschichte Waldung, wo wir von dem bei uns habenden Proviant Mittag hielten. Einige Stunden darnach gelangten wir auf eine dürre Haide, und endlich wieder in ein Gebüsche, in welchem wir Etwas jämmerlich ächzen hörten. Wir näherten uns dem Tone, und fanden eine um und um zugemachte Hütte. Mit fertig gemachtem Gewehr eröffneten wir dieselbe, und fanden einen alten Hottentotten, welcher einige Speisen und Wasser vor sich stehen hatte.

Unser Führer erzählte uns hier, diese Völker pflegten ihre Greise oder Aeltern, wenn sie nicht mehr fortkommen könnten, auf solche Art auszusetzen, und dem Verhungern, oder dem Raub der wilden Thiere Preis zu geben. Wippermann, welcher ein vermöglicher Mann war, beschloß hierauf sogleich, aus Mitleiden diesen armen Alten mit nach der Stadt zu nehmen, und dort in einem Spital zu versorgen. So sehr ihm auch unser Führer zuredete, und vorstellte, daß wir Verdrüßlichkeiten davon haben könnten, so ließ er sich doch nicht von seinem lobenswürdigen Vorsatz abbringen. Er und der Führer ergriffen den armen Hottentotten unter den Armen, und so wanderten wir mit ihm in langsamen Zuge fort.

Kaum

Kaum hatten wir noch tausend Schritte zurück gelegt, so hörten wir einen Schnalzer mit der Zunge, und ehe wir es uns versahen, erschienen acht Hottentotten mit Prügeln in den Händen, und machten einen Angriff auf uns. Ohne ein Wort zu reden, umzingelten sie uns, und fiengen an loszuschlagen. Ich bekam wie ein Blitz drei tüchtige Stockschläge über die Schulterblätter, daß mir der Athem zu kurz wurde; aber sogleich ließen sie von mir ab, und warfen sich alle auf Wippermann und unseren Führer, welche sie zu Boden warfen, und erbärmlich zerdroschen. Dieß gab mir Gelegenheit, mich ein wenig auf die Seite hinter einen Busch zu ziehen.

Zum Glück hatte ich, da jene beiden den alten Hottentotten führten, ihre Flinten auf den Rücken genommen, und trug die meinige in der Hand. Ich sah, wie meine beiden Kameraden übel gemißhandelt wurden, und hätte gern unter die Kanaillen Feuer gegeben, wenn ich nicht hätte befürchten müssen, einen von meinen Freunden zugleich zu verwunden, indem ich mit Laufkugeln geladen hatte, die Ladungen der beiden andern Flinten aber nicht kannte.

Endlich, da ich bemerkte, wie sie sie begierig auszukleiden im Begriffe waren, vergieng mir die Geduld; ich wagte es, schlug an, und drückte los. Sogleich wurde Platz; die Hottentotten schrien wie Waldteufel, und zogen sich auf eine kleine Strecke zurück. Ich wollte nicht von meinem Busche hervortreten, und rief meinen Gefährten, sich zu mir

in

in Sicherheit zu begeben, welches sie auch sogleich befolgten. Wippermann hatte seine Sackuhr, Hut und Tabackspfeife, der Führer aber seine Tasche mit dem Proviant verloren. Ich gab jedem sein Gewehr, und machte das meinige, so geschwind ich konnte, wieder fertig. Wippermann war so zornig, daß er sogleich nach ihnen hinschoß, und einen Hottentotten, der seinen Hut in der Hand hielt, auf der Stelle niederschoß, den aber ein anderer aufhob, worauf sie vollen Sprunges davon liefen.

Da zu vermuthen war, daß sie mehrere von ihren Nachbarn herbei hohlen würden, so durften wir schon gar nicht mehr an den Alten denken; wir ließen ihn also liegen, und zogen uns hinter den Gebüschen immer weiter rückwärts, um durch einen Umweg wieder sicher zu der Stadt zu gelangen. Wippermann und der Wegweiser klagten während dem Gehen über gewaltige Schmerzen, indem sie eine tüchtige Tracht Schläge erhalten hatten; besonders aber erwähnte letzterer ein starkes Brennen an den Hinterbacken. Wir mußten ihn auf seine Bitte besehen, und da fand es sich, daß er durch einen Schuß eine Streifwunde bekommen hatte.

Wir hatten nicht das Geringste zum Verbinden bei uns; aber es war noch gut, daß ich vergessen hatte, die Butter wegzuwerfen, die uns itzt gute Dienste that, indem wir ihm das Kastell damit einschmierten, und dadurch das heftige Brennen um etwas linderten. Wippermann mußte ohne Hut bei der gewaltigen Sommerhitze nicht weniger ausstehen;

hen; demohngeachtet marschirten wir fort, so stark wir konnten, bis es Abend wurde, und wir abermals Halt machen, und übernachten mußten. Da wir uns von dem Nachsetzen der Hottentotten noch nicht sicher glaubten, so getraueten wir uns nicht, Feuer anzumachen, und blieben die ganze Nacht munter; wir sahen und hörten aber diesmahl gar nichts, und kamen des andern Tages noch bey guter Zeit in der Stadt an, wo wir uns von unseren Schlägen und erlittenem Ungemache wieder erhohlen konnten.

Am 3. May nahmen wir unter lautem Jauchzen unseres sämmtlichen Schiffsvolkes von dem Kapitain Abschied, und setzten unsern Cours nach Europa fort. Wir waren wieder mit frischem Wasser, Wein, Fleisch, und allen Bedürfnissen reichlich versehen. Wir hatten einen frischen Süd-West Wind, und legten nach unserer Rechnung in den ersten 4 Tagen über 200 Meilen zurück, womit wir, wenn er so fortgedauert hätte, unser Vaterland in Kurzem erreichet haben würden; allein am 5. ließ er merklich nach, und nach 8 Tagen wurde es beynahe ganz windstill, und dieses währete 9 ganzer Tage. Wir wandten diese Zeit zum Fischen an, um unsern Proviant zu ersparen, und waren auch so glücklich, daß wir die Angel beynahe niemahls vergeblich auswarfen.

Eines Tages ließen sich verschiedene sogenannte Delphins nicht weit vom Schiffe über dem Wasser sehen, wiewohl wir keines derselben habhaft werden konnten. Unser Bootsmann meinte, daß dieses

ses Vorboten eines bald zuerwarten habenden Sturmes seyen, und seine Prophezeyung war leider nur allzurichtig. Es erhob sich bald ein Ost=Nord=Ost, welcher sich zusehends verstärkte, und endlich in einen Sturm verwandelte. Das ganze Firmament hatte sich schwarz überzogen, und es schien, als ob die Wolken auf die Oberfläche des Wassers stießen.

Kaum hatten wir noch so viel Zeit, die Segel einzunehmen, wovon wir nur das einzige Vormarssegel stehen ließen; aber plötzlich kam ein Windstoß, und riß uns solches in Stücken. Das Schiff bog sich davon ganz auf die Seite, und wir verloren durch diese Begebenheit 2 Matrosen, welche vom Verdecke in die See stürzten, und aller angewandten Mühe ungeachtet nicht mehr gerettet werden konnten. Es folgte nun zwar kein so heftiger Windstoß mehr; allein das Ungewitter brach itzt mit Donner und Blitzen los, wobei zugleich ein heftiger Regen herab stürzte.

Nach einer halben Stunde hatte der Sturm bereits seine vollkommene Stärke erreichet, und wir mußten alles Bemühen, das Schiff in der Ordnung zu erhalten, gänzlich aufgeben, welches wie ein Ball unaufhörlich herum geworfen wurde. Niemand im Schiffe konnte sich auf den Beinen erhalten, und es war noch ein Glück, daß wir meist gesunde Mannschaft hatten; demohngeachtet glaubten wir, daß wir zu Grunde gehen müßten; allein die göttliche Vorsehung hatte dieses nicht über uns beschlossen.

Nach=

Nachdem der Sturm zwey Tage gedauert hatte, bekamen wir wieder ruhiges Wetter, aber auch zugleich eine gänzliche Windstille. Nachdem wir die Seecharten zur Hand genommen, sahen wir, daß wir eine gute Strecke nordwärts über die azorischen Inseln zurück verschlagen worden waren. Dieses Unglück hätte leicht können gut gemacht werden; allein wir waren des Tages nicht einmal eine Viertelmeile zurück zu legen im Stande.

Zween volle Monate brachten wir in dieser Himmelsgegend zu, ohne sonderlich von der Stelle zu kommen, indem wir abwechselnd bald allzuschwachen, bald widrigen, und bald gar keinen Wind hatten. Mittlerweile stellte sich der leidige Scharbock wieder ein; und es äußerten sich bey Manchem schwarze und braune Flecken an den Armen und Schenkeln, und Vielen waren die Zähne im Munde so locker, daß man sie ohne Mühe hätte heraus nehmen können. In kurzem starben über 30 Mann, und die Meisten im Schiffe waren krank, und zum Dienste untauglich.

Alle Medizin war hier vergeblich. Das einzige Hülfsmittel würde gewesen seyn, wenn wir irgendwo an Land hätten kommen, und frische Kräuter und Zugemüße erhalten können; aber es war gar kein Anschein dazu vorhanden, und von dem eingesalzenen Fleische wurde es immer ärger. Diesem Mangel einigermassen abzuhelfen, legten wir uns stark aufs Fischen, und fiengen immer so viel, daß wenigstens die Kranken davon gelabet werden konnten. Eines Tages zogen wir einen großen

Hay-

Hayfisch aus dem Wasser. Er war, als wir ihn auf dem Verdecke maßen, über 18 Schuhe lang, und wir freuten uns schon, daß wir die ganze Equipage auf etliche Tage damit würden versorgen können; wie wir ihm aber den Leib aufhieben, fanden wir zu unserem Erstaunen einen todten Matrosen darin, welcher Tages zuvor in das Meer geworfen war. Er war noch ganz unversehrt in seinem Stücke Segeltuch, worein man ihn genähet hatte.

Man kann sich leicht das Entsetzen vorstellen, welches uns bey dessen Erblickung überfiel. Wir warfen nicht allein den Körper, nebst dem Hay, wieder in das Wasser, sondern es vergieng uns auch der Appetit so sehr, daß 8 Tage darauf noch Niemand Fische essen wollte. Diese Geschichte brachte in uns die traurigsten Vorstellungen hervor. Gleichwie die Verzagten alle Begebenheiten unglücklich für sich auszulegen pflegen, so machten auch schon die Meisten die Vorbedeutung daraus, daß wir alle in den Leibern dieser fleischgierigen Fische, als in lebendigen Gräbern, unseren baldigen Aufenthalt finden würden.

Da unsere Kleinmuth aufs höchste gestiegen war, bekamen wir endlich das, was wir so sehnlich wünschten, nähmlich frischen Wind aus Süd-Westen, welcher uns wieder in den Stand brachte, unsere Reise fortzusetzen, und wir zogen sogleich, um das Versäumte in etwas wieder einzubringen, so viele Segel auf, als wir nur konnten.

Das Wichtigste wäre izt freylich gewesen, unsere Strasse wieder zu finden; allein die vielen Kranken

ken erforderten, daß wir trachten mußten, so bald es möglich, Land zu erreichen, um solche auszusetzen, und ihnen einige Zeit zur Erhohlung zu geben, zugleich aber auch das Schiff wieder mit süßem Wasser zu versehen. Wir wußten daß in diesem Gewässer verschiedene Inseln lagen, wovon aber die nächste, nach des Kapitains Rechnung, noch über 400 Meilen entfernet seyn müßte; diese suchten wir nun zu entdecken. Schon währete unser Lauf wieder 6 Tage mit anhaltendem guten Winde, als die Schildwache Land rief. Wir stiegen sogleich in die Höhe, und sahen darnach aus, und es dünkte uns, eine ziemlich breite Insel zu sein, auf welcher wir aber wegen der großen Entfernung nichts unterscheiden konnten.

Es wurde sogleich der Lauf darnach gerichtet, und wir hofften, bis vor einbrechender Abenddämmerung gleichwol noch so nahe daran zu kommen, daß wir die Schaluppe aussetzen, und die Tiefe sondiren lassen könnten, um sodann den folgenden Morgen entweder in irgend einer bequemen Bay anzulegen, oder vor Anker zu gehen, und uns aussetzen zu lassen. Da wir ganze 4 Stunden gesegelt hatten, fanden wir zu unserer Verwunderung, daß wir uns dieser Insel noch gar nicht merklich genähert hatten, indem sie noch immer gleich weit von uns lag; doch hofften wir solche mit Anbruch des Morgens zu erreichen.

Um nicht in der Nacht vorbei zu kommen, nahmen wir die Hälfte der Segel ein; aus Furcht aber, daß wir nicht etwa in eine Untiefe gerathen, oder an

eine

eine verborgene Klippe stoßen möchten, sondirten wir alle Viertelstunden mit dem Senkbley; doch fanden wir in einer Tiefe von mehr als 90 Klaftern noch keinen Grund. Des Kapitains Wille war, das Schiff noch in der Nacht vor Anker zu legen, welches aber wegen der ungeheuren Tiefe des Meeres nicht möglich war. Wir konnten also nichts anders thun, als die übrigen Segel vollends einnehmen, hingen die Schiffslaterne aus, und stellten fleißig Wache, die auf alle Ereignisse genau Acht geben mußte. So erwarteten wir den Morgen.

Schon war die erste Dämmerung vorbey, und wir konnten noch nichts von unserer Insel entdecken; die Sonne gieng auf, und wir erblickten um und um nichts anders, als eine unübersehbare Waserfläche. Wir merkten nun wohl, daß wir getäuschet worden waren, ob wir gleich diese Naturbegebenheit nicht auszulegen vermochten. Das Volk verfiel darüber in die tiefste Traurigkeit, da es sich in seiner Hoffnung betrogen sah; der Kapitain aber, welcher versicherte, dergleichen Erscheinungen schon einmal gesehen zu haben, bedauerte nur, daß er die halbe Nacht so unnütz verlaviret, und die Segel hatte einnehmen lassen, die er jetzt in möglicher Eile wieder beysetzen ließ. So gering auch dieser Verlust war, so fiel es uns dennoch schmerzlich, da an diesem Tage wieder 3 Mann starben, und über Bord gesetzet wurden.

Doch das Schicksal söhnte sich wieder vollkommen mit uns aus. Den zweyten Morgen darnach mit dem allerfrühesten sahen wir auf eine Seemeile

E weit

weit gerade vor uns die Küsten einer Insel, welche sich auf eine Breite von ungefähr 6 Meilen erstrecken mochte. Sogleich wurde das Senkbley geworfen, und man fand nur 20 Klafter Wasser. Nun sahen wir ein, daß der Betrug mit der ersteren Insel ein Glück für uns war; denn wenn wir uns dort nicht aufgehalten hätten, würden wir hier bey der Nacht angelanget, und ohne Zweifel auf den Strand gelaufen seyn, oder an einer Klippe, die wir jetzt in großer Anzahl sahen, gescheitert haben. Der Kapitain erschrack darüber über alle Maßen. Er ließ sogleich beilegen, und das große Boot aussetzen, welches gegen das Land zu sondiren mußte, und da es die Annäherung für thunlich fand, folgten wir ihm mit dem Schiffe, und liefen in einer geräumigen Bucht ein, wo wir uns sogleich vor Anker legten, und ans Land giengen.

Es wurden alsobald auf eine Kanonenschußweite vom Strande etliche Zelte aufgeschlagen, worunter wir unsere sämmtlichen Kranken brachten; auch die meisten übrigen kamen ans Land, und blieben nur so viele im Schiffe, als die äußerste Nothwendigkeit und Vorsorge zu dessen Bewachung erforderte. Wir fanden hier nicht allein gutes süßes Wasser, sondern auch wilden Selleri, und eine Art von Spinat, Sauerampfer und dergleichen Kräuter, welche uns ganz vortrefflich zu statten kamen. Hinter uns lag ein hohes langes Gebirge, welches uns den größten Theil der Insel verbarg. Da wir nun theils wissen wollten, unter wessen Bothmäßigkeit sie stehe, theils auch andere Bedürfnisse nöthig
hatten,

Die gefangenen Matrosen und Soldaten wurden hier an Land gesetzet, und in Verwahrung gebracht; das erbeutete Schiff aber nebst seiner ganzen Ladung als eine gute Prise verkaufet; auch dasjenige, was mein erspartes Eigenthum war, mußte ich zu meinem größten Leidwesen veräußern sehen, und ich wurde dadurch wieder so arm, als zuvor. Viele von unseren Leuten, denen die Gefangenschaft nicht anständig war, nahmen sogleich auf andern französischen Schiffen Dienste, und ich selbst, der ich niemals einen Patriotismus für die Holländer fühlte, im Gegentheil die größte Ursache hatte über diese Nation zu klagen, ergriff diese Parthei.

Der Kapitain selbst gab mir Gelegenheit dazu, indem er mich anredete, auf seinem Schiffe Dienste zu nehmen, mit dem Versprechen, daß er mich nach ein Paar treu gedienten Monaten zum Schiffskorporal machen wollte. Ich bedachte mich keinen Augenblick, wiewohl ich, da ich niemals sonderliche Neigung zum Seewesen fühlte, zugleich den Vorsatz hatte, bei erster bester Gelegenheit meinen Abschied auf die Fußsohlen zu nehmen, und mich von einer so verhaßten Dienstbarkeit wieder zu befreien.

Wir mußten gegen vierzehn Tage im Hafen liegen bleiben, um frische Lebensmittel und andere Sachen zu besorgen, worauf wir in Begleitung eines andern, etwas kleinern Kaperschiffes wieder in die See stachen, um neue Eroberungen zu machen. Unsere Fregatte hieß Passepartout, das kleinere Schiff aber la Contenance und hatte nur zehn Kanonen und hundert und achtzig Mann am Bord, da hingegen die Equipage des unsrigen über vierhundert Mann stark war. Unsere Straße war wieder in das große Weltmeer, wo der Kapitain aufgemuntert durch den ersten Fang, noch einige Ostindienfahrer zu erschnappen hoffte, welche am wenigsten Widerstand thaten, und gleichwohl die Mühe weit besser bezahlten, als irgend ein anderes bewaffnetes feindliches Schiff.

Diesesmal waren wir nicht so glücklich, wie das vorigemal. Wir begegneten nämlich nicht allein keinem einzigen holländischen Schiff, sondern mußte auch viele Stürme aushalten, die uns bald links, bald rechts aus der vorgesetzten Straße trieben. Wir hielten See, so lange wir konnten; endlich, nachdem wir fünf Monate vergeblich herum gekreuzet hatten, nöthigte uns der Mangel an Brennholz und frischem Wasser, Land zu suchen. Es war eben hohe Zeit dazu, indem wir bereits über funfzig Kranke hatten, und fast jeden Tag um ein Paar mehr erkrankten, so, daß wir alle Ursache hatten, zu besorgen, daß die ganze Besatzung in kurzer Zeit bettlägerig werden würde. Da wir nicht sehr ferne von der Insel Madera waren, so fiel es uns nicht sonderlich schwer, an dieselbe zu gelangen, und wir giengen dabei vor Anker.

Sobald wir von dem Gouverneur der Insel Erlaubniß erhalten hatten, an das Land zu kommen, stiegen wir aus, und nahmen unsere Quartiere in einigen guten Wirthshäusern; die Kranken aber wurden in ein Spital geschaffet, und auf Kosten des Kapitains verpfleget. Unter diese letztere
kamen

kamen auch noch am selben Tage, als wir gelandet hatten, des Kapitains Bedienter. Er hatte sich schon einige Tage über heftige Kolik geklaget, und da er itzt keine Dienste thun konnte, so nahm mich der Kapitain einstweilen zu sich, bis er wieder gesund werden möchte; allein anstatt der Besserung wurde es mit ihm zusehends schlechter, und am dritten Tage starb er. Der Kapitain verlor ihn sehr ungern; da er aber durch diese Probezeit von etlichen wenigen Tagen mit meinem Benehmen durchaus wohl zufrieden war, so machte er mir den Antrag, mich als Jäger in seine Dienste zu nehmen, und mir nebst der Kost monatlich dreißig Livres Lohn zu bezahlen.

Da es auf dem Schiffe ausgemachet war, daß, wenn eine Prise gemachet wurde, das Schiffsvolk einen gewissen Antheil von der Beute bekommen mußte, so würde ich nunmehr, da ich durch diesen Posten weder mehr unter die Besatzung, noch zu den Matrosen gehörte, um diese Einkünfte verkürzet worden seyn; aber auch dieses suchte er mir zu vergüten, und versprach mir bei jeder eroberten Prise, wenn es auch nur ein ganz geringes Fahrzeug seyn sollte, aus seiner eigenen Kasse zehen Louis'dor zu bezahlen.

Ich war mit diesen Koditionen gänzlich zufrieden, und zog alsobald des Kapitains Livree an. Wir blieben zwey Monate auf Madera, ehe wir wieder in See giengen, und mußten also ziemlich lange Zeit vergebens zubringen, während welcher wir, wenn unsere Mannschaft gesund gewesen wäre,
etwas

etwas hätten erobern können. Da wir etwa vierzig Seemeilen von Madera wieder entfernet waren, so begegnete uns eine schwedische Karette, welche uns benachrichtigte, daß sie vorigen Tages gegen Nord=Nord=Westen eine Jagd gesehen hätte, indem ein algierisches Raubschiff ein Holländisches mit allen Segeln verfolget hätte. Da es nicht geschienen, als ob der Holländer Lust gehabt hätte, sich zu schlagen, so habe auch sie (die Karrette) als zu schwach, sich in nichts einlassen können, sondern sich mit dem Wind gerettet. Die beiden Schiffe seyen ihr aus dem Gesicht gekommen, doch glaube sie, daß der Holländer noch würde eingeholet worden seyn.

Diese letztere Meynung war unsrem Kapitain gar nicht recht; indessen bedankte er sich doch für die Nachricht, und wir richteten unseren Lauf gegen Norden. Am dritten Tage darnach gab die Wache gegen Morgen Nachricht, daß sie ein Segel in der Ferne wahrnehme. Durch Hülfe der Ferngläser erkannten wir es alsobald für ein Holländisches, und zweifelten gar nicht, daß es das nämliche seyn möchte, von welchem uns die Karrette erzählet hatte. Es mochte uns zu eben der Zeit gleichfalls erblicket haben, und man konnte wahrnehmen, daß es sich bemühte, uns aus den Augen zu kommen; allein es war vergebens; denn da bekanntlich eines Kapers Haupteigenschaft ist, daß er schnell segele, so war es uns sehr leicht, solches zu erreichen, und gegen neun Uhr waren wir ihm schon so nahe, daß wir es mit Kanonen begrüßen konnten.

Wir

Wir forderten es ungesäumt auf, sich zu ergeben; allein statt der Antwort setzte es seine Bemühungen fort uns auszuweichen, und wir, dieses bemerkend, sandten ihnen einige Kugeln in das Tauwerk, welche die Szene sogleich veränderten, und bewirkten, daß es die Segel strich, und sich ergab. Wir stiegen sogleich an Bord desselben, und nahmen Besitz von der ganzen Ladung, die Mannschaft aber zu Gefangenen.

Ehe wir noch mit der Visitirung den Anfang gemacht hatten, deutete die Wache wieder an, daß sie noch ein Schiff auf der Höhe sähe; und der holländische Kapitain erklärte uns, daß es der Algierer sey, welcher ihn so hitzig verfolget habe. Er sagte dabei, daß, wenn er ja gefangen seyn sollte, er sich doch gratulire, wenigstens in christliche Hände gefallen zu seyn, und bat uns, ihn ja zu schützen, und den Mohren nicht Preis zu geben. Das Raubschiff war eines von den größten Schiffen der Barbarei, und zwar, wie wir, als es näher kam, erkannten, eine englische Fregate, die sie einst mochten erbeutet haben, und schien vortrefflich bewaffnet. Dieser Umstand erweckte uns nicht wenige Sorgen, und wir befürchteten, daß der Räuber Anspruch auf unsere Prise machen möchte.

Uns nun in Sicherheit zu setzen, machten wir in solchem Fall mit den Holländern gemeine Sache, und verschworen uns zur allgemeinen Vertheidigung. Wir nahmen einige Holländer auf unser Schiff, auf die Prise hingegen setzten wir eine Anzahl von unseren Leuten. Da dieses überdies zwölf schöne Kanonen

nonen führte, so hatten wir gar nicht Ursache uns vor dem Feinde zu fürchten, bei welchem wir über sechs und dreißig Kanonen nicht wahrnehmen konnten.

Um zwei Uhr Nachmittags kam uns endlich der Algierer in die Nähe. Wir hatten unsere französische Flagge aufgezogen. Er rief uns sogleich zu, sie vor ihm zu streichen, und ein Boot mit den Paß zu ihm an Bord zu senden. Da wir dieses nicht thaten, kam ein Mohrenoffizier zu uns, und wollte das Schiff untersuchen. Da wir ihm genugsam erkläret hatten, und er gewiß war, daß wir Franzosen wären, welche zu der Zeit mit der Republik Algier in Frieden standen, so forderte er endlich das holländische Schiff von uns, als eine Prise, die ihnen aus der Ursache zugehörte, weil sie solche schon verschiedene Tage verfolget hätten; allein wir schlugen ihm sein Begehren rund ab, und schickten ihn wieder zurück.

Kaum war der Mohr wieder an Bord, so sah man auf seinem Schiffe die rothe Flagge wehen, und sie schienen kühn genug, ob sie gleich unsere Stärke sahen, unsere Prise mit Gewalt nehmen zu wollen. Wir glaubten Anfangs, daß es nur blinder Schrecken seyn würde; aber sie überzeigten uns eines andern, indem sie sich näher legten, und uns unversehens eine Lage gaben, welche aber zum Glück sehr wenig Schaden anrichtete, und blos einen Matrosen tödtete, und zween andere verwundete.

Da der Räuber auf diese Art den Frieden gebrochen hatte, erachteten auch wir uns berechtiget,

ein

ein Gleiches zu thun, und unser Kapitain ließ ebenfalls Feuer geben. Unsere Prise hatte noch keinen Schuß gethan, sondern sie wandte sich, (der Abrede gemäß) als wenn sie aus dem Treffen fliehen wollte, einige Tauenlängen von uns weg; der Feind ließ sich wirklich dadurch betrügen, und setzte sich in die Mitte zwischen unsere beiden Schiffe. Auf einmal fieng die Prise an, mit Kanonen, Granaten, und dergleichen dem Räuber zuzusetzen, und das Feuer von unserer Seite fuhr gleichfalls mit größter Heftigkeit fort. Ob sich gleich der Algierer mit äußerster Wuth vertheidigte, so wurde er nach ohngefähr einer Stunde gleichwohl kraftlos; alle seine Mast und Tauwerk war elendiglich zerschossen, und da wir uns fest vorgenommen hatten, ihn in den Grund zu bohren, so liessen wir auch nicht eher nach, als bis er wirklich gesunken, und mit Mann und Maus in die Tiefe gegangen war.

Da Frankreich mit Algier in Freundschaft stand, so war dieses das Beste, was wir thun konnten; indem wir uns itzt nicht mehr fürchten durften, daß das Raubschiff diesen Vorfall dem Dey erzählen, und uns Verdrüßlichkeiten verursachen möchte. Wir giengen also mit unserer Prise auf den Brester Hafen zu, wo wir auch bald glücklich anlangten, und uns vor Anker legten.

Nunmehr wurde die ganze Schiffsladung untersuchet, und es befand sich unter selbiger eine Menge Zimmt, Sandelholz, Ingwer, Cacao, und so viel baares Geld, daß nach der gesetzmäßigen Theilung auf jeden Matrosen und Soldaten ein Antheil von viertausend Livres kam; ich aber in so weit leer durchfiel, daß ich mich blos mit meinen zehn Louisd'ors begnügen mußte; wiewohl mir der Kapitain auf meine Vorstellungen, wegen einer so reichen Beute, von seinem Antheil noch fünfhundert Livres gab. Demohngeachtet glaubte ich Ursache zu haben, unzufrieden zu seyn, besonders weil mich meine ehemaligen Kameraden wegen der kahlen Beute mit jedem Anblick hämisch auslachten; und ich schwor bei mir selbst, mich deswegen an dem Kapitain zu rächen, und meinen Verlust auf diese oder jene Art wieder herein zu bringen.

Unser Schiff hatte bei dem letzten Gefechte auch einigen Schaden erlitten, und es wurde hier ausgebessert. Da anbei die beste Zeit zu Kreuzfahrten schon vorüber war, so wurde also beschlossen, hier zu überwintern, und uns in eine Verfassung zu setzen, mit kommendem Frühjahr wieder wohlbereitet auslaufen zu können, um neue Eroberungen zu machen.

Währender Zeit überließ sich mein Herr allem Vergnügen der Winterlustbarkeiten, die in dieser schönen Seestadt sehr häufig waren. Es wurden Bälle, Komödien, Schlittenfahrten, Konzerte, Assembleen gegeben, wovon er selten eine ausließ, und ich, der ich nichts davon hatte, als die Ungelegenheit ihn an= und auszuziehen, und ganze Nächte zu verwachen, mußte überall mit Theil nehmen. Dieser Umstand bestärkte mich noch mehr in meinem einmal gefaßten Vorsatze, mein Heil in der Flucht, und mein Glück anderwärts zu suchen, und ich verließ

ließ den Gedanken nicht eher, als bis er ausgeführet war.

Eines Tages machte mein Herr eine Schlittenfahrt über Land mit, wo von ich wußte, daß er erst den folgenden Tag wieder kommen könnte. Ich benutzte diesen Zeitpunkt, und stellte mich, als ob ich heftige Zahnschmerzen hätte, und dies bewirkte so viel, daß an meiner Stelle ein anderer Bedienter mitgenommen wurde, und ich allein zu Hause blieb. Itzt führte ich meinen längst gefaßten Vorsatz aus. Zuerst gieng ich in des Kapitains Kleiderkasten, und nahm eine noch ganz neue gemeine Kleidung heraus, nebst so viel Wäsche und andern Kleinigkeiten, daß ich mich etlichemal umkleiden konnte, und dann machte ich mich über die Chatoulle.

Sie war reichlich mit Louis'dors versehen, und es vergiengen mir bei deren Anblick so zu sagen die Augen, wiewohl ich auch zugleich eine heimliche Angst empfand, und einen Schauder fühlte, daß ich an ihm ein Dieb werden sollte. Endlich aber siegte doch die Nothwendigkeit. Mein Herr, welcher von derjenigen Gattung Menschen war, denen schon wohl ist, wenn sie das Geld nur um einige Wochen länger im Sack behalten können, war mir meine Besoldung bereits zwei Monate schuldig geblieben; dies betrug 60 Livres. Ich nahm also diese Summe ohne Bedenken heraus; doch, da ich einmal im Zählen begriffen war, und an meinen Schaden gedachte, den ich durch seine Dienste erlitten hatte, nahm ich mir zur Vergütung noch 20 Louisd'or, und begab mich damit aus dem Hause,

nach-

nachdem ich vorher die Wäsche bis auf ein Hemd, welches ich in den Sack schob, wieder hingeleget hatte.

Meine Straße gieng gerade nach Paris. Ich hatte diese Hauptstadt besonders aus der Ursache erwählet, weil sich nicht nur in solcher unerkannt zu bleiben, sondern auch von dort aus am sichersten eine Gelegenheit weiter zu kommen zu finden glaubte. Von Brest aus war mir der Weg eine Strecke weit sehr gut bekannt, und da es Tag wurde, sah ich, daß ich schon zwo Posten zurück gelegt hatte. Ich gab mich nun für den Jäger eines bekannten Grafen aus, der nach Paris müsse, um seinem Herrn einige wichtige mündliche Geschäfte auszurichten, und ließ mir sogleich Postpferde satteln, auf welchen ich meine Reise bald vollendet hatte.

Hier suchte ich mir nunmehr ein bequemes Logis in der Straße St. Germain, und gab mich unter dem Namen von Raimar für einen reisenden adelichen Jäger aus Deutschland aus. So lange mein Geld währte, gieng es gut; allein ich ließ es mir zu wohl gehen, und schlachtete einen Louis um den andern, bis ich im Beutel beinahe auf den leeren Zwirn griff, und da war die Herrlichkeit vorbei. Ich hielt nunmehr bessere Wirthschaft, und meine größte Depense bestand darin, daß ich täglich auf ein gewisses Kaffeehaus gieng, und Zeitungen las. In diesen fand ich einmal, daß mein gewesener Herr, der Schiffskapitain, mit seinem ganzen Schiff und Volk in einem Treffen in die Luft geflogen sey.

So

So sehr ich auch mich vorhin seiner Nachstellungen wegen gescheuet, in einen Dienst zu treten, so verschwand hingegen itzt alle meine Furcht auf einmal, und ich entdeckte meine Absicht einem meiner Kameraden, einem gebohrnen Deutschen. Er gab sich lange vergebens alle Mühe wegen mir; endlich schlug er mir vor, daß wenn es mir nicht zu erniedrigend wäre, er mich zum Eigenthümer einer Menagerie als Bedienten bringen wolle.

In solchen Umständen, wie ich damahls war, läßt man sich alles gefallen. Ich folgte ihm also zu dem Thierherrn, und es setzte gar keine Schwierigkeit, so kamen wir mit einander überein. Meine Beschäftigung bestand darin, daß ich die Löwen, Tyger und andere Thiere füttern mußte, damit sie mich gewohnt wurden, bis ich mich endlich wagen durfte, verschiedene Kunststücke und Bravouren mit ihnen zu machen. Ich trieb dies Geschäfte gegen ein halbes Jahr, bis wir einen neuen Knecht bekamen; hierauf aber hatte ich einen gewissen Weidspruch mit vielen Prahlereien auswendig zu lernen, den ich vor dem Eingang der Hütte von Zeit zu Zeit laut ausrufen mußte, um das Volk neugierig zu machen, und in die Hütte zu locken.

Durch meine Geschwätzigkeit brachte ich meinem Principal viel Geld ein, und er war dafür so erkenntlich, daß er mich zum Commis oder Oberaufseher ernannte. Wir machten bald hierauf eine Reise nach Deutschland, wo wir von einer Stadt und Jahrmarkt zum andern zogen, und überall glücklich waren. Endlich kamen wir nach Wien.

Hier

Hier erlebte ich einen Spaß, der mir noch immer lächerlich ist, so oft ich daran gedenke. Es kam nämlich an einem Nachmittag eine große Gesellschaft in unsere Hütte, die Thiere zu sehen. Unter andern hatten wir einen Affen, dem nicht allerdings zu trauen war, und den wir mit der Kette auf dem mannshohen Theater so angehangen hatten, daß er mit dem Kopfe nur bis an den vordern Rand desselben reichen konnte.

Ich pflegte immer die Zuschauer vor ihm zu warnen, so wie auch dießmal. Bei erwähnter Gesellschaft befand sich eine Dame, die etwa vierzig Jahre alt seyn mochte, übrigens ausserordentlich prächtig gekleidet und frisirt war. Sie stand eben vor dem Affen, und sah sich um, mit einer Person die hinter ihr stand, zu reden. Der Affe, welcher sie vorwärts nicht hätte erlangen können, nahm itzt das Tempo wahr, drehte sich um, stieß mit dem Hinterfuß auf sie hinab, und traf sie auf den Kopf. In diesem Augenblicke stand sie ganz kahl da, und es zeigte sich, daß sie ihre ganze Frisur und falschen Haare mit Pomade auf die bloße Haut hatte kleben lassen. Weil sie für eine sehr eitle und kokette Dame bekannt war, so entstand hierüber ein lautes Gelächter, und sie schämte und ärgerte sich so sehr, daß sie sogleich aus der Hütte gieng, sich in den Wagen setzte, und davon fuhr.

Ich hätte nun sehr leicht meinen so oft gehegten Wunsch erfüllen, und wieder in mein Vaterland kehren können, indem mich mein Prinzipal nicht würde haben aufhalten können; allein es war mir

bereits

bereits wieder alle Lust dazu vergangen, indem ich mich in meinem Posten sehr wohl befand, und ein ganz honorables Einkommen hatte. Aus dieser Ursache nun beschloß ich zu bleiben, und gieng endlich wieder mit zurück nach Paris.

Auf dem Wege hatten wir das Unglück, einen Löwen und einen Tyger zu verlieren, welche uns unvermuthet drauf giengen. Da nun unsere Menagerie dadurch sehr unvollständig geworden war, so mußten wir trachten, solche wieder zu bekommen; allein in ganz Frankreich war keines dieser Thiere aufzutreiben. Mein Herr faßte also in Kürze den Entschluß, mich selbst nach Afrika zu senden, um einige derselben zu bekommen.

Es lag eben dazumal ein Schiff in dem Hafen von Toulon, welches für einen neuen französischen Konsul nach Tunis ausgerüstet wurde, und mein Prinzipal brachte es dahin, daß ich, nebst noch zween unserer Leute, an Bord desselben genommen, und noch ausserdem mit einem königlichen Passe versehen wurde, worin die Absicht meiner Reise angeführet war. Ich erhielt überdies zwölf tausend Livres, zum Einkauf der Thiere und zur Bestreitung der Unkosten, und endlich reiseten wir nach dem Hafen, wo wir die Ankunft des Konsuls abwarteten, um mit ihm unter Segel zu gehen.

Nach acht Tagen traf er mit seinem Gefolge ein, und wir giengen unter Segel. Es war im Anfang des Märzmonats, und wir hatten sehr ungestüme Witterung, langten aber demohngeachtet nach einer sechswöchentlichen glücklichen Fahrt in dem Hafen vor Tunis an, und stiegen an Land. Ich blieb mit meinen Leuten im Gefolge und unter dem Schutze des Konsuls, und mußte vierzehn Tage in Tunis verweilen, bis sich ein Schiff fand, auf welchem ich mit in die ferneren Gegenden von Afrika kommen konnte, welche die eigentliche Heimath der Löwen und Tyger sind.

Indessen lernte ich einen Tunitaner kennen, welcher ein bekannter Löwenfänger war. Mit diesem machte ich einen Akkord auf acht tausend Livres, wofür er mir drei Löwen und zwei Tyger zu verschaffen versprach. Er nahm noch einen Mohren zu sich; und ich mußte mich anheischig machen, Proviant und Reisekosten für dieselben zu tragen; worauf wir, mit gutem Gewehr, Pulver und Bley versehen, an Bord stiegen, und in See giengen. Unser Schiff war ein Marokkanisches, und die ganze Besatzung bestand aus Mohren, mit welchen ich kein einziges Wort reden konnte, die aber gleichwohl wegen der besondern Empfehlung des Dey von Tunis sich sehr gefällig gegen uns erwiesen. Wir wollten Anfangs gerade nach Bengalen gehen; bekamen aber große Stürme, die uns sehr weit in die See trieben, und von unserer Straße abbrachten, so das wir über zwei Monate herum irrten. Da ich auf dem Schiffe keine Arbeit hatte, so wandte ich die Zeit dazu an, die mohrische Sprache zu lernen, womit ich auch so weit kam, daß ich ziemlich fertig sprechen, und das meiste verstehen konnte.

Endlich

Endlich erfahen wir die Küste, und liefen in dem Hafen zu Sarastea ein, weil sich der Schiffskommandant wegen Mangel des Proviants nicht weiter zu fahren getraute. Da man uns versicherte, daß es in diesem Lande Thiere in Uiberfluß gebe, so beschlossen wir hier zu bleiben, und unsere Jagd anzustellen. Wir begaben uns also in die Stadt, die aus den schlechtesten Häusern bestand, welche ich Zeitlebens gesehen hatte. Nur sehr wenige hatten Mauerwerk von platten, über einander gelegten Steinen, ohne Kalk und Malter, und geflochtene Dächer von Rohr, Gras und Stroh; alle übrigen waren hölzerne Hütten; beide Gattungen aber waren zur Hälfte unter der Erde, und man mußte immer in die Tiefe gehen, wenn man in eine Wohnung wollte.

Man führte uns in eine Art von Wirthshaus, welches sie Kanobraia nannten; aber es war weder Kellner noch Wirth darin zu finden, und wir mußten selbst auf den Markt gehen, uns einige Töpfe und Holz, und sodann erst Wildprät oder grüne Früchte kaufen, die wir uns zurichten konnten; doch bekamen wir um geringes Geld Obst im Uiberfluß. Nachdem wir einige Tage hier waren, erfuhren wir, daß weiter gegen Süden eine große sandigte Wüste läge, hinter welcher aber genugsame Waldung sey, wo die Löwen ihre Jungen auferzögen, und ich beschloß sogleich, die Reise dahin anzutreten.

Einer meiner Knechte hieß Souche, der andere Beaumont da hingegen sich der Tunitaner Mulai,

F 2 der

Mohr aber Salarat nannte. Sie riethen mir insgesammt, den Weg so bald möglich anzutreten, besonders weil eben die Jahreszeit sey, wo der Löwe seine Jungen säugete, und man sie da nach Hinwegschaffung der Alten am leichtesten bekommen könnte.

Da die gedachte Wüste eine Länge von wenigstens zwölf Tagereisen betrug, durch dieselbe aber nichts zu bekommen war, so mußten wir uns erst mit den nothwendigsten Lebensmitteln versorgen. Ich kaufte also eine Menge gedörrtes Fleisch, Reiß, Mehl, und eine Art von Zwieback zusammen, und zum Getränk, welches meist in Wasser bestand, schaffte Mulai lederne Schläuche. Da wir alles in Bereitschaft hatten, erkauften wir vier Pferde, welche diese Lebensmittel tragen mußten. Obgleich diese Pferde nur von kleiner Art waren so hatten sie doch Stärke genug, sowohl unser Proviant als ihre eigene Fütterung zu tragen, und waren übrigens gewohnt, mit einer sehr geringen Portion Wasser vorlieb zu nehmen, welches ein Glück war, indem sie sonst auf eine solche Reise kaum das Wasser für sich hätten fortbringen können, geschweige denn die Lebensmittel, welche wir bedurften.

Da es in diesem Lande sehr wenig Reisende, folglich auch wenig Räuber, wie in den Gegenden von Arabien giebt, und die dasigen Mohren eine sehr verzagte Nation ist, so hatten wir auch keiner Bedeckung nöthig, nahmen also blos einen Mohren zum Wegweiser aus der Stadt mit, welcher sich Lulurgu nannte, und traten so, wie wir waren den
Marsch

Marsch an, auf welchem wir vor und hinter unsern Pferden zu Fuß gehen mußten. Den ersten Tag passirten wir eine buschigte angenehme Gegend, aber den andern Tag gegen Mittag trafen wir schon in eine unübersehbare Ebene, die mit ihrem gelblichten Sande einer offenen See nicht unänulich sah.

Die Hitze war hier auserordentlich drückend, und fast zum Ersticken, wobei auch nicht die mindeste Luft wehete, die solche in etwas gemäßiget hätte. Wir reiseten so fort, bis wir auf Mittag füttern wollten; allein es war weder Busch noch Staude zu finden, unter welchen wir hätten ruhen können. Ich erfand nun ein Mittel, welches diesem Mangel einigermaßen abhalf. Wir hatten nämlich alle lange Stäbe zum Gehen. Diese befestigten wir quer über die Pferde von einem zu dem andern, und legten unsere Kleider darauf, wodurch wir etwas Schatten bekamen, und uns unter den Pferden einige Stunden zur Ruhe niederlegen konnten.

Ich hatte zwar den Gedanken, wegen der Kühle nur des Nachts zu reisen; da mir aber Mulai vorstellte, daß die Thiere, da sie des Tages so sehr von Fliegen und Mücken geplaget würden, ohnedem keine Ruhe hätten, so blieben wir bey unserer Ordnung. Vier Tage waren wir schon auf der Reise, ohne einen Halmen Gras, geschweige denn einen Busch oder Baum angetroffen zu haben, als wir am sechsten einen Hügel erreichten, hinter welchem ein kleiner Morast lag, in welchem wir eine

Quelle

Quelle anzutreffen hofften; aber er führte bloßen Schlamm. Dennoch glaubten wir uns zu erfrischen, wenn wir uns an seiner Seite lagerten; allein dieser Aufenthalt wurde uns bald verdrüßlich genug gemacht, indem die Gegend so voll von Schnaken und einer Gattung großer Mücken war, die uns bis auf das Bein stachen, daß wir uns bald wieder aufmachten, und unsere Straße zogen.

Nachdem wir noch zwei, also in allem volle sechs Tage gereiset waren, kamen wir gegen Abend in eine etwas bewachsene und abwechselnde Gegend; doch mußten wir diese Nacht noch unter freiem Himmel zubringen, und erst den andern Morgen gelangten wir an ein kleines Dorf, welches aus etwa sechs Häusern bestehen mochte.

Es war ein Glück für uns, daß wir noch eher angelangt waren, als wir hofften, und also noch selbst Proviant hatten, indem wir sonst von diesen Leuten des Dorfes nichts erhalten hätten, weil sie selbst nicht viel hatten; doch schickten wir noch diesen Morgen einen Mohren nach einem weiter zur Seite liegenden Dorfe, welche uns einige Lebensmittel und Erfrischungen holen mußte. Dennoch hatten wir das Vergnügen, nunmehr wieder frisches Wasser anzutreffen, welches zwar wegen der großen Hitze der Gegend ziemlich matt, in Vergleich unsers mitgebrachten Wassers aber doch ein erquickender Trunk war.

Sobald wir den Einwohnern unsere Absicht erkläret hatten, berichteten sie mich, daß die wilden Thiere in hiesiger Gegend noch nicht häufig wären,

und

und wegen Mangel des Fraßes selten nisteten; diese Waldung aber weiter gegen Südwesten hin nicht allein von solchen Raubthieren, sondern auch von Straußen, Hirschen und anderm Wildprät stark angefüllet sey, und wir jene Gegend binnen zwei Tagen leicht erreichen könnten. Da derjenige, der uns diese Nachrichten gab, ein Schriftgelehrter war, so erkundigte ich mich zugleich um den Namen des Landes, und er sagte, daß man es die Küste von Kongo nenne, daß aber auf vierzig Meilen weit keine Stadt liege, außer Bengala, und ich war vergnügt darüber, daß wir doch nicht so ganz irre gereiset waren, wiewohl diese Stadt seiner Beschreibung nach uns schon, gegen Europa genommen, im Rücken liegen mußte.

Ich wollte nun gleich weiter; da aber der um Lebensmittel abgeschickte Mohr erst den andern Tag wieder kommen konnte, so mußte ich solchen erwarten. Er kam auch richtig mit einer ziemlichen Tracht von Gartenfrüchten, Honig, Datteln, Fleisch und Brod zurück, und hierauf traten wir unsern Weg weiter an. Er gieng durch lauter kleine Pomeranzen- und Olivenwäldchen, die die ganze Luft mit ihrem herrlichen Geruch erfüllten. Kleine fruchtbare Hügel wechselten mit anmuthigen Thälern ab, und wurden überall mit kleinen Bächen durchschnitten, aber im Ganzen genommen war die Luft hier schon mehr feucht als trocken.

Wir hatten auf dem ganzen Wege keinen Mangel mehr, denn da es Wildprät im Uiberflusse gab, schossen wir mit unserm Gewehr, so viel wir nur

nöthig

nöthig hatten, und richteten uns solches zu einem Mahle; die Pferde aber ließen wir indessen grasen, wiewohl wir uns niemals weit von ihnen entfernten. Ohne allen Anstoß gelangten wir dahin, wo wir die gesuchten Thiere zu finden hofften. Es war schon gegen Abend. Wir sattelten also die Pferde ab, und lagerten uns hinter ein Gebüsch. Kaum war die Dämmerung da, so hörten wir in der Ferne einen Löwen brüllen, welchem noch wenigstens vier andere antworteten, woraus ich schloß, daß sie hier ziemlich zahlreich sein müßten. Unser Wegweiser gerieth darüber in Furcht, und gab uns den Rath, ein Feuer anzumachen, als wofür sie sich besonders scheueten, und uns nicht zu nahe kommen würden. Wir befolgten es; allein es zeigte sich die ganze Nacht über nichts, obschon das Brüllen bis gegen den Morgen fortdauerte.

Da es des Tages über ziemlich sicher ist, und sie da allezeit in ihren Höhlen zu liegen pflegen, so giengen wir alsobald auf Kundschaft aus, nachdem ich einen meiner Leute und einen Mohren bei den Pferden gelassen hatte. Weil die Löwinn häufigen Raub für ihre Jungen zur Höhle schleppet, so ist solche wegen des gewaltigen Gestanks, welchen die vor derselben liegenden Uiberbleibsel des Aases verursachen, wohl leicht von Weitem zu finden, und man kann sich um so besser hüten, derselben zu nahe zu kommen. Wir giengen auch gar nicht lange, so merkten wir an einem so faulen Geruche, daß es junge Löwen in der Nähe geben müsse, entdeckten auch bald darauf die Fußtapfen der Löwinn, welche

in

in ein dichtes Gebüsch giengen, das vor einem steinichten Hügel lag.

Es war schon zu hoch am Tage, und wir mußten vermuthen, daß sie schon von ihrem Raube nach Hause gekommen war, wo wir uns zu vieler Gefahr ausgesetzet hätten, wenn wir etwas unternommen hätten, giengen also wieder zurück, und erwarteten den folgenden Morgen, wo wir unsere Jagd anzustellen gedachten. Da wir den Wind genau in Acht genommen hatten, suchten wir ohnweit der Höhle einige Bäume aus, auf welche gut zu steigen war, und zwischen welchen die Löwinn nothwendig durch mußte, wenn sie vom Raube zurück kam. Gleich nach Mitternacht bestiegen wir solche, und lauerten mit unserem scharfgeladenen Gewehre. Es war heller Mondenschein, und, außer dem Brüllen einiger Löwen, sahen wir die ganze Nacht hindurch nicht das geringste.

Gegen Morgen, als kaum der Tag angebrochen war, hörte ich hinter mir ein Geknaster durch die niedern Sträuche, und da ich das Gesicht darnach wandte, sah ich die Löwinn kommen, die sich mit einem sehr grosen Reh durchdrängte, und zur Höhle wollte. Ich gedachte mit dem Schuß zu warten, bis sie mir näher wäre; aber in dem Augenblick drückte Mulay auf dieselbe los. Sie ließ das Reh fallen, that unter fürchterlichem Brüllen einen Satz gegen den Baum, von welchem der Schuß geschah, und da sie mit den Vordertatzen stark dagegen schlug, und der Stamm schwach war, so wäre Mulai bei einem Haar herab gefallen, und

fieng

fieng schon an zu wanken, als wir so zu sagen alle zugleich Feuer gaben, und die Bestie erlegten.

Wir stiegen nunmehr herunter, und besahen das Thier. Es war von einer ungeheuren Größe und Stärke, und man könnte aus der Dicke seiner Zähne und Waffen schließen, daß es schon ziemlich alt gewesen seyn müsse. Hierauf suchten wir die Höhle, und fanden sie ohne Schwierigkeit, und zwei Junge darin, die, ohngeachtet sie nach der Mohren Meinung nur ohngefähr drei Monate alt waren, sich dennoch schon widersetzten, wir aber endlich bemeisterten, und mit uns davon trugen. Täglich giengen wir auf diesen Fang aus; aber es dauerte diesmal sechs Tage, ehe wir so glücklich waren, eine neue Höhle einer Löwinn zu entdecken. Wir erlegten sie wie die erstere, und bekamen wieder drei Junge, daß wir also fünf beisammen hatten.

Da ich itzt von dieser Gattung Thiere genug gefangen hatte, war ich nur besorgt, noch einige Tyger zu bekommen. Wir lauerten deswegen wieder bei verschiedenen Höhlen, die aber immer Löwen gehörten, bis wir zuletzt auch an einen Tyger kamen. Es kostete uns eben so wenig Mühe ihn umzubringen, und wir fanden drei seiner Jungen, die sich ganz gutwillig von uns fangen ließen. Sie waren von der schönsten Race, nämlich den gelblichten und über den Leib in die Quere schwarz gestreiften, sogenannten königlichen Tygern. Ich hatte nunmehr solcher Thier im Uiberfluß beisammen, und dachte also an meine Rückreise nach Paris. Da die mohrische Stadt, von welcher ich
zuletzt

zuletzt gekommen, gar keine Handlung, noch weniger einen ordentlichen Herrn hatte; so war ich nicht gesonnen, zu selber zurück zu kehren; dann war mir auch der Weg durch die sandichte Wüste viel zu beschwerlich, und da wir so viele Thiere bei uns hatten, die so weit nicht laufen konnten, so war es auch nicht möglich, mehr so viele Lebensmittel, wie vorher, auf die Pferde zu laden. Ich beschloß also, nach dem vorhin erwähnten Dorfe aufzubrechen und von da nach Bengala zu gehen; wo, wie bekannt, immer Europäische Schiffe liegen, trat auch sogleich den Weg dahin an.

Wir erreichten es diesen Tag nicht mehr, und kamen erst den andern Mittag dahin. Von hier nahmen wir einen andern Wegweiser mit, der uns lauter solche Wege zu führen versprach, wo wir keine Wüsten passiren, und überall frisches Wasser finden sollten, und so marschirten wir weiter. Er hielt auch sein Wort redlich, und ausser der Hitze, die doch, weil wir der Küste näher giengen, um etwas gemäßigter war, hatten wir keine sonderlichen Beschwerlichkeiten auszustehen, kamen auch meist über den andern Tag wieder zu einem andern Dorf, wo wir alle Bedürfnisse fanden.

Den vierten Tag erreichten wir ein großes Dorf in einer sehr anmuthigen Gegend, wo wir nicht allein übernachten, sondern auch einen Rasttag machen wollten. Wir kehrten in einer ziemlich großen Hütte ein, und bekamen Fleisch und Früchte in Uiberfluß. Ich wurde von einer jungen Mohrinn bedient, die, wie ich merkte, sich alle mögliche

Mühe

Mühe gab, mir zu gefallen. Sie fragte mich, wie weit ich reisen wollte; und als ich ihr solches erklärte, schien sie ungehalten darüber, und lag mir an, bei ihr zu bleiben. So lächerlich mir auch dies Ansinnen that, so durfte ich mir es doch nicht merken lassen, um sie nicht zur Rache zu reizen; indessen erklärte sie mir ganz natürlich, daß sie mich liebe, und that mir den Vorschlag, sie von ihrem Vater zu kaufen.

Wenn ich ausnehme, daß sie, wie alle Mohren dieses Himmelsstriches, schwarzbraun, oder vielmehr olivienfarbig war, und eine platte Nase, kleine Augen, und aufgeworfene Lefzen hatte, so war sie immer noch geschickt zu gefallen, da ihr Wuchs sehr gerade und schlank war; allein meine Umstände waren nicht von der Art, mir durch eine Sklavinn eine unnütze Last auf den Hals zu bürden. Ich wußte also nicht, wie ich mich aus diesem Handel ziehen sollte, besonders da sie immer zudringlicher wurde. Ich glaubte übrigens nicht zu fehlen, wenn ich ihr ihre Forderungen nicht auf einmal abschlüge sondern einen Funken von Hoffnung übrig ließ. Aus dieser Ursache begegnete ich ihr mit Freundschaft, und zeigte ihr nicht, als ob es mir unangenehm wäre, wenn sie bei mir saß, und sich mit mir unterhielt.

Doch ach, ich hatte bald Ursache, diese Vernachläßigung meiner Strenge zu bereuen; und sie wurde die Ursache von allen meinen zukünftigen Unglücksfällen. Des andern Tages, es war nach Mittag, lag ich vor dem Hause unter einem schatigten

tigten Baum, als sie vor mich trat, und mir in einem Gefäß einen Trunk Palmenwein anbot, welches Getränke in jener Gegend sehr gewöhnlich ist. Ich that ihr Bescheid; da ich aber durch die Hitze der Sonne ziemlich durstig geworden war, machte ich um einige Züge zu viel, und er stieg mir mit einemmal in den Kopf, und veränderte meine ganzen Gesinnungen. Ich sah sie unverwandt an, und maß sie von der Stirn bis zur Zehe. Hatte sie mir vorher nicht ungestaltet geschienen, so hielt ich sie itzt für schön, und ward auf mich selbst ungehalten, daß ich diese Reize nicht eher entdecket hatte. Kurz, ich wurde sehr gefällig gegen sie, und als sie mir bald darauf einen Spaziergang um einen in der Nähe liegenden Hügel vorschlug, bedachte ich mich auch nicht lange, und folgte ihr, wohin sie mich führte.

Wir waren eine gute Weile herumgegangen, als ich sie erinnerte, daß wir wieder zurückkehren wollten, und sie stellte sich auch bereit dazu, und kehrte um; allein ob wir gleich auf dem vermeinten Rückwege schon über eine Stunde zugebracht hatten, sahen wir doch noch nichts von dem Dorfe, und bald fieng ich an, mißtrauisch zu werden, da ich sah, daß wir immer tiefer in die Waldung kamen, und endlich der Abend einbrach.

Ich hatte diesmal den Fehler begangen, und nicht Achtung gegeben, in welcher Lage eigentlich das verlorne Dorf stand; Sonne und Gestirne waren mir also von keinem andern Nutzen, als blos meinen äussersten Verdruß zu beleuchten, welchen ich

ich nunmehr auch der Löhrulah, (so hieß die Mohrinn) mit bittern Worten zu erkennen gab. Sie wußte sich so gut zu verstellen, daß sie bitterlich zu weinen anfieng, wobei sie sich ihre Haare ausraufte, und bei dem Propheten Oli schwur, daß sie sich mit mir in gleicher Verlegenheit finde; zugleich fiel sie vor mir auf die Knie, und bat mit aufgehobenen Händen, daß ich ihr doch bei diesen traurigen Umständen erlauben möchte, mich nicht zu verlassen.

Ich war so leichtgläubig, ihren Worten zu trauen, und tröstete mich endlich damit, das Dorf den andern Tag zu finden, begab mich also unter einen schattigten Baum zur Ruhe, und Löhrulah schlief einige Schritte weit neben mir. Ich war bereits eingeschlummert, als ich durch das Brüllen eines Löwen jählings erwecket wurde, und zugleich kroch Löhrulah ganz nahe an mich, und flehte, daß ich sie in meinen Schutz nehmen möchte, indem sie sonst für Furcht sterben würde. So wenig ich sie auch zu schützen im Stande war, so schien sie doch beruhigter, daß sie sich an mich schmiegen konnte, und ich mußte ihr wider Willen gestatten, daß sie ihre Arme um meinen Hals schlang, und wie eine Klette an mir hieng.

Unter tausendfacher Angst brach endlich wieder der Morgen an, und wir setzten unsere Schritte weiter. Es plagte mich endlich der Hunger. Zwar sah ich verschiedenes genießbares Wildprät; da ich aber keine Flinte hatte, mußte ich mir den Appetit darnach vergehen lassen, und mich mit Erdgewächsen und Früchten begnügen, die es zum Glück allentlenthalben im Uiberfluß gab. Löhrulah fand diesen Tag eben so wenig einen Weg als den vorigen, und so gieng es sechs Tage hinter einander, bis ich endlich selbst alle Hoffnung aufgab.

Die gänzliche Ergebung in mein Schicksal machte mich wieder ziemlich ruhig. Löhrulah hatte nicht sobald meine Gelassenheit wahrgenommen, als sie mir auf das neue ihr Herz anbot, und mich in den zärtlichsten Ausdrücken ihrer Liebe versicherte; da ich aber noch immer standhaft blieb, und solche aus gerechtem Unwillen ausschlug, verfiel sie auf andere Mittel. Oft, wenn wir Mittagsruhe hielten, entblößte sie, als wie von ohngefähr, alle ihre Reize auf die unverschämteste Art, und bediente sich übrigens aller nur erdenklichen buhlerischen Mittel, mich zu ihrem unkeuschen Willen zu bewegen. Hierdurch wurde ich ihr nur immer mehr gehässig, und ich erklärte ihr mit kurzen Worten, daß sie sich niemals auf meine Gegengunst einige Rechnung machen dürfe.

Da sie sah, daß alle ihre Künste an mir verloren waren, gerieth sie endlich in Verzweiflung. Da ich eines Tages früh erwachte, fand ich sie nicht mehr bey mir. Ich glaubte anfänglich, daß sie etwa in der Nacht ein Tyger oder Löwe von meiner Seite abgeholet, und gefressen hätte, als ich sie plötzlich mich rufen hörte. Sie stand auf der Spitze eines nahen und sehr hohen Felsen. Als sie sah, daß ich sie bemerket hatte, redete sie mich also an: „Christ! du mußt überzeugt seyn, daß ich dich geliebt habe. Sonne, Mond und Sterne sind meine
„Zeugen

„Zeugen, und sollen mich bestrafen, wenn ich im
„Sinn gehabt habe, dir Böses zu thun. Fürsten,
„ja selbst Könige haben schon um mich geworben,
„und ich verachtete sie. Nur du allein warest der,
„so mich überwand. Dir zu Liebe verließ ich das
„Haus meiner Aeltern, und entführte dich von dei=
„ner Caravane, um dich glücklich zu machen; und
„du, undankbarer Christ! hast nicht gewollt. —
„Bedenke, ob ich diese Verschmähung ertragen
„könne! Ich würde dich zurück führen, die den
„Weg zeigen, auf welchem du gekommen bist; al=
„lein welcher Schimpf, welche Verachtung würde
„mich treffen, wenn ich dies thäte!"

„Das ganze Dorf würde mich verspotten, daß
„ich so häßlich war, und einen nichtswürdigen
„Christen nicht rühren konnte, ich, von der man
„sagte, daß ich so schön sey, als die Rose, die
„im Morgenroth glänzet. Darum will ich
„sterben, will nicht mehr das Licht des Tages an=
„schauen, welches mich so oft begrüßte; nicht mehr
„die Erde küssen, die mich ernährte; nicht mehr
„den Palmbaum segnen, der mir so oft Schatten
„gewährte; — nicht mehr die Luft einathmen, die
„mir so manchesmal Kühlung gab. O Undankba=
„rer! um deinetwillen sterbe ich; aber Sonne,
„Mond und Sterne werden meinen Tod an dir rä=
„chen, noch wenn ich längst verweset seyn werde. —
„Bist du es, Grausamer, der mich tödtet? —
„O laß dich noch einmal anschauen! — Ja, du
„bist es — aber ich liebe dich noch immer, auch
„selbst als den Mörder meines Lebens. O weine
„um

„um mich, wenn ich todt bin — setze mich in eine
„Höhle, und lege mir einige Früchte zu Seite, da=
„mit ich auf meiner langen Reise in das Paradies
„Nahrung habe. Ich habe dich ja auch ernährt,
„so lange ich bei dir war. Ich beklage, daß ich
„dir nicht auch diesen letzten Liebesdienst erweisen
„kann, wenn du dich nicht mehr aus dieser Ein=
„öde finden kannst; wenn die Früchte verwelken,
„und du für Hunger sterben mußt. Aber gedenke,
„daß dich einst Löhrulah liebte. Nun meinen Ab=
„schied, ich verlasse dich."

Ich wollte, obschon der Fels fast unersteiglich
war, dennoch hinau klettern, um sie von ihrem
Vorhaben abzuhalten; aber in diesem Augenblick
stürzte sie sich von der Höhe, und lag am Fuß des=
selben zerschmettert, ohne mehr ein Zeichen des Le=
bens von sich zu geben. Ich war über diesen Zu=
fall so erschrocken, daß ich an allen Gliedern zit=
terte, und wie versteinert bei ihr stehen blieb, und
sie betrachtete. Dann setzte ich mich auf einen nicht
weit davon liegenden Stein, und verlor mich so zu
sagen selbst in meinen Gedanken. Bald bedauerte
ich die Leidenschaft dieser Afrikanerinn, von der sie
sich so hinreissen lassen, und vergab ihr, ob ich ihr
gleich mein ganzes Unglück zuzuschreiben hatte; bald
aber gerieth ich gegen sie in den äussersten Unwillen,
und wollte mich von der Stätte entfernen. End=
lich aber bedachte ich, daß, da es hier viele reissen=
de Thiere gab, ich diesen Bestien, wenn sie den
Körper finden, und verzehren sollten, dadurch nur
einen Appetit nach mehrerem Menschenfleisch machen
möchte,

möchte, und nahm mir deswegen vor, sie zu begraben. Allein da war weder Schaufel noch Hacke; doch fand ich zum Glück einige abgefallene starke Baumäste, mit welchen ich zu graben anfieng.

Obgleich der sandigte Boden ziemlich locker war, so kostete es mich dennoch unbeschreibliche Mühe, so ein großes und tiefes Grab auszuarbeiten, daß sie nicht zu seicht darin liegen möchte. Als ich es fertig hatte, schleppte ich sie an einem Fuß hinein, und warf es wieder sorgfältig zu. Ich blieb dann noch eine Weile stehen, und bedachte wohin ich gehen wollte, als es mir einfiel, mich gegen Nord-Nord-Ost zu wenden, wo ich ohnfehlbar die Küste zu finden hoffte, die mir ein sich vor kurzem erhobener kühler Wind nicht allzuweit entfernet zu sein Glauben machte. Ich hoffte einige Einwohner anzutreffen, und da ich noch einen vollen Beutel mit Gold bei mir hatte, zweifelte ich nicht, daß sie mir den Weg nach Bengalen zeigen würden, wo ich meine Gesellschaft wieder zu finden vermuthete.

Ich hatte mit meiner Arbeit so lange zugebracht, daß die Sonne bereits über den Mittagspunkt gezogen war; und nun gieng ich mit melancholischen Schritten die mir vorgenommene Straße. Diesen Nachmittag mochte ich ohngefähr zwei deutsche Meilen zurückgeleget haben, und dies war für mich, der ich von der Arbeit ermüdet, und äusserst niedergeschlagen war, mehr als zu viel; wiewohl ich auch meine äussersten Kräfte dazu anstrengen mußte. Ich hatte ein kleines Gebüsche erreichet, in welchem ich mein Nachtlager aufschlagen mußte.

Ob

Ob ich gleich den ganzen Tag nicht das mindeste gegessen hatte, so fühlte ich dennoch für Müdigkeit keinen Hunger, den ich auch nicht würde haben stillen können, indem ausser etlichen Pomeranzen nichts zu finden war; doch dienten sie mir, den Durst zu löschen; worauf ich mich endlich zur Ruhe begab.

Sobald die Morgenröthe hervor brach, setzte ich meine Straße fort, deren Richtung ich mir den vorigen Abend mit einigen abgebrochenen Zweigen bemerket hatte, um desto weniger irre zu werden. Kaum war ich etliche Stunden gegangen, so fühlte ich Hunger, den ich mir auf keine Art zu stillen wußte. Ich sah verschiedene Vögel, auch ein vierfüßiges Thier, welches ich nicht kannte; konnte aber von allen diesen nichts erlegen, da ich kein Schießgewehr hatte, und mußte es ansehen und vorbei gehen. Meine einzige Zuflucht war zu Wurzeln und Kräutern, wiewohl ich da wieder neue Skrupel fühlte, indem ich sie nicht kannte, und fürchtete, auf giftige zu gerathen, die mir etwa eben so schlecht bekommen möchten, wie Fliegenschwammen auf deutschen Boden.

Ich überließ mich also der Vorsehung, und gieng immer weiter, bis ich zuletzt an einen ziemlich breiten Bach kam, der mir die weitere Bahn abschnitt. An diesem legte ich mich auf die Erde, um zu überlegen, ob ich dessen Lauf zu meiner ferneren Richtung nehmen, oder über denselben gehen sollte. Lange lag ich da, und dachte nach, als mir hinter einem Strauch etwas Weißes ins Auge fiel,

fiel, welches ich anfänglich für einen Kieselstein hielt, wiewohl mich seine Rundung aufmerksam machte, daß ich aufstand, ihn zu betrachten. Ich wurde bald einen sehr angenehmen Irrthum gewahr, indem ich anstatt eines Steines zwei neben einander liegende, **noch ganz frische Straußeneyer fand**, die mir bei meinem **öden** Magen höchst willkommen waren.

Sogleich trug ich meinen Fund auf die Seite, war aber so unglücklich, **daß ich** über ein Gesträuch fiel, und eines davon völlig zerbrach. Da aber noch ein großes Stück Schaale ganz geblieben war, konnte ich gleichwohl eine große Portion darein füllen, weil der Dotter auf einen harten Boden lag. Ich holte nunmehr mein Feuerzeug aus der Tasche, und machte ein kleines Feuer von dürren Aesten an, **worauf ich**, nachdem es zu Kohlen gebrannt war, das Stück Schaale nebst dem Dotter legte, und bratete es, woran ich eine herrliche Mahlzeit hatte, und meinen Hunger vollkommen stillte. Aus Furcht, auch etwa mit dem andern Ey unglücklich zu seyn, that ich das nämliche damit, **und** schob es also zur weitern Nothdurft in die Tasche.

Da ich bemerkte, daß sich der Bach je weiter, je mehr gegen Osten zog, so vermuthete ich, daß er sich irgendwo in einen mir unbekannten Landsee stürzen möchte. Dies konnte mir nichts nützen, und ich beschloß dieserwegen überzusetzen. Er war zum Springen viel zu breit, und wenigstens acht Schritte von einem Ufer bis zum andern. Ich zog also meine Kleider aus, und wadete hinein;
und

und ich hatte wohl daran gethan, indem mir das Waſſer in der Mitte bis an die Bruſt reichete. Sobald ich an das jenſeitige Ufer gekommen war, zog ich mich wieder an, und ſetzte meinen Weg fort; allein ich war kaum eine halbe Stunde gegangen, ſo war ſchon wieder ein Bach von der nämlichen Größe da, welchen ich eben wie den erſten paſſiren mußte, und dieſes widerfuhr mir noch dreimal nach einander. Hierüber brach endlich der Abend herein, und ich ſuchte mir ein Nachtlager, welches ich endlich auf einem kleinen Hügel fand, worauf ein Uiberbleibſel einer alten verfallenen Mauer ſtand, hinter welche ich mich niederlegte, und bis den andern Morgen ruhig ſchlief.

Sobald ich erwachet war, wollte ich weiter gehen; allein der Himmel war ganz verfinſtert, und dies war ein übler Umſtand für mich, da ich nicht mehr wußte, wo Morgen oder Abend war; über dies konnte ich mich auch nicht eigentlich mehr erinnern, von welcher Seite ich den vorigen Abend her gekommen war. Ich gieng alſo auf ein Gerathewohl fort; aber nach einer zurückgelegten halben Meile mußte ich ſchon wieder über einen ſolchen Bach ſetzen, und ehe es Mittag ward, mußte ich es wenigſtens zehenmal wiederholen, worüber mir endlich alle Geduld vergieng, ſo, daß ich beſchloß, ſeinem Lauf zu folgen, er möchte mich auch hinführen, wohin er immer wollte.

Gegen Abend kam ich in eine Gegend, die mit ſehr wenigem Staudenwerk beſetzt war. Bei dem erſten Anblick dünkte es mich ſchon, als ob ſie

mir

bekannt wäre; da ich aber ziemlich ermüdet war, hielt ich keine Untersuchung; allein des andern Morgens sah ich zu meiner größten Bestürzung, daß ich mich an dem nämlichen Orte wieder befand, wo ich vor dem zweiten Tage die Straußeneyer gefunden hatte.

Man kann sich leicht einbilden, daß mein Verdruß hierüber ausserordentlich gewesen seyn müsse, da ich auf diese Art anderthalbe Tagereisen umsonst gemachet, und dieses noch dazu in solchen Umständen, wo mir jeder Schritt theuer, und jede Viertelstunde kostbar war. Ich glaubte nun schon, daß ich vom Verhängniß dazu bestimmet sey, in dieser Einöde umzukommen, und nie mehr mein Vaterland wieder zu sehen. Die Vorstellung, daß ich mit Ehestem würde Hungers sterben müssen, und alle dergleichen schrecklichen Phantasien, brachten mich in meiner Kleinmuth auf einen Gedanken, vor welchem ich mich noch gegenwärtig schäme. Ich wollte nämlich meine Leiden verkürzen, und mir das Leben nehmen. Mich zu ersäufen, dazu war ich ein gar zu guter Schwimmer; mich zu todt zu stürzen, waren weder Baum noch Fels vorhanden, und überdieß hatte ich kein anders tödtliches Werkzeug bei mir, als ein Messer, welchem ich, bei Empfindung der Schmerzen, eben so wenig als der zitternden Hand die Ausführung dieses letzten Dienstes zutrauete.

Es blieb mir also kein anderes Mittel übrig, als mich zu erhängen. Die göttliche Vorsicht, welche über des Menschen Schicksal wachet, ließ mich
nicht

nicht daran gedenken, daß ich ein Halstuch hatte, dessen ich mich zu dieser abscheulichen That bedienen könnte. Ich flocht also etliche ganz dünne gleiche Baumwurzeln zusammen, machte einen Knopf darein, stieg auf einen niedrigen Baum, und befestigte mich an dem stärksten Aste. Da ich alles gut gerichtet glaubte, stürzte ich mich herab. Der Schmerz machte mich zappelnd, und plötzlich riß dieser Strick, und ich lag, wiewohl halb ohnmächtig, auf dem Boden.

In diesem Augenblick gieng mir das Licht der Vernunft auf. Es war, als wenn mir eine Stimme ins Ohr rief: „Mensch, was hast du gethan!" — Ich überlegte nun, wie höchst strafbar ich gehandelt, Gott in seinen Schlüssen vorgegriffen zu haben; es entfiel mir eine Thräne der Reue, und ich nahm mir ernstlich vor, **mein Schicksal künftig bloß dem Allmächtigen anheim zu stellen.** Ich wollte aufstehen, aber die Füße versagten mir ihren Dienst, und ich hatte viele Mühe, mich an das nicht weit entfernte Ufer des Baches zu wälzen, aus dessen Fluthen ich mit der hohlen Hand einigemale hinter einander Wasser schöpfte, um meinen heftigen Durst zu stillen.

Ich blieb so eine Weile liegen, und sah unverwandt in das klare Wasser, als ich auf dem Grund desselben sich etwas bewegen sah, welches ich bald für Krebse erkannte, die in und an dem Gebeine eines Thierkopfes herum krochen, welcher im Wasser lag. Ich raffte itzt alle meine Kräfte zusammen, den Kopf mit meinem Stecken, welcher oben einen

Haken

Haken hatte, heraus zu ziehen, und erkannte ihn für einen ungeheuren Löwenkopf. Es war fast gar nichts vom Fleisch mehr daran, und in seiner Höhlung stacken zwölf Krebse, deren jeder eine kleine Mannshand groß war, und die ich nun heraus zog. Ich machte Feuer, zerquetschte sie auf einem flachen Stein, und buck mir gleichsam ein Gerüchte daraus, wiewohl mir das aller nothwendigste, nämlich das Salz, dabei abgieng.

Diese Mahlzeit hatte mir wieder ziemlich Kräfte gegeben, und ich machte mich aufs neue auf die Füsse. Das Wetter hatte sich auch wieder aufgekläret, daß ich mich vollkommen nach dem Lauf der Sonne richten konnte; doch bedachte ich, daß mich das öftere Uibersetzen über den Bach allzu sehr ermüden würde, wozu ich ohnedem noch zu schwach war. Da ich auch befürchtete, daß es mir auf dem trockenen Lande an Nahrung fehlen möchte, so beschloß ich dem Bach nachzugehen, und hieng den Löwenkopf an meinen Stecken, mit welchem ich zu Zeiten wieder Krebse zu fischen hoffte.

Die Hitze dieses Tages war recht sengend, dazu der Kopf ausserordentlich schwer, und stank so unausstehlich, daß ich ihn endlich wegwerfen mußte, und also keine Hoffnung zum Krebsfange mehr hatte. Gegen drei Meilen war ich schon von meinem Nachtlager entfernet, und nun verließ ich das Ufer des Baches, und wandte mich gegen Norden. Ich hatte, ehe ich den Kopf wegwarf, noch einmal damit gefangen, und mehr Krebse als jemals heraus gezogen, **woran vermuthlich** der starke Geruch Ursache

sache war; diese hatte ich gebraten, oder vielmehr halb verbrannt, zu mir gestecket, und glaubte damit ziemlich weit zu reichen; allein des andern Tages fand ich sie schon meist verdorben, und nur die Noth konnte solche noch genießbar machen.

Bald kam ich wieder in eine Wüste, wo ich weder Speise noch einen Trunk Wasser antraf, und die Hitze fast mit jeder Stunde zu wachsen schien. Ich fand kein anderes Mittel, meinen Durst zu löschen, als daß ich währender Nacht den Thau von den Steinen leckte, und wechselsweise einige kleine Büschel feuchtes Schmollengras in den Mund nahm, mich zu erfrischen, welches aber viel zu wenig hinreichend war. Am dritten Tage kam ich wieder an einen Bach, welcher aber viel kleiner als der vorige war, ungeachtet er ein viel breiteres Bett führte. Sogleich fiel ich wie ein Unsinniger mit dem ganzen Leib darein, und trank, so lange ich nur Athem holen konnte, worauf ich mich vor Müdigkeit auf die Erde legte, und einschlief.

Mein Schlaf dauerte nicht lange, und der leere Magen erweckte mich wieder. Ich sah um mich her, und wußte mir nicht das Geringste zu verschaffen. Von ungefähr erblickte ich einen großen Frosch, welcher noch einmal so stark war, als unsere gewöhnlichen Europäischen Wasserfrösche, und auch eben die Farbe hatte. Da ich weder einen Stecken, noch sonst etwas bey der Hand hatte, weil der meinige verloren war, so wußte ich nicht, wie ich mich seiner bemächtigen sollte. Indem ich so deliberirte, mochte er mich wahrgenommen haben,

und

und stürzte sich in den Bach. Ich fand, daß an selbiger Stelle ein tiefer Tümpel war, der mit dem Bach nicht ganz zusammen hieng, und faules stinkendes Wasser führte. In Kurzem nahm ich mehrere dergleichen Thiere darin wahr, die sich aber unter dem Schlamm sorgfältig versteckten. Ich stieg nun, nachdem ich Schuhe und Strümpfe ausgezogen hatte, hinein, wiewohl nicht ohne Furcht, daß mich etwa ein giftiges Wasserinsekt verletzen möchte, und stampfte mit den Füssen dermassen darin herum, daß eine ordentliche Leimensuppe daraus wurde. Dieß that seine Wirkung, und die Frösche kamen in die Höhe, worauf ich sogleich einen fieng.

Ich nahm mir nicht lange Zeit ihn zuzurichten, sondern zerriß ihn vor Hunger bei den hintern Füssen, und verschlang die Trümmer mit größter Begierde, worauf ich meinen Fang fortsetzte. Mein Appetit war noch lange nicht gestillet; allein ich überlegte die Nothwendigkeit mich zu mäßigen. In Kurzem erhaschte ich noch fünfe, die ich mir zuzubereiten, und mit Vernunft zu verzehren vornahm. Ich stieg heraus, setzte einen platten Stein zurecht, riß einige Hände dürres Gras ab, das ich rund herum legte, und da ich noch drey Frösche ausgezogen, und auf den Stein gebreitet hatte, brannte ich es mittelst meines Feuerzeuges an, und trieb sie in wenig Minuten so, daß sie genießbar waren. Sie schmeckten zwar etwas nach Rauch, sonst aber ziemlich gut, und waren sehr fett. Nach dieser leckerhafften Mahlzeit fand ich mich nun vollkommen befriediget, und beschloß einige Tage hier zu bleiben, bis sich

meine

meine Kräfte hergestellet hätten, um die weitere Reise antreten zu können.

Mit jedem Morgen gieng ich zu meiner Pfütze, und fieng etliche solcher Gesellen. Endlich, nachdem ich 4 Tage da zugebracht hatte, merkte ich, daß sie sehr abnahmen, so, daß ich einsah, wie diese Hülfe bald verschwinden, und ich wieder in die vorige Noth versetzet werden würde. Ich mußte also wieder auf das Weitergehen denken, fieng noch die letzten zwölf zusammen, und da ich sie gebraten hatte, machte ich mich mit diesem Proviant auf den Weg. Fünf Tage hatte ich wieder unter grossen Mühseligkeiten zurückgelegt, ohne nur eine lebendige Seele anzutreffen, als ich meine Lebensmittel, mit denen ich doch so sparsam als möglich umgegangen war, meist aufgezehret sah. Den andern Morgen, als ich eben einen hohen Berg paßiren mußte, wurde ich zu meiner Freude in der Tiefe eine große Ebene gewahr, auf welcher ich die schönsten Wiesen, und wie mich dünkte, sogar einiges Vieh erblickte, das ohne Hirten herum gieng, und ich anfänglich für wild hielt.

So sehr ich auch an Kräften erschöpfet war, so verdoppelte ich dennoch meine Schritte, um in dieses, allem Ansehen nach, gelobte Land zu kommen. Gegen Mittag erreichte ich zu meiner größten Freude die gesehenen Wiesen, und sah, daß es Rindvieh von schöner Größe war, welches auf denselben weidete. Sobald es mich gewahr wurde, rannte es mit größter Geschwindigkeit nach einem nicht weit entlegenen Gebüsche, aus welchem gleich darauf

drei

drei Menschen kamen, die große Prügel in den Händen führten. Vermuthlich hatten sie wegen der Flucht ihrer Kühe geglaubet, daß sich irgend ein gefährliches Raubthier sehen lasse, welches sie nun erlegen wollten.

Kaum wurden sie meiner gewahr, so liefen sie auch schon wie Furien auf mich los. Ob ich schon nicht wußte, wessen ich mich von ihnen zu versehen hätte, so wäre doch meine Flucht unnütz gewesen, indem sie mich wegen ihrer Geschwindigkeit bald eingeholet haben würden. Ich blieb also auf der Stelle stehen, und erwartete sie. Sobald sie bis auf einige Schritte an mich waren, stutzten sie, und einer von ihnen redete, oder grunzte vielmehr etliche Töne, die ich aber, weil sie mir ganz unbekannt waren, und mit der mohrischen Sprache aus der Barbarei nicht das mindeste Aehnliche hatten, unbeantwortet lassen mußte.

In diesem Augenblick sprangen sie auf mich los, und einer von ihnen versetzte mir einen Streich auf den Kopf, wovon ich aller Sinnen beraubt zu Boden sank. Was hierauf mit mir vorgegangen, weiß ich nicht; doch wie ich wieder zu mir selbst kam, sah ich mich in einer elenden Hütte, die mit Schilf bedeckt war, und einen dieser Kerls, nebst zwo Weibern neben mir. Ich sah zu meinem äußersten Schrecken, daß ich ganz ausgezogen, und aller meiner Kleidungsstücke beraubet war. Zu einer andern Zeit würde ich vor Schaam vergangen sein; allein diesmal verdrang der Zorn über meine Räuber diese Leidenschaft gänzlich, wozu noch dieses

ses kam, daß diese eben so nackend, als ich, waren.

Sie hatten insgesammt sehr große unförmliche Köpfe, ganz schwarze Gesichter und Haare, die sehr kurz und kraus waren, breite Stirn und Nasen, und rauchten mittelst verschiedener Röhre aus einem großen Stücke Holz Taback, wobei sie, wie der Bär, wenn er an seinen Tatzen sauget, ohne Unterlaß murmelten.

Mir waren die Hände mit Zweigen gebunden; demohngeachtet richtete ich mich auf, und fühlte nach meiner Wunde, fand aber, daß ich auffer einer Zerquetschung der Haut, keinen Schaden gelitten hatte. Die Weiber lagen auf den Bäuchen, hinter ihnen aber hatte jede ein Kind von etlichen Jahren auf dem Hintern sitzen, welches an der auf die Schulter gezogenen Brust der Mutter trank, und ihr dabei mit den Fäusten beständig auf dem Leibe herum trommelte, so wie ich bereits bei den Hottentotten auf dem Kap gesehen hatte. Sie sahen mich zwar an, ließen sich aber in ihrem Vergnügen nicht im mindesten stören.

Obgleich die Hütte von allen Seiten offen war, so stank es doch, weil gar keine Luft wehete, so entsetzlich, daß ich es kaum aushalten zu können glaubte. Sobald sie mit Rauchen fertig waren, standen sie auf, und führten mich in eine andere, etwa auf eine halbe Stunde weit davon entlegene Hütte, wo ich einem alten Kerl vorgestellet wurde. Er redete lange Zeit mit meinen Führern, und endlich auch mit mir; da ich aber sehr wenig von dieser

ser Sprache verstand, und ihm nicht anders als mohrisch antworten konnte, lachte er mir höhnisch ins Gesicht, und sandte mich zum König, der noch um eine deutsche Meile weiter entlegen wohnte. Die Residenzstadt bestand aus ohngefähr funfzig solchen Hütten, und die Residenz hatte keinen andern Vorzug, als daß sie um etwas größer war.

Vor dem Eingange lag ein großer Löwe, welcher mit einer Kette an einen Baum befestiget war, und neben ihm hielten drei mit großen Lanzen bewaffnete Schwarze die Wache. Es dauerte gar nicht lange, so wurden wir eingelassen, und ich dem König vorgestellet. Er saß, oder hockte vielmehr auf einer kleinen Erhöhung, gleichsam wie ein Mensch, welcher im Begriff ist, seine Nothdurft zu verrichten, hatte die Hände über die Knie geschlagen, eine alte hölzerne Tabakspfeife im Munde, und war ganz nackend, um seinen Hals aber hieng eine Schnur Perlen. Er redete mich zuerst an; allein ich verstand ihn so wenig, als ich die andern verstanden hatte, und er verstand mich auch nicht.

Ich mußte ihm näher treten, und es schien, als ob ich ihm wohl gefiel; denn er betastete mich hin und wieder, wobei er immer mit der Zunge klatschte. Endlich brachte man mir in einer hölzernen Schaale eine Speise, und der König winkte mir, daß ich mich derselben bedienen möchte. Ich fand, daß es ein Gerücht von Hammelfleisch war, und ob es gleich sehr schlechte Zurichtung, und weder Salz noch anderes Gewürze hatte, so ließ ich

es

es mir, da meine Kost bisher ziemlich schmal gewesen, dennoch wohl schmecken, und stillte meinen Hunger vollkommen.

Kurz darauf kamen einige Mädchen, und setzten sich ohne viel Umstände bei uns nieder, wiewohl eine davon bald wieder aufstand, und in einem hölzernen Gefäß etwas bereitete, welches, wie ich bald inne wurde, ein Trank war, indem ich ihnen Bescheid thun mußte. Der Geschmack war sonderbar, und ich errieth ohne Umstände, daß spanischer Pfeffer darunter war, welcher stark zu berauschen pfleget. Ich fühlte bald seine Wirkung, und mäßigte mich also, so viel nur möglich war.

Endlich erschienen einige schmutzige Kerls, wovon der eine eine kleine Trommel, die anderen aber aus Rohr geschnittene Pfeifen hatten. Diese Musikanten fiengen nun an, sich aus allen Kräften hören zu lassen, und machten ein solches Getöse, daß mir hätten die Sinnen vergehen mögen. Sie hatten kaum angefangen, so sprang eine der nackichten Schönen in die Höhe, und zog mich zum Tanz auf; allein da mir ihre Tanzart gar nicht bekannt war, wurde ich bald zum allgemeinen Gelächter, und meine Tänzerinn wäre mir sicher davon gelaufen, wenn ihr nicht der König zu bleiben befohlen hätte.

Er half mir endlich selbst aus meiner Verlegenheit, indem er mich ablösete, und nun sah ich den allerwunderbarsten Tanz. Sie machten verschiedene Figuren, indem sie bald mit den Hintern an einander stießen, bald die Köpfe zusammen setzten,

und

und sich so, ohne von einander zu kommen, auf der Stelle im Kreis herum dreheten, und zugleich wie Böcke in die Höhe sprangen. Dies trieben sie so lange, bis sie gänzlich ermüdet waren, und entkräftet und athemlos auf die Erde niederfielen. Mir wurde nunmehr mein Nachtquartier in einer andern Hütte angewiesen. Da ich ganz nackend war, durfte ich mich keines Diebstahls befürchten, und schlief ohne alle Sorgen ein.

Ich brachte diese Nacht zu, ohne nur einmal munter zu werden, wurde aber, ehe es Tag war, aufgewecket, und mußte einem alten Mann folgen. Er führte mich durch verschiedene Umwege, bis in ein dünnes Gebüsche, wo eine große Heerde Rindvieh weidete, gab mir einen großen Prügel in die Hand, und bedeutete mich, daß ich sie bewachen sollte, worauf er mich verließ. Was wollte ich anders thun, als mich meinem aufgetragenen Amte gutwillig unterziehen? Wenigstens war ich nicht allein, und ich sah bald, daß ich noch einige Negers zu Gefährten hatte, die sich mit ernsthaften, aber doch ganz gelassenen Geberden zu mir gesellten, woraus ich merkte, daß sie der Alte von meinem Zuwachs unterrichtet haben mochte. Wir trieben nunmehr unser Vieh auf die Wiesen, und blieben so lange, bis die Mittagshitze auf das höchste zu steigen anfieng, worauf wir uns wieder ins Gebüsch machten.

Niemand brachte mir etwas zum Mittagsessen, und ich war in der That hungrig, und hoffte von einer Minute zur andern. Endlich sah ich, daß sich einer meiner Kameraden nach der Quere unter eine Kuh auf den Boden hin streckte, und wie ein Kalb an ihrem Euter sog. So widerwärtig mir auch diese Nahrungsart vorkam, so mußte ich, noch einer Fasten von zwei Tagen, mich doch entschließen, ein Gleiches zu thun, und mich nach und nach daran gewöhnen. Ich hätte nun gern wissen mögen, in was für einem Lande ich mich eigentlich befand; allein ich konnte blos muthmaßen, daß es an der Küste der Kaffern sey, bis ich von ohngefähr dieses Wort aus dem Munde eines Ochsenhirten vernahm, und nun völlig überzeuget wurde.

Es geschah mir nicht das mindeste mehr zu Leide; im Gegentheil wurden diese Negers in Kurzem sehr vertraut mit mir, und luden mich bald darauf zu einem Schmaus ein. Sie hatten ein Kalb geschlachtet, und ein großes Feuer angezündet, bei welchem sie es jetzt braten wollten. Der Bratspieß war ein Stück Holz, welches sie ihm ganz durch den Leib stießen, und es so über das Feuer hiengen. Sie hatten blos die Haut herab gezogen, übrigens aber alles Gedärme nebst dem Koth, darinnen gelassen. Da es ohngefähr eine Stunde gebraten hatte, nahmen sie es herab. Es war meist verbrannt, und vom Rauch schwarz geworden, und erweckte sehr wenig Appetit, absonderlich, da sie es bei den vier Füßen faßten, und von einander rissen, wodurch das Gedärm, sammt der Fülle, zum Vorschein kam. Sie reichten mir ein großes Stück. Ich riß das Verbrannte herab, und aß das übrige. Es war sehr fett, und

H würde

würde einen herrlichen Braten gegeben haben; allein da ich weder Salz noch Brod dazu hatte, schmeckte es mir blos darum noch, weil ich schon lange Zeit kein Fleisch gegessen hatte.

Sobald ich ihre Sprache etwas verstand, vernahm ich, daß dieses Vieh ihrem König gehörte, und dieser alle Kälber geliefert bekommen müßte. Ich merkte nun wohl, daß sie mich aus keiner andern Ursache eingeladen hatten, als, damit ich, wenn ich Theil an ihrem Schmaus nähme, sie nicht verrathen möchte, wiewohl ich niemals hörte, daß deswegen eine Nachfrage geschehen wäre.

Ein ganzes Jahr hoffte ich vergebens auf meine Erlösung, wozu ich gar keine Wahrscheinlichkeit sah. Meine alte Straße wieder zurück zu gehen, war fast ohnmöglich, indem ich mich dazumahl, als ich noch nahe war, nicht mehr zu meiner Gesellschaft finden können, geschweige denn jetzt, da ich so viele Wüsteneien durchstrichen hatte. Da ich nach meiner Rechnung etwa neunzig Meilen bis zum Vorgebirge der guten Hoffnung hatte, so sann ich auf verschiedene Mittel dahin zu gelangen; aber, da ich der Wege nicht kundig war, und mir auf keinen Wegweiser Rechnung machen durfte, wurden natürlicher Weise alle meine Entwürfe zu Wasser. Ich war, um diese Zeit der Landessprache ziemlich kundig; allein auch dieses konnte mir wenig helfen, da ich noch verschiedene Länder zu paßiren gehabt hätte, wo die Mundart von der Kafferschen so sehr abweicht, als ob es ganz eine fremde Sprache wäre. Ich schlug es mir also weiter aus den Gedanken.

Da

Da ich eines Tages ganz sorgenlos im Schatten lag, kamen plötzlich zween Kaffers, und brachten uns den Befehl vom König, daß wir uns mit unserm Vieh in möglichster Geschwindigkeit zurückziehen sollten, weil die Mulunquar, eine benachbarte Nation, der ihrigen Krieg angekündiget hätten. Wir befolgten dieses augenblicklich, und zogen fünf Tage lang von hier, wo wir uns in einer weidereichen Gegend wieder niederließen. Alles, was nur Gewehr tragen konnte, versammlete sich sogleich zu dem Haufen, und ich behielt nur noch einen Kameraden übrig, welcher gleichfalls mitgezogen wäre, wenn er nicht an einem Fuß gehinket hätte.

Einen halben Monat lang hörte ich nicht das geringste von dem Feldzuge, bis eines Tages einer von meinen gewesenen Gefährten eiligst zurück kam, und sagte, daß er wieder bey der Heerde bleiben wolle. Er erzählte, daß die Mulunquar die Unsrigen mit einer grossen Menge angegriffen, und geschlagen hätten. Sie hätten sich also zurückziehen, und zusehen müssen, wie die Feinde einige Dörfer zerstöret, und angezündet, und ihre Weiber und Kinder, nebst vielem Vieh, mit sich fort genommen hätten.

Ich glaubte nunmehr nichts gewisser, als daß sie bald bis zu uns heran dringen, und uns auch diesen Platz zu vertauschen zwingen würden; allein es geschah nicht. Diese Nationen pflegen nicht, nach Art der Europäer, ihre Siege zu verfolgen, sondern sind schon mit dem ersten zufrieden, und

sobald

sobald sie ein Treffen gewonnen haben, ziehen sie wieder nach Hause, und halten gleichsam einen Triumph, nach welchem sie sich wieder einige Monate ruhig halten, ehe sie von Neuem ins Feld ziehen. Nichts destoweniger waren wir von dieser Zeit an beständig auf unserer Hut, sandten Kundschafter aus, und hielten Wachen. Erst im fünften Monat nachher erhielten wir Nachricht, daß sich die Feinde aufs neue versammelten. Wir thaten ein Gleiches; und da mir der Krieg anständiger schien, als Vieh zu hüten, so begab ich mich unter die Streiter, und ließ den zurückgekommenen Kameraden an meiner Stelle, der mit dem Tausch sehr wohl zufrieden war.

Wir durften nicht lange auf die Feinde warten, so erschienen sie. Wir sahen an einem frühen Morgen eine ungeheure Wolke von Staub in die Höhe steigen, aus welcher bey mehrerer Herannäherung ein unzählbarer Haufe solches Lumpengesindels hervortrat. Sie hatten weder Spieße, noch Schwerter oder Bögen. Ihre Waffen bestanden lediglich in großen Prügeln und Steinen, womit sie, da sie uns erreichen konnten, einen gewaltigen Hagel auf uns machten, welchen wir ihnen erwiederten. Hierauf kam es zum Faustgewehr, und bald war der Streit entschieden, indem die Unsrigen, die ihnen an der Zahl nicht gewachsen waren, Fersengeld gaben, und ihnen das Schlachtfeld überließen. Jeder lief, wer nur laufen konnte, und wir verbargen uns in die Waldungen.

Da-

Da wir sehr zeitlich flohen, so war unser Verlust eben nicht groß, ausgenommen, daß sich viele von uns verlaufen hatten, die nicht mehr zum Vorscheine kamen. Ich hatte beobachtet, daß beide kämpfende Theile im Treffen gar keine Ordnung hielten, sondern unter einander wie das Vieh anrannten, und ihre Steine warfen. Ich sah also gleich ein, daß es nicht schwer fallen würde, mit ein wenig Kriegskunst, besonders mit andern Waffen, diese Barbaren zu schlagen, und unterfieng mich, dem König meine Meinung zu eröffnen. Er nahm es sehr gütig auf, und befahl sogleich, daß vierhundert Kaffern sich unter mein Kommando begeben, von mir unterrichten lassen, und mir in allem gehorchen sollten.

Sogleich fieng ich meine Arbeit an. Ich lehrte sie von Ochsenhäuten Schilde machen, und ließ sie zugleich lange Spieße verfertigen, an deren Vordertheil die sehr spitzige Gräte vom Rochen befestiget wurde. Mit diesen Waffen rüstete ich die Hälfte aus; den andern machte ich Schleudern, womit sie, in Betracht, daß andere blos mit den Händen warfen, um die Hälfte weiter reichten. Ich lehrte sie hierauf in geschlossenen Gliedern vorzurücken, und sich zurück zu ziehen, auch sich auf alle Seiten zu schwenken. Kaum war ich mit ihnen zum Mittelmäßigen gekommen, so erhielten wir Nachricht, daß die Feinde nur um eine kleine Tagreise vor uns stünden. Der König rückte ihnen sogleich mit seiner ganzen Macht entgegen, und den folgenden Tag kam es zum Treffen. Ich stellte

mich

mich mit meinen geübten Leuten in die Mitte des Heeres, welches nicht über fünf tausend Mann stark war, also, daß das erste und zweite Glied aus denen mit Spießen bestand; die Schleuderer machten zur Hälfte das dritte Glied aus, die übrigen aber standen auf beiden Flügeln.

Die Feinde, welche mehr als noch einmal so stark als wir waren, machten den ersten Angriff, wurden aber, ehe sie uns noch mit Steinen erreichen konnten, von unsern Schleudern so übel empfangen, daß viele davon auf dem Platze liegen blieben. Dennoch rückten sie vor, und fielen uns mit einem gräßlichen Geschrei an. Jetzt war es Zeit mit meinen Leuten vorzurücken, die ich bisher noch verborgen gehalten hatte. Sobald die Feinde die langen Spieße und Schilde sahen, die wegen der Ordnung ein gewisses Ganzes ausmachten, stutzten sie, und blieben eine Weile stehen. Ich ließ ihnen aber nicht lange Zeit, sondern drang mit der größten Heftigkeit in den dicksten Haufen, welcher denn, da sie sich wegen der Menge der hinten Andringenden nicht gleich auf die Flucht begeben konnten, gewaltig zu leiden hatte. In Kurzem waren sie alle zerstreuet, und wir behielten das Schlachtfeld. Auf mein Anrathen ließ sie der König verfolgen, und in vier Tagen war vom Feind keine Seele mehr in unserm Lande.

Wir machten nunmehr einen Einfall in das seinige, und nahmen so viel Vieh weg, daß nicht nur das unsrige zehnfach ersetzet war, sondern wir sogar besorgt waren, wo wir genug Weide hernehmen woll-

wollten. Hierdurch wurden die Feinde bewogen, uns den Frieden anzutragen, welchem sie von unserm Könige durch große Geschenke, die in Gartenfrüchten, Obst, Getreide und Fischen bestanden, erkaufen mußten. Er war aber von keiner langen Dauer, und sie schienen ihn nur deswegen eingegangen zu seyn, um wieder Kräfte zu einem neuen Kriege sammeln zu können.

Ehe noch fünf Monate vorüber waren, unternahmen sie einen neuen Anfall, und zwar in einem so zahlreichen Haufen, daß sie alles, was ihnen begegnet, niederwarfen.

Da unsere Nation um vieles schwächer war, so war uns dabei nicht eben gar wohl zu Muthe; allein ich fand bald wieder ein Mittel, unsern König aus seiner Verlegenheit zu reißen. Es gränzte nämlich gegen Süd-West ein anderer kleiner König an uns, welcher bisher an dem Kriege keinen Theil genommen hatte. Ich rieth dem Unsrigen, diesen auf seine Seite zu ziehen, und erbot mich selbst, die Gesandschaft dahin über mich zu nehmen. Der König wollte im Anfange nicht darein willigen, weil er mich bei seinen Kriegsleuten nicht entbehren zu können glaubte, und sandte eine andere Parthei dahin ab; da diese aber unverrichteter Sache zurück kam, mußte er sich endlich doch dazu bequemen, und mich reisen lassen.

Da ich die Habsucht dieser Völker kannte, so that ich ihm den Vorschlag, mich mit reichen Geschenken an den benachbarten König zu versehen. Er war selbst sehr geizig, und es kostete mich viel,

ehe

ehe ich es so weit brachte, und er mir, was ich am besten erachtete, mitzunehmen erlaubte. Ich las mir also vier und zwanzig der schönsten Rinder und Kühe aus, und hundert Schaafe, nebst etlichen Wagen voll Früchte und Gewächse. Mit diesen Sachen trat ich, begleitet von vierzig ehrlichen Kaffern, gegen Mitternacht den Weg dahin an. Ich hatte diese Zeit mit allem Fleiß gewählet, theils der heftig brennenden Sonnenhitze des Tages zu entgehen, und dem Vieh selbst den Marsch in der Kühle zu erleichtern, und theils aus der Ursache, damit die Feinde nichts davon wahrnehmen möchten, die uns sonst gar leicht einen Hinterhalt stellen, und sammt unsern Geschenken hätten aufheben können.

Unser Zug gieng langsamer, als ich Anfangs dachte, und erst nach zehn Tagen kamen wir in dem Residenzorte des Königs an. Er mochte schon von unserer Ankunft unterrichtet worden seyn; denn er schickte uns auf eine Stunde Weges einige von seinen Leuten entgegen, die uns zu ihm den Weg zeigen mußten. Das erste, was ich vernahm, war, daß er befohlen hatte, das Vieh zu zählen, welches wir mit uns führten, und ihm Nachricht davon zu bringen.

Er ließ mich hierauf in seinen Pallast kommen, der aber weit schlechter von außen und von innen war, als die elendeste Hütte eines deutschen Bettlers; er saß auf einem Holzstocke, und war so außerordentlich höflich, daß er mich neben ihm zu sitzen nöthigte.

Er

Er hieß Saramla. Seine erste Frage war, ob das Vieh sein gehöre; und als ich es bejahete, schien er für Freuden außer sich selbst zu kommen. Ich machte mir sogleich diese erste Bewegung zu Nutze, und trug ihm den Endzweck meiner Gesandschaft vor. Anfänglich machte er zwar einige Umstände; als ich ihm aber noch ein Dutzend Kühe im Namen meines Herrn versprach, ließ er sich überreden, und gelobte mir bei dem großen Käfer, unsern Feinden binnen drei Tagen ins Land zu fallen, und alles todt zu schlagen, was er nur lebendig antreffen würde, und so entließ er mich wieder.

Die Kaffern haben nicht den mindesten Begriff von Gott; doch beten sie nach Art der Mahomedaner die Gestirne an; übrigens aber sind sie Gözendiener, und in jedem ihrer Dörfer stehet eine abscheuliche Figur, welche an Gestalt einem Roßkäfer gleichet, die sie als ihre Gottheit verehren. Da nun also der Schwur bei dem heiligen Käfer einer ihrer größten Schwüre ist, so konnte ich mich sicher darauf verlassen, daß er sein Wort halten würde, und eilte also, meinem Könige diese erwünschte Nachricht zu bringen.

Dieser war darüber voller Freuden, und bewirthete mich nach seiner Art auf das herrlichste, worauf er mich das Kommando über seine Völker neben ihm nehmen hieß. Es war zum Glück noch keine Schlacht vorgefallen, außer einigen kleinen Scharmützeln; ich rieth daher, solche so viel als möglich zu vermeiden, und wir sezten uns mit den Völkern auf eine vortheilhafte Anhöhe, dem Feinde

gegen

gegen über, wo er uns weder so leicht zu vertreiben im Stande war, noch auch es wagen durfte, ohne großen Verlust einen Angriff auf uns zu wagen.

Unser Kriegsheer bestand zwar freilich nur aus einem Haufen Lumpengesindel, das ohne alle Ordnung war (denn meine wenigen abgerichteten Leute hatten sich meist verlaufen;) es war für keinen Proviant noch sonst etwas gesorget, und wer hungrig war, lief nur eine Strecke rückwärts, und sah, wo er etwas fand, so daß bisweilen nicht die Hälfte davon im Lager war; allein die Feinde machten es eben so, wie wir, und es diente also Lumpengesindel gegen Lumpengesindel im Felde.

Ehe wir noch daran gedachten, erschien Sarämla mit seinen Leuten, und fiel den Feinden in den Rücken, und sobald wir dieses sahen, griffen auch wir sie an. Es erfolgte also ein jämmerliches Gemetzel, oder vielmehr Arm- und Bein-Entzweischlagen, dergleichen man sich kaum vorstellen kann, und die Feinde wurden ganz aufgerieben, worauf unser Kriegsheer, wie gewöhnlich aus einander lief. Saramla schickte gleichfalls seine Leute nach Hause, und hielt sich ganzer sechs Wochen an unserm Hofe auf, wo ihm alle Ehre erzeiget wurde. Er reisete endlich ab, und unser König und ich begleiteten ihn.

Ich war kaum drei Tage bei ihm, so sah ich zu meinem Erstaunen einen gekleideten Europäer **von** ferne gehen. Ich lief auf ihn zu; aber wie groß war nicht meine Freude, als ich ihn alsobald für einen von meinen Knechten erkannte, die ich schon
lange

lange für verloren, oder in Frankreich angekommen glaubte. Er erzählte mir, daß sie alle beide noch am Leben wären, und eine Stunde tiefer im Lande bei noch andern sechs Europäern wohnten, die sich durch eben ein solches Schicksal in diesem Lande befänden.

Er mußte mich unverweilt zu ihnen führen, und ich traf sie, wiewohl meist nur noch mit Lumpen bedeckt, in einem Gebüsche an, wo sie beisammen saßen, und statt der Tabacksblätter von einem gewissen Baume schmauchten. Sie sprangen insgesammt bei meiner Erblickung in die Höhe, und ihre Empfindungen waren so verschieden, daß einige lachten, andere aber für Freuden laut weinten. Nach vielen ausgestandenen Beschwerden waren sie endlich in diesem Lande angekommen, wo man sie gut empfangen, und ihnen diesen Wohnplatz angewiesen hatte. Sie würden eben so, wie ich, geplündert worden seyn, wenn sich nicht die Kaffern als verzagte Bärenhäuter vor ihrer Anzahl gefürchtet hätten.

Ich versprach ihnen sogleich Gesellschaft zu leisten, gieng aber dennoch erst zu meinem alten Monarchen, und ersuchte ihn um meine Entlassung. Er hatte eben ein Stück von einem gebratenen Hammelschlegel in den Händen, und riß mit den Zähnen das Fleisch von den Knochen, ließ sich auch nicht stören, und gab mir auf meinen Vortrag nicht eher Antwort, als bis er ganz fertig war. Er bezeigte sich gar nicht geneigt dazu, und ersuchte mich mit ihm umzukehren; ja er versprach mir

sogar

sogar seine älteste Tochter zur Frau zu geben; allein, da ich eben nicht sehr nach dem Glück schmachtete, eine solche stinkende und schmutzige Prinzeßinn zu besitzen, so bedankte ich mich für die Gnade, und bat den König Saramla, mir zu vergönnen, daß ich bei meinen Landsleuten wohnen dürfe, welches er mir alsobald zugestand.

Saramla hatte für meine Landsleute viel Gnade, nämlich diese, daß er ihnen eine Anzahl seines Viehes zu hüten gab, wofür er ihnen aber erlaubte, sich so viel Milch zu ihrer Nahrung zu nehmen, als sie benöthiget waren, und mir wurde diese Stelle nunmehr auch zu Theil, ohnerachtet er mir als einem gewesenen Heerführer seines Nachbars mit weit mehr Achtung hätte begegnen sollen. Doch daran kehrte ich mich nicht, und war nur froh, daß ich mich unter den Meinigen befand. Man kann sich leicht vorstellen, daß wir uns von unseren Begebenheiten sehr viel zu erzählen hatten; da wir aber von Geschichten ganz erschöpfet waren, kam zuletzt die Frage aufs Tapet, auf was für Art wir aus diesem Lande kommen, und in unser Vaterland zurückkehren wollten. Es wurde anfänglich der Vorschlag gethan, auf der alten Straße wieder zurückzugehen, um die Barbarischen Küsten wieder zu gewinnen; allein ich war einer ganz entgegen gesetzten Meinung.

Der Rückweg war mit gar zu vielen Beschwerlichkeiten verbunden. Ob wir gleich alle lebendig hier angekommen waren; ohngeachtet wir durch elende Wüsteneien hatten ziehen müssen; so kam doch

doch dieses in Betrachtung, daß wir anfänglich Wegweiser hatten, die uns nun, da wir sie nicht mehr bezahlen konnten, weil dieses Volk keinen Begriff von dem Werthe des gemünzten Geldes hatte, abgiengen. Ich war in der Erdkenntniß genug bekannt, und wußte, daß weiter hin gegen Süden das Vorgebirge der guten Hoffnung liegen müsse. Nach meiner Rechnung lag es uns wenigstens um funfzig Meilen näher, als die Küste, wo wir gelandet hatten; ich hielt die Gegend für weit bevölkerter, und endlich, wenn wir es erreichten, konnte ich schließen, daß es uns daselbst nicht an Gelegenheit fehlen würde, wieder nach Europa zu kommen, wo sich im Gegentheil auf der ersten Küste sehr selten ein Europäisches Schiff zu zeigen pfleget. Da ich ferner urtheilte, daß vermuthlich alle Nationen, die wir paßiren müßten, eben so umgänglich seyn möchten, als diese Kaffern, so glaubte ich, alles, was uns wiederfahren könnte, möchte etwa dieses seyn, daß wir für Ermüdung nicht mehr weiter zu kommen im Stande wären, wo wir allenfalls in die schon gewohnte Lage versetzet werden könnten, wieder auf eine kurze Zeit Vieh zu hüthen, bis wir uns zur weitern Fortsetzung unserer Reise wieder erholet hätten.

Ich wollte jedoch in keinem Fall die Gesellschaft dazu überreden, um mir, wenn es unglücklich ausschlagen sollte, keinen Vorwurf zuzuziehen, und gab es ihr zur Überlegung. Sie waren sämmtlich meiner Meinung, bis auf einen, der aber den meisten Stimmen weichen mußte; und von der Stunde an an machten wir zu unserer Reise Anstalt. Das Allernothwendigste war, uns mit genugsamen Proviant zu versorgen, allein wir brachten sehr wenig zusammen. Dies nöthigte uns, uns an Saramla zu wenden, und ihm unser Vorhaben zu entdecken. Er schien nicht im mindesten darüber aufgebracht, stellte uns aber vor, daß wir auf böse Nationen treffen würden, von denen wir uns wenig Gutes zu versehen hätten; allein da wir glaubten, er sage dieses nur in der Absicht, um uns bei sich zu behalten, kehrten wir uns an nichts, und schlugen seine Warnungen in den Wind. Da er unsere Beharrlichkeit sah, entließ er uns, mit der Erlaubniß, drei Kälber mit uns zu nehmen. Wir schlachteten solche alsobald, und hiengen sie in die Luft zum Trocknen, welches auch binnen sechs Tagen geschehen war, worauf wir sie portionweise vertheilten, und uns fertig machten, diese Gegend den kommenden Tag zu verlassen.

Sobald der Morgen grauete, machten wir uns mit fröhlichen Herzen auf dem Weg, und überliessen uns ganz der göttlichen Fürsicht. Da wir alle ausgeruhet waren, so legten wir eine ziemliche Strecke zurück, bis die Sonne hoch zu stehen kam, und wir es wegen der Hitze, die beinahe sengend war, unmöglich fanden, weiter zu gehen, und uns nach einem Gebüsche umsehen mußten, in welchem wir bis gegen Abend still lagen, worauf wir wieder marschirten, so lange es uns das Mondenlicht gestattete.

Vier Tage hatten wir so ohne Anstoß zurückgeleget, als wir am fünften in der Nacht das Rauschen eines Wassers vor uns hörten. Als wir näher kamen, erkannten wir zwar deutlich, daß es ein Strom war; weil wir aber in der Dämmerung weder seine Größe, noch sonstige Beschaffenheit beurtheilen konnten, so machten wir Halt, um uns des andern Morgens einen bequemen Platz auszusehen, wo wir am leichtesten übersetzen könnten. Da es Tag wurde, fanden wir ihn breiter, als wir geglaubet hatten, und da er sehr tief zu sein schien, und einige unter uns nicht schwimmen konnten, so wußten wir uns nicht zu rathen. Endlich fiel einer auf einen geschickten Gedanken. Er hatte in seinem Bündel einen Strick von ziemlicher Länge. Diesen wollte er den unerfahrnen Schwimmern um den Leib binden, mit dem einen Ende hinüber schwimmen, und sie sodann nach sich ziehen.

Es wurde sogleich Anstalt dazu gemachet, und so kamen wir alle glücklich hinüber; allein die Gezogenen waren beinahe halb todt; wir mußten sie stürzen, daß sie das eingeschluckte Wasser wieder von sich gaben, und konnten, da sie ganz kraftlos waren, nicht mehr von der Stelle gehen. Das Uibelste bei der Sache war, daß auf diesem Ufer weder Busch noch Hügel in der Nähe war, und wir uns in der Sonne beinahe braten lassen mußten. Die Noth lehrte uns hier wieder ein Kunststück. Da wir alle mit starken Prügeln bewaffnet waren, steckten wir sie in den Sand, hiengen unsere zerlumpten Kleider darüber, und machten uns also

Schir-

Schirme, unter deren Schatten wir den kommenden Abend erwarten konnten, wo wir weiter giengen.

Wir waren schon wieder um zwo Tagereisen weiter, als wir früh in ein großes Gebüsch kamen, welches wir gerade durch mußten. Da wir darüber hinaus, und kaum eine Viertelmeile weit ins Freie waren, erblickten wir einen Schwarm Kaffern, die in vollem Lauf auf uns los giengen. Wir versahen uns nichts weniger als etwas Böses von ihnen, und erwarteten sie ohne Sorgen; allein da sie nahe genug waren, warfen sie einen Hagel von Steinen auf uns, wovon verschiedene, und auch ich, Löcher in den Köpfen bekamen. Ich muß bemerken, daß wir kein Schießgewehr mehr bei uns hatten, indem uns bei unserer ersten Uibersetzung des grossen Stromes das Schießpulver so durchnässet wurde, daß wir es nicht mehr gebrauchen konnten. Aus dieser Ursache hatten wir auch unsere Flinten, als eine unnütze Last, weggeworfen, und waren jetzt ohne alle Waffen.

Wir kehrten sogleich um, und flohen wieder nach dem Gebüsche; demohngeachtet ereilten sie drei unserer Kameraden, und schlugen sie mit Prügeln nieder. Wir entkamen ihnen glücklich in dem dicken Gebüsche, wo wir, um einander nicht zu verlieren, uns so nahe, als möglich zusammen hielten. Aus Vorsicht hatten wir uns nicht gerade durch, sondern mehr zur linken Hand gewendet, und da wir uns in Sicherheit sahen, hielten wir einen Rath, was nun weiter anzufangen wäre.

Der

Der Schrecken hatte sich unser so sehr bemeistert, daß wir bei jedem rauschenden Blatt zusammen fuhren; allein es geschah uns nichts mehr. Diese unglückliche Begebenheit hatte jedoch so viel bewirket, daß keiner von uns mehr vorwärts zu bringen war, aus Furcht, den wilden Kaffern in die Hände zu fallen, und alle beschlossen einmüthig, wieder zu unserm König Saramla zurück zu kehren, und unser weiteres Schicksal daselbst abzuwarten. Wir blieben den ganzen Tag über in diesem Gebüsche versteckt, und zogen erst in der Nacht weiter nach unserer verlassenen Gegend zu. Die Angst vor einem nochmaligen Ueberfall verursachte, daß wir weit stärkere Tagereisen machten, und wir kamen wirklich um einen Tag eher wieder zu dem Strom, welchen wir mit so großer Beschwerlichkeit paßiret hatten.

Wir mußten nun über solchen zurück; aber zum Unglück war derjenige von unsern Gefährten, welcher den langen Strick bei sich führte, und der fertigste Schwimmer unter allen war, den barbarischen Kaffern in die Hände gefallen, und wir wußten uns keinen Rath, wie wir unser Vorhaben bewerkstelligen sollten. Ohne zu wissen warum, giengen wir nunmehr am Ufer aufwärts fort, und des andern Tages fanden wir zu unserm Trost drei kleine Flüsse, die sich vereinigten, und wovon jeder eine ganz gemäßigte Breite hatte. Wir machten einen Versuch zu wagen, allein die Tiefe machte dies ohnmöglich. Es standen am Ufer etliche ziemlich lange Bäume, und diese brachten mich auf den Gedanken,

J mittelst

mittelst derselben eine fliegende Brücke für uns zu verfertigen. Das Nothwendigste zu dieser Arbeit war Werkzeug, und eben dieses hatten wir nicht, um nur einmal einen Baum umzuhauen; doch erfanden wir auch bald ein Mittel; und da wir mit Feuerzeug versehen waren, brannten wir sie am Fuß so lang, bis sie umfielen, und auf diese Art brachten wir auch die großen Aeste weg.

Sie reichten ziemlich über jeden Fluß weg, und wir hatten nur einen nöthig. Wir legten ihn also nach der Länge am Ufer herunter ins Wasser. Unser zween hielten das untere Ende fest; an dem obern aber mußte sich einer anhängen, und vom Land stoßen, und wurde also bis auf einige Schritte von selbst hinüber getrieben, wo er vollends an das Land waden mußte. Auf solche Art brachten wir uns alle in Kurzem auf die andere Seite, worauf wir unsere Bäume treiben ließen, und zogen nunmehr am Strom herunter bis an den Ort, wo wir das erstemal darüber gesetzet hatten, welches uns hauptsächlich deßwegen nöthig schien, damit wir um destoweniger unsere Richtung verlieren möchten.

Nun hielten wir uns vollkommen sicher, und wanderten also ganz langsam unserer verlassenen Heimath zu; allein weit gefehlt. Das Maaß unserer Trübsale war noch lange nicht erfüllt. Ehe wir es uns versahen, fiel eine neue Schaar dieses Gesindels über uns her, und richtete uns so übel zu, daß wir nur in allen vier davon kamen; die übrigen blieben auf dem Platze.

Ich

Ich und meine übergebliebenen Kameraden waren verwundet. Ich hatte zwei Löcher im Kopfe, die mir ausserordentlichen Schmerz verursachten, und nicht einmal einen Lappen bei der Hand, um mich zu verbinden. Da wir unserer Meinung nach nicht weit mehr von unserer verlassenen Gegend seyn konnten, so boten wir alle Kräfte auf, um bald dahin zu gelangen. Das Glück war uns günstig, und den andern Tag sahen wir uns gegen Mittag wieder in unserm Dorfe. Der König Saramla hatte kaum Nachricht von unserer Rückkunft erhalten, als er auch schon bei uns erschien. Da er unsere Wunden sah, so wollte er eher nichts mit uns reden, bis wir verbunden wären. Er rief seine Leibärzte; allein ihr Balsam bestand in nichts anderm, als daß sie sich hinter uns stellten, ihren Urin auf unsere Köpfe liessen, und uns damit einrieben.

So gern ich sie zu einer andern Zeit dafür lieber geprügelt haben würde, so mußte ich mir doch itzt alles gefallen lassen, und mich noch für diese Gnade bedanken, weil ich froh war, daß der König keinen Unwillen bezeigte, und uns wieder aufnahm. Erst nach dem befragte er uns um unsere Fatalitäten, und wir erzählten ihm solche mit allen Umständen. Aus der Gegend, die ich ihm nach der Richtung der Sonne beschrieb, urtheilte er, daß wir noch viel tiefer in das Land gekommen seyn würden, wo wir große Wüsteneien hätten paßiren müssen, und fügte noch hinzu, daß es eben so gut gewesen, wenn wir erschlagen, als dort verhungert, oder von wilden Thieren zerrissen worden wären.

Unsere fehlgeschlagene Hoffnung machte uns vielen Kummer, und so sorgenlos wir vordem hier gelebet hatten, eben so sehr fiel uns unsere jetzige Lage zur Last, indem wir uns vorstellten, daß wir niemals mehr aus dieser Gegend kommen würden. Indessen beschäftigten wir uns mit unsern angewiesenen Arbeiten, und brachten noch ein ganzes Jahr bei diesem Volk zu, ohne daß uns irgend ein Leid zugefüget worden wäre. Auf einmal erhielten wir durch einen bekannten alten Kaffern die Nachricht, wie er von seinen Landsleuten erzählen gehört, daß drei Tagereisen von hier auf einem großen Fluß ein Schiff läge, in welchem sich lauter solche Menschen befänden, wie wir wären. Wir versprachen ihm sogleich einige von unsern alten Kleidungsstücken, wenn er uns dahin bringen wollte, und er nahm es mit Freuden über sich.

Noch denselben Tag reiseten wir fort, und am vierten Vormittags erblickten wir ein grosses Schiff, welches in dem benannten Strom vor Anker lag, das ich sogleich für eine englische Fregatte erkannte. Es war eben niemand von der Equipage am Lande, als wir uns näherten; dem ohngeachtet bezahlten wir unsern Wegweiser, schickten ihn zurück, ohne uns weiter um etwas zu bekümmern, und schwenkten unsere Hüte gegen das Schiff, zum Zeichen, daß man uns einnehmen sollte. So unvortheilhaft und zerlumpt auch unser Anzug war, so erkannten sie uns dennoch gleich für Europäer, und schickten uns ein Boot zu, welches uns an Bord brachte.

Der

Der Kapitain sah uns ziemlich über zwerch an, als wir vor ihm erschienen; da ich ihm aber den Verlauf unseres Schicksals auf sein Begehren völlig auserzählet hatte, fragte er uns, was itzt unser Verlangen sey. Ich erwiederte, daß wir nach unserm Vaterlande zurück wollten; worauf er sich erklärte, daß seine Bestimmung dermalen nicht nach Europa sey; wenn er uns aber ja aus diesem Lande mit sich nehmen sollte, so könnte dieses unter keiner andern Bedingung geschehen, als daß wir Matrosendienste bei ihm nähmen, und so lange aushielten, bis er seine Reise ganz vollendet habe. Was wollten wir thun? Hier konnten wir nicht bleiben. Wir waren also froh, nur einmal wieder unter gesittete Menschen gekommen zu seyn, und nahmen seinen Vorschlag ohne Bedenken an.

Das Schiff war hier eingelaufen, um Brennholz einzunehmen; weil aber keine Waldung in der Nähe war, so gieng es ziemlich langsam damit; indessen war die meiste Arbeit doch bereits gethan, und in drei Tagen gänzlich vollendet, worauf die Anker gehoben, und das Schiff mittelst der Boote, die voraus giengen, den Strom abwärts geleitet wurde. Den zweiten Tag gegen Abend kamen wir an die Mündung, konnten aber wegen verschiedener verborgenen Klippen noch nicht hinausgehen, sondern blieben bis den andern Morgen still liegen, worauf wir ohne allen Anstoß in See giengen.

Unser Kours war nach dem Vorgebirge der guten Hoffnung gerichtet. Wird hatten Nord-Ostwind, und unsere Fahrt gieng sehr gut von statten.

Ob

Ob wir gleich wegen der Untiefen nicht immer ganz nahe am Lande bleiben konnten, so waren wir doch auch nicht sehr weit davon entfernet, und zwar so, daß selten zwei oder drei Tage vorbei giengen, wo wir es nicht eine Zeit lang gesehen hätten. Nach fünf Wochen bekamen wir endlich das Vorgebirge zu Gesicht. Meine Kameraden zeigten es mir; ich sah aber nichts, als in einer großen Entfernung eine schwarzgraue Wolke, welches die Kappe war, die sich zuweilen über den Tafelberg daselbst ziehet, den ich aber wegen der großen Entfernung noch nicht unterscheiden konnte, indem wir noch über sechzig englische Meilen bis dahin hatten. Diese Wolke ist sonst kein gutes Zeichen, und es pfleget sich gemeiniglich zu solcher Zeit ein starker Wind zu erheben, der das Einlaufen, wo nicht ganz unmöglich, doch sehr gefährlich machet; und wir mußten es auch diesmal erfahren.

Wir segelten diesen Tag noch eine gute Strecke näher, so daß wir mit Einbruch der Nacht nur noch um zwölf Meilen weit davon entfernet waren. Um nun nicht der Gefahr ausgesetzet zu seyn, bei der Nacht auf Klippen zu stossen, mußten wir die Segel einziehen und beilegen; und da wir bald einen Grund von achtzig Klaftern Wasser fanden, warfen wir endlich die Anker aus. Eine Stunde nach Mitternacht, da ich eben in meiner Hangematte lag, und schlief, bekam ich einen so jählingen und heftigen Ruck, daß ich darüber erwachte, **und bei einem Haar heraus geworfen worden wäre;** zugleich hörte ich ein Geknaster in dem Hintertheile

des

des Schiffes, welches von dem starken Prallen des Ankertaues herrührte, das ein heftiger Windstoß verursachte. Ich mußte heraus aufs Verdeck. Es wurde noch ein Anker ausgeworfen; aber kaum hatte er Grund gefaßt, so kam ein zweiter Windstoß, und riß sie aus dem Grunde, worauf das Schiff, wie wir merkten, gegen die Küste getrieben wurde. Es war itzt die größte Gefahr da zu scheitern, weil die Anker beständig nachschleppten, und keinen Grund mehr fassen wollten. Endlich warfen wir einen neuen Anker aus, und dieser hielt zu allem Glück so lange, bis wir die ersten zwei wieder heben, und neuerdings auswerfen konnten, worauf wir endlich unbeweglich stehen blieben.

Wir erwarteten also den Morgen. Kaum war die Sonne aufgegangen, so war auch schon der Wind vorüber, und es war ganz sonderbar, daß sich die See sehr wenig bewegte. Diesen günstigen Zeitpunkt machten wir uns zu Nutze, setzten alle Segel bei, und langten in etlichen Stunden in der Tafelbay an, wo wir uns wieder vor Anker legten, und ein Boot mit unserm Seepaß ans Land schickten, worauf wir die Erlaubniß bekamen, in den Hafen einzulaufen, und acht Tage zu bleiben, um uns mit frischem Wasser und einigen andern Nothwendigkeiten zu unserer weitern Reise zu versehen.

So sehr ich mich auch auf den Genuß der frischen gesunden Luft dieser Küste gefreuet hatte, so mußte ich mich derselben dennoch ganz entschlagen, indem es keinem einzigen Matrosen erlaubet wurde, einen Fuß ans Land zu setzen. Ich erfuhr nachher,

daß

daß es der Kapitain aus der Ursache untersagt hätte, weil verschiedene Schiffe anderer Mächte hier vor Anker lagen, auf welchen leichtlich einige und andere von uns sich verbergen, und besonders auf solchen hätten Dienste nehmen können, die auf der Rückreise nach Europa begriffen waren; welches ihm, da er diese Leute auf seiner vorgehabten Reise nicht entbehren können, noch auch zu ersetzen gewußt hätte, ein großer Schade gewesen wäre. Um uns aber einigermaßen zufrieden zu stellen, ließ er uns so viele Erfrischungen reichen, daß wir über keinen Mangel zu klagen Ursache hatten.

Es war in der Mitte des Dezembermonats, als wir unsere Reise von hier aus weiter fortsetzten. Holländische Lootsen brachten uns gegen gute Bezahlung aus der Tafelbay, und verließen uns nicht eher, als bis wir auf der Höhe des Meeres waren. Drei Tage lang sahen wir noch die Spitzen der Berge vom Kap, und auch noch einen ganzen Tag später begleiteten uns eine unzählige Menge Enten, Möven, und anderes Wassergeflügel, bis wir den darauf folgenden Morgen gar nichts mehr davon sahen. Unser Kours war gerade gegen Süden gerichtet, und obgleich der Wind eben nicht stark war, so konnten wir doch rechnen, daß wir in einem Tag gegen funfzig Meilen zurück legten. Den zwölften Tag hatten wir einen Sturm, welcher aber von keiner Bedeutung war, und nur eine Nacht über dauerte, worauf eine Windstille erfolgte, die uns in unserer Reise sehr aufhielt.

Wir

Wir kamen jetzt in einem Tage kaum sechs Meilen weit, welches auf einem solchen ungeheuren Raum, wie die See, gar nicht in Betrachtung zu ziehen war. Drei Wochen hinter einander spürten wir nicht die geringste Windesveränderung, und das Unangenehmste dabei war, daß verschiedene Matrosen am Scharbock erkrankten. Um etwas besser vorzukommen, ließ der Kapitain die Schaluppe und das große Boot bemannen, welche mit ihren Rudern unsern Weg beschleunigen sollten; allein da sich immer von Tag zu Tag ihrer mehrere Krankheitswegen niederlegten, und man die Leute auf dem Schiff selbst brauchte, wurde diese Arbeit bald wieder aufgegeben.

Endlich bekamen wir eine Frischung, die uns sehr zum Vortheil war. Der Wind hielt mit abwechselnder Stärke einen ganzen Monat über an, und wir kamen an eine Insel. Wir versuchten sogleich zu landen, weil unser Wasser schon ziemlich schlecht geworden war; allein da der Strand aus lauter Felsen bestand, war es nicht rathsam, uns nahe hinzu zu wagen, und wir setzten ein Boot aus, welches die leeren Tonnen an Land bringen sollte; aber auch dieses kam unverrichteter Sache zurück, indem die Wellen gegen den Strand eine so hohe und fürchterliche Brandung machten, daß es daselbst durchzukommen fast unmöglich war.

Eben da unsere Leute wieder gegen das Schiff ruderten, erschienen verschiedene Einwohner am Strande, von denen man zwar wegen dem Rauschen des Wassers nichts hören konnte; doch machten
sie

sie allerlei Bewegungen mit dem Leibe und den Händen, die wir aber nicht verstanden. Sie waren insgesamt splitternackt, und einige davon hatten Spieße von ungeheurer Länge. Sie hoben Steine auf, und warfen solche gegen uns in die See. Ob sie uns gleich nicht erreichen konnten, auch dieses wohl selbst einsehen mochten, so schlossen wir doch hieraus, daß ihnen eben nicht viel an uns gelegen sey, und nahmen es für ein Zeichen an, uns von der Küste zu entfernen; aber wir kehrten uns daran nicht, und sandten das Boot neuerdings aus, welches nunmehr um die Insel fahren sollte, um zu sehen, ob es nicht irgendwo einen bequemeren Landungsplatz finden könnte.

Wir hielten uns währender Zeit, bis das Boot zurück kam, so nahe als möglich gegen die Küste, und es kam wirklich erst den andern Tag mit der Nachricht, daß es zwar einem leidlichen Ankerplatz gefunden, sich selbst aber nicht getraut hätte zu landen, weil es von einer ungeheuren Anzahl Einwohner beständig wäre beobachtet worden, und sich zu solchen nichts gutes versehen hätte. Wir folgten ihm also unverzüglich, und nachdem wir das Schiff vor Anker geleget hatten, machten wir Anstalt ans Land zu gehen, welches noch immer von den Schwarzen besetzet war.

Es wurde sogleich die Chaluppe, das große und ein kleines Boot bemannet, und der Kapitain gieng selbst mit an Bord derselben. Sie sahen uns ruhig zu, als wir einstiegen; sobald wir uns ihnen aber näherten, erhoben sie so ein entsetzliches Geschrei,

schrei, daß es auch die Beherztesten würde erschrecket haben, wenn sie keinen Hinterhalt gewußt hätten. Ohne uns daran zu kehren, ruderten wir immer auf sie zu; nun aber machten sie einen gewaltigen Hagel von Steinen auf uns, wodurch verschiedene verwundet wurden. Selbst der Kapitain bekam eine Quetschung an der linken Hand, welches ihn so sehr in Zorn brachte, das er dem kleinen Boort, welches das vorderste war, befahl, auf die Hundsfütter Feuer zu geben.

Dieser Auftrag wurde mit so vieler Geschicklichkeit befolget, daß sogleich vier Insulaner todt zur Erde niederfielen, die übrigen aber mit größter Eilfertigkeit die Flucht ergriffen. Wir machten uns diesen Augenblick zu Nutze, und stiegen geschwind ans Land. Nicht fern von dem Strande trafen wir eine sehr reine frische Wasserquelle an, welche aus einem kleinen Felsen hervor quoll, und wo wir gleich beschlossen, unsere Wassertonnen wieder zu füllen, und sie ungesäumt dahin brachten; allein es gieng sehr langsam, weil die Quelle nicht ergiebig war. Wir entschlossen uns daher eine kleine Untersuchung der Insel anzustellen, und nachdem wir einige Mannschaft bei den Tonnen gelassen hatten, marschirten wir vorwärts.

Wir hatten verschiedene Gebüsche zu paßiren, zwischen welchen wir bisweilen eine Anzahl von Einwohnern erblickten, die uns den Durchzug verwehren zu wollen schienen, bei unserer Annäherung aber sogleich den Platz räumten, und verschwanden. Da wir kaum zwei englische Meilen weit gegangen waren,

waren, kamen wir an eine Stadt, die aus ohngefähr hundert elenden Hütten bestehen mochte. Vor dieser blieben die Schwarzen stehen, und schienen entschlossen, keinen Schritt mehr weichen, sondern sich bis auf den letzten Mann vertheidigen zu wollen.

Es dünkte uns nicht rathsam, ihren Zorn zu reitzen, da sie gegen fünfhundert Mann, wir aber nur sechzig stark waren; wir machten also einen Versuch, ob wir nicht mit ihnen in Handlung treten könnten, und sandten zwei geschickte Matrosen um einige Flintenschüsse weit voraus, die ihnen ein Zeichen geben mußten, daß sich einige nähern sollten. Vermuthlich mochten sie es anfänglich nicht verstanden haben, indem sie unbeweglich blieben; auf wiederholtes Zeichengeben kamen aber endlich doch zwei Schwarze mit grünen Zweigen in den Händen, und überreichten sie den beiden Matrosen, die solche auch annahmen, und ihnen zugleich zu verstehen gaben, daß wir einige Lebensmittel haben möchten.

Die Schwarzen entfernten sich hierauf, kamen aber bald wieder, und blieben auf eine gute Strecke stehen. Jeder hatte einen Schinken in der Hand, die sie von Weitem in die Höhe hielten, und uns zeigten, aber nicht herzu brachten. Wir verstanden, was sie wollten, und der Kapitain nahm ein zerrissenes rothes Kamisol von einem Matrosen, welches er gleichfalls in die Höhe hielt, und dann auf den Boden legen ließ, worauf sie das nämliche thaten, und sich entfernten, bis wir die Schinken

auf-

aufgehoben hatten und zurückgiengen, dann aber das Kamisol auch aufhoben, und mit der größten Geschwindigkeit davon rannten.

Wir wollten ihnen, da wir so gute Hoffnung zu einer Handlung hatten, keine Gelegenheit zu einigem Mistrauen geben, und zogen uns zu unsern Wasserfässern zurück, wo wir Zelte aufschlugen, und über Nacht blieben. Des andern Tages stellten sie sich in großer Anzahl ein, und brachten uns eine Menge geräuchertes Fleisch, wogegen wir ihnen allerhand nichtswürdige Kleinigkeiten gaben, die sie einander fast aus den Händen rissen. Binnen drei Tagen hatten wir eine solche Menge Fleisch beisammen, daß wir mit der ganzen Equipage drei Monate lang davon hätte leben können. Nur waren noch sechs leere Tonnen übrig, die wir vollends füllen, und dann wieder unter Segel gehen wollten.

Es war eben Abend, und wir glaubten bis des andern Tages gegen Mittag damit fertig zu seyn. Noch ehe die Sonne untergieng, brachte ein Schwarzer einem Matrosen einen Schinken, und dieser gab ihm ein Stückchen Tuch dafür, das von Motten durchaus zerfressen war. Der Neger bemerkte es kaum, so wollte er den Handel umstoßen, und der Matrose war boshaft genug, ihm eine derbe Maulschelle zu versetzen. Dies gab nun Gelegenheit zu verdrüßlichen Auftritten. Bei Anbruch des Tages fehlte der nämliche Matrose, und Niemand wußte, wo er hingekommen war. Da er sehr gut zu brauchen war, so wollte ihn der Kapitain

tain nicht gern auf der Insel zurück lassen, und sandte also ein Kommando aus, ihn, wo er sich immer aufhielt, auszuspüren. Ich war diesmal selbst mit unter dieser Anzahl. Wir konnten leicht merken, daß die Freundschaft mit diesem Volke zu Ende war; denn da sie sich bisher nicht mehr vor uns gescheuet hatten, liefen sie itzt überall vor uns davon, und verbargen sich. Wir kamen bald an ihre Stadt, aber wie erstaunten wir, als wir kaum ein Merkmal mehr fanden, daß nur einige Hütten da gewesen waren, indem sie jeden Pfahl fort getragen hatten.

Von dieser Veränderung glaubten wir dem Kapitain Nachricht geben zu müssen, und giengen zurück. Er verwunderte sich nicht wenig, und gab uns eine Verstärkung mit, und den dringendsten Befehl, den Matrosen aufzusuchen. Unter fruchtlosen Bemühungen, waren wir bei einer recht brennenden Sonnenhitze bereits vier Stunden weit gegangen, als es uns einfiel, uns gegen die östliche Seite zu wenden. Es dauerte nicht lange, so sahen wir vor einem Gehölze etliche einzelne Schwarze laufen, und drangen in dasselbe ein. Plötzlich stieß ein Matrose einen lauten, ängstlichen Schrei aus. Wir sahen, daß er still stand, und wußten nicht, was ihm geschehen war; doch eilten wir gleich dahin; aber wie entsetzten wir uns nicht über einen noch nie geseheuen Anblick.

Der verlohrne Matrose, welcher Hedefields geheißen hatte, hieng nackend mit den Füßen an dem Ast eines Baumes über einem großen Ameisenhaufen,

fen, auf welchen er mit dem Kopf stieß. Er schien noch einiges Leben zu haben, und wir schnitten ihn ungesäumt herunter; allein die Ameisen krochen tausendweise auf ihm herum, und wie wir ihn näher untersuchten, bemerkten wir, daß sie ihm schon die Augen ganz ausgefressen hatten. Alle unsere Bemühung, dem Unglücklichen noch etwas das Leben zu fristen, war vergeblich. Er starb uns unter den Händen, und wir konnten also nichts weiter von ihm erfahren, als was wir sahen.

Da er einmal todt war, so wollte ihn der Anführer unserer Truppe, der Ober-Bootsmann, auf der Stelle begraben lassen; allein die sämmtlichen Matrosen drangen darauf, ihnen zu erlauben, daß sie ihn an das Schiff tragen dürften, welches er auch gestatten mußte. Wir machten also von Zweigen eine Trage zusammen, auf welcher wir den Körper des Matrosen bis an den Strand brachten.

Er suchte es mit allem Vorbedacht zu verhindern, weil er wohl einsah, daß dieser Anblick eine gewaltige Gährung unter dem Schiffsvolke machen würde, und es geschah auch wirklich. Sämmtliche Kameraden ergrimmten außerordentlich darüber, und schwuren, keinen Neger auf der Insel leben zu lassen, auch nicht eher an Bord zu gehen, als bis sie sie alle vertilget hätten. Der Kapitain, der ein jähzorniger Mann war, zeigte sich selbst sehr aufgebracht über diese Begebenheit, und versprach ihnen alle Genugthuung. Es wurde also das große Boot an das Schiff geschicket, welches mehrere Mannschaft und erforderliche Flintenpatronen aus

der

der Pulverkammer bringen mußte, und beschlossen, die Barbaren aufzusuchen.

Es wäre ein Glück für die Menschlichkeit gewesen, wenn wir diesen Zug bis den andern Tag aufgeschoben hätten, wo sich vielleicht die Gemüther wieder in etwas beruhiget hätten; allein er gieng also gleich von statten, ob es gleich schon gegen vier Uhr Nachmittags war. Der Kapitain führte uns selbst an, und der Schiffslieutenant hatte indessen das Kommando am Bord. Wir waren hundert und zwanzig Mann stark.

Die meisten unter uns hatten ihre Flinten, außer den gewöhnlichen Patronen, noch mit gehacktem Blei geladen, und jeder brannte für Begierde sich zu rächen. Den ersten und folgenden Tag war unser Suchen vergeblich, bis gegen Abend. Sobald nämlich die Dämmerung einbrach, bemerkten wir in einer ziemlichen Entfernung Feuer, und beschlossen alsobald darauf los zu gehen. Die Schwarzen waren entweder zu sicher, um so weit vom Strande eines Angriffs gewärtig zu seyn, oder zu unvorsichtig in allen ihren Handlungen, indem sie nicht einmal Vorposten ausgestellet hatten, die sie von unserer Ankunft hätten benachrichtigen können. Demohngeachtet würde unser Angriff wenig gefruchtet haben, und sie, als ein flüchtiges Volk, die die Gegend genau kannten, und eben wieder ohnweit einem Walde standen, uns ohne Mühe entronnen seyn. Der Kapitain änderte also seinen Plan ab, und da er bemerkte, daß hier wieder eine dergleichen Stadt seyn müsse, so glaubte er,

sie

sie würden bei der Nacht vermuthlich in den Hütten Ruhe halten, wo man sie weit sicherer im Schlaf überfallen, und nach Belieben niedermachen könne. Wir blieben also sorgfältig versteckt, bis es tief in der Nacht war. Die Feuer, die wir vorher gesehen hatten, waren nunmehr alle ausgegangen, und wir erachteten es für den Zeitpunkt hervor zu brechen.

In möglichster Stille zogen wir uns an die Stadt, und da solche nicht mehr als zwey Gassen hatte, so theilten wir uns in vier Haufen, womit wir jeden Ausgang besetzten. Hierauf warfen wir einige angezündete Schwärmer auf die Hütten, die dann auch sogleich Feuer fiengen. Kaum standen einige in vollem Brande, so sprangen die Einwohner mit wüthendem Geschrei heraus, und suchten sich zu retten, allein sie kamen, wie das Sprüchwort saget, aus dem Regen in die Traufe; denn sobald sie sich dem Ausgang einer Gasse näherten, gaben wir eine Salve unter sie, und erlegten eine ziemliche Menge. Da sie nun den Tod von allen Seiten sahen, geriethen sie endlich in Verzweiflung, und wollten mit Gewalt einen Ausgang suchen; doch wir empfiengen sie mit unsern umgekehrten Musketen und Schiffssäbeln so behende, daß die meisten auf dem Platz blieben, und nur sehr Wenige sich mit der Flucht retten konnten.

Das Feuer griff nunmehr so gewaltig um sich, daß es an allen Ecken brannte, indem die Hütten bloß von dürrem Gesträuche und Pfählen erbauet waren, und verzehrte verschiedene Menschen, die

K   sich

sich in der Geschwindigkeit nicht aus dem Schlafe reißen konnten. Uiberdies kehrten nicht wenige von denen wieder um, die auf uns zu kamen, und wollten lieber von den Flammen verzehret werden, als uns in die Hände fallen. Das Blutbad war in der That sehr mörderisch; und die Rache nur allzu groß, indem in dieser Schlacht über vierhundert Schwarze umkamen, worunter uns vermuthlich die allermeisten nicht das geringste zu Leide gethan hatten.

Wir blieben hier den Rest der Nacht über stehen; sobald aber der Morgen angebrochen war, begaben wir uns wieder nach dem Schiffe, welches wir aber erst eine Stunde nach Sonnenuntergang erreichten. Da wir leicht erachten konnten, daß wir von den Einwohnern wenige Gefälligkeiten mehr zu gewarten haben würden, so fanden wir es unnütz, uns länger hier aufzuhalten, und begaben uns einen Tag später wieder unter Segel. Der Wind war uns sehr günstig, und wir sahen aus der Berechnung der Grade, daß wir täglich über sechzig deutsche Meilen zurück legten. Den zehnten Tag nach unserer Abreise paßirten wir etliche Inseln, die aber mehr Sandbänken ähnlich sahen, und allem Anscheine nach weder von Menschen, noch von Vieh bewohnet waren.

Sechs Tage nachher kamen wir eine ganze Reihe von Inseln vorbei, wovon einige mit Waldung besetzet waren; allein wir landeten nicht, und setzten unsere Reise ununterbrochen fort. Der bisherige sehr vortheilhafte Wind begann nun auch in
etwas

etwas nachzulassen, und schon dieses war Beweg-
ursache genug, uns nirgends aufzuhalten, wo es
uns nicht der Mühe besonders werth zu seyn schien.

Endlich bekamen wir eine Windstille, nachdem
wir die Inseln etwa auf zehen Seemeilen weit hinter uns hatten, und es reuete uns nunmehr, daß
wir nicht daselbst angelandet hatten. Nach vier
und zwanzig Stunden erhob sich zwar der Wind aufs
neue; allein er nahm mit jedem Augenblicke zu, und
wurde in weniger als drei Stunden zu einem sehr heftigen Sturm, der uns alle Hände voll zu thun machte. Die Wellen zerstoben von Augenblick zu Augenblick hoch über unserm Verdeck, und das Schiff
schlenkerte so gewaltig, daß wir nicht selten mit
größter Gewalt an die Wände geworfen wurden.

Jetzt waren wir froh, daß wir die Reihe von
Inseln schon vorbei waren, indem wir sonst sehr
leicht hätten Schiffbruch leiden können; demohngeachtet mußten wir noch immer in Sorgen seyn,
weil wir in der Nähe noch mehr Land vermutheten.
Wir liessen deswegen einige Matrosen auf dem Verdeck die Befehl hatten, bei der ersten Entdeckung
eines gefährlichen Gegenstandes ein Zeichen zu geben; allein es war nicht möglich viel um sich zu
sehen, indem eine Welle um die andere über das
Verdeck weg schlug, und wirklich einer von unsern
besten Matrosen in die See gespület wurde, den
wir auch nicht retten konnten. In der vierten Stunde des Sturmes stürzte der Fockemast über Bord,
und wir verloren verschiedene Bramstangen. Endlich zerbrach auch das Steuerruder, und wir sahen

uns dadurch genöthiget, das Schiff seinem Lauf zu überlassen. Um zwei Uhr nach Mitternacht that es einen Schlag, daß wir alle für Schrecken zusammen fuhren, und zugleich bekamen wir eine Menge Wasser.

Mit größter Aengstlichkeit suchten wir nun das Leck, konnten aber keines im ganzen Schiffe finden; doch mußte alles, was Hände hatte, an die Pumpen. Hier war ein Ohngefähr Schuld, daß wir von dem sonst unvermeidlichen Untergang gerettet wurden. Ein Konstabler nämlich, welcher neben seiner Kanone eine kleine Kiste stehen hatte, erinnerte sich, daß er sein Messer dort liegen gelassen, welches er itzt zu etwas benöthiget war. Da er dahin gieng, um es in Sicherheit zu bringen, schoß ihm das Wasser, bei einer Schleuderung des Schiffes, aus der Kanonenreihe entgegen, und als er noch um einige Schritte näher kam, bemerkte er, daß vermuthlich von dem heftigen Schlag die Klappe eines Schießloches aufgesprungen war, die nicht gut zugemachet gewesen seyn mochte. Da das Schiff in diesem Augenblick eben unter Wasser war, so schloß er sie mit größter Behändigkeit zu, und brachte uns diese Nachricht. Wir merkten nun gar leicht, woher das Wasser gekommen war, besonders weil es erst bei allem Pumpen immer wuchs, itzt aber merklich abnahm. Es wurde ihm nun von dem Kapitain für diesen Zufall eine Kanne Rum versprochen, die er auch nach gelegtem Sturm erhielt.

Ob wir gleich weiter kein Unglück hatten, so mußten wir doch noch einen ganzen Tag und Nacht in Gefahr schweben, ehe sich der Sturm legte, und das Meer so ruhig wurde, daß man sicher auf dem Verdeck herum gehen konnte. Wir sahen nun einen erbärmlichen Anblick, indem viele unserer Taue zerbrochen, und manche Segelstangen verloren waren; auch bemerkten wir sogleich, daß einige Breter von den Seiten fehlten, die wir nothwendig wieder ersetzen mußten.

Wir waren zwar mit letzteren versehen, allein, da der Schade tief unter Wasser war, schien es nicht möglich, auf der See dazu kommen zu können, und wir mußten, wo möglich, irgendwo zu landen trachten. Wir waren bald so glücklich, wieder an eine Insel zu kommen, bei welcher wir auch einen guten Ankerplatz fanden, und das Schiff bei einer Tiefe von dreißig Klaftern vor Anker legten. Es wurde sogleich ein Boot ausgesetzt, und wir fanden das Land leer von Einwohnern, wiewohl wir einige Merkmale gewahr wurden, daß vor Kurzem Menschen hier gewesen seyn mochten, woraus wir schlossen, daß noch andere Inseln in einer geringen Entfernung von hier seyn möchten. Uebrigens war diese mit denjenigen Produkten, die wir am nothwendigsten brauchten, nämlich mit Holz und Wasser, im Uiberfluß versehen.

Wir legten sogleich eine Schmiede auf dem Strande an, und verfertigten Bänder, und dergleichen Sachen, die wir zum Ausbessern nöthig hatten, worauf das Schiff durch das Mittel, daß wir alle Kanonen auf eine Reihe brachten, auf die Seite geleget wurde, und nun gieng die Arbeit an.
Wir

Wir brachten gleichwohl einen halben Monat zu, bis alles fertig war; endlich, nachdem wir es frisch gekalfatert hatten, hoben wir den Anker, und stachen aufs neue in See.

Nach einer Fahrt von acht Stunden gab die Wache ein Zeichen, daß eine Untiefe vorhanden sey, und ehe wir mit den Anstalten fertig wurden, solcher auszuweichen, saßen wir schon auf dem Grund. Die Sache war bei weitem nicht so gefährlich, als wir Anfangs dachten, indem er aus keinem Felsen, sondern bloßem Sand bestand, von welchem wir bald wieder weg zu kommen hofften; doch war alle unsere angewandte Mühe vergeblich, und wir mußten uns gedulden, bis die Fluth kam, die uns auch glücklich wieder in die Höhe hob, und flott machte.

Nach sechs Tagen erreichten wir wieder eine andere große Insel, die uns unter dem Winde lag, und wir suchten an dieselbe zu kommen. Obgleich das Wasser, welches wir auf der letzteren Insel eingenommen hatten, anfänglich von angenehmen Geschmack war, so zeigte es sich doch sehr bald, daß es sich in den Fäßern nicht halten ließ; denn es wurde bitter, und hatte fast einen Geschmack wie Pomeranzenschaalen. Das Uibelste war, daß, da wir die noch guten Tonnen damit aufgefrischet hatten, fast keine einzige war, die diesen üblen Geschmack nicht angenommen hätte. Dieser Umstand zwang uns wider Willen an dieser Insel zu landen, und wir setzten erst das kleine Boot mit sechs Mann aus, die das Land in möglichster Kürze untersuchen sollten, wir aber legten uns vor Anker.

Es

Es war früh um sechs Uhr, als wir das Boot aussetzten. Unerachtet wir um nicht mehr als eine halbe englische Meile vom Lande lagen, so warteten wir doch den ganzen Tag auf dessen Zurückkunft vergeblich, und es kam auch am folgenden Morgen nicht zurück. Da den Leuten der schärfste Befehl gegeben war, sich höchstens zwei Stunden Weges weit vom Strande zu entfernen, so wußten wir nicht, was wir aus diesem Ausbleiben machen sollten. Wir setzten also das zweite Boot aus, in welchem fünf und vierzig Mann saßen, die alle mit Kraut und Loth reichlich versehen waren, und die ersteren suchen sollten. Ob wir gleich sehr viele Misvergnügte hatten, so war es doch nicht wahrscheinlich, daß sie auf einer solchen Insel davon gelaufen seyn sollten, wo es jeder für eine Strafe halten würde, wenn man ihn aussetzte, indem noch dazu das Klima hier ziemlich rauh, auch einige Berge mit Schnee bedecket waren. Wir glaubten also mit allem Recht, daß sie irgend ein besonderer Unfall an der Rückkehre verhindert haben möchte.

Ich war diesmal wieder mit unter denen, die ans Land giengen. Kaum waren wir an dem nämlichen Ort ausgestiegen, wo das kleine Boot gelandet hatte, so fanden wir auch schon die Fußtapfen unserer sechs Kameraden ganz deutlich im Sand eingedrückt, die uns nach einem Walde führten, wo sie sich aber, weil der Boden immer fester und steinichter wurde, nach und nach verlohren. Der Wald wurde von Zeit zu Zeit dichter, und bald war es uns nicht mehr möglich, weiter

zu

zu kommen, und wir sahen uns genöthiget, unsere alte Strasse zurück zu nehmen, auf welchem wir uns aber verirrten, und das Boot nicht eher erreichten, als bis es anfieng zu dämmern: da wir weder von dem kleinen Boot noch der Mannschaft das Geringste entdecket hatten, so waren wir nun gänzlich unentschlossen, was wir thun sollten; weil wir aber den Auftrag hatten, nicht eher zurück zu kommen, als bis wir unsere Kameraden gefunden hätten, so entschlossen wir uns, an der nordlichen Seite der Insel herum zu fahren, und einen andern Landungsplatz zu suchen, wo wir tiefer, als von dem ersteren, ins Land dringen könnten. Wir zogen also ein kleines Handsegel auf, und da wir auf dieser Richtung einen starken Seitenwind hatten, lavirten wir um die Küste herum, und hielten gegen eine halbe Stunde damit an, bis wir endlich einen sehr bequemen Platz zum Anlegen fanden, wo wir wieder ausstiegen.

Es war eben Mondenlicht, dieser Abend aber ziemlich trüb gewesen. Nach einiger Zeit dünkte es uns, als ob wir ihn aufgehen sähen, und folgten unserm Weg; allein da er immer auf einer Stelle blieb, und nicht weiter in die Höhe wollte, merkten wir gar bald, daß es ein Feuer war, welches sich zusehends vermehrte. Wir folgten ihm schnurgerade in möglichster Geschwindigkeit, ohne uns von der Beschaffenheit des Bodens aufhalten zu lassen, und da wir näher kamen, bemerkten wir, daß es auf einem Hügel war, auf welchem wir zugleich Menschen entdeckten, welche einander bey den Häu-
ten

den hatten, und rings herum einen Kettentanz hielten.

Obgleich ihre Anzahl sehr groß war, und wir, da wir zur Vorsicht zwölf Mann im Boot gelassen hatten, nur drei und dreißig zählten, so mußten wir uns ihnen dennoch nähern. Sechs Mann von uns machten also einen kleinen Vortrupp, und wir folgten ihnen auf die Weite eines Büchsenschusses in möglichster Stille nach. Der Hügel schien zu einer solchen Überrumpelung nicht ungeschickt, indem er mit kleinen Gebüschen, nach Art unserer europäischen Wacholderbüsche bis auf die Höhe besetzt war, und unsern Anmarsch ziemlich deckte.

Wir waren schon bis über die Mitte des Hügels gelanget, und da wir noch nichts Eigentliches entdecken konnten, machten wir Halt, und legten uns ganz platt auf die Erde. Die Tänzer machten ein wildes Getöse, und brüllten, worunter man den Ton einer kleinen Trommel ganz schwach vernahm; plötzlich aber zertrennten sie die Reihen, und liefen hastig durch einander. Wir glaubten nicht, daß es unsertwegen geschähe, indem wir uns für allzu gut bedeckt hielt; allein es war wirklich, und bald darauf kam ein grosser Haufe den Hügel herab, und es flogen verschiedene Steine über uns hin, die uns jedoch keinen Schaden thaten. Wir waren schon auf ihre Ankunft gefaßt, und machten zwei Glieder hinter einander. Sobald sie uns so nahe kamen, daß wir sie erreichen konnten, gaben unser siebenzehen eine Salve zugleich, und da die Feinde alsogleich mit großem Geschrei umkehrten,

braunbrannte auch das zweite Glied los. Da wir noch jeder mit einer Pistole versehen waren, so nahmen wir uns nicht Zeit, erst wieder zu laden, sondern zogen solche aus dem Gürtel, und giengen ihnen, da wir unsere Flinten übergehangen hatten, mit solchen, und unsern Seitengewehren auf dem Fuße nach.

Der Blitz und das Geknaster unserer Gewehre, noch mehr aber das Geschrei der Verwundeten, machte zusammen eine fürchterliche Szene aus. Sie flohen auf der anderen Seite den Hügel hinab, und da wir die Höhe erreichet hatten, fanden wir zwei unserer verlohrnen Kameraden an Händen und Füßen gebunden neben dem Feuer liegen, die wir alsobald befreieten, und um den Aufenthalt der übrigen befragten, von ihnen aber zu unserm Schrecken erfuhren, daß solche von diesen Unmenschen schon am vorigen Tage gebraten und verzehret worden wären, und nun die Reihe auch an sie hätte kommen sollen. Einen Augenblick später, so waren auch diese beiden ein Opfer ihrer unmenschlichen Gewohnheiten geworden.

Der Mond war nunmehr in die Höhe gestiegen, und die ganze Gegend ziemlich erleuchtet. Wir sahen rings umher Todte liegen, die wir bei näherer Besichtigung von ungeheurer Größe befanden, indem jeder noch um die Hälfte länger war, als ein gewöhnlicher Europäer, und ihre Schultern und Arme von einer außerordentlichen Leibesstärke zeugten.

Es

Es wurde nunmehr, da wir gethan hatten, was wir konnten, der Rückzug zum Boote angetreten; allein dieser gieng sehr langsam, indem unsere zwei befreite Kameraden ganz kraftlos, dabei von dem Binden an Händen und Füßen so geschwollen waren, daß wir sie meist tragen mußten. Wir erreichten daher das Boot nicht zur gehörigen Zeit, wie wir berechnet hatten, und es überfiel uns der Morgen, ob wir gleich unterweges nicht einen Augenblick Rast hielten.

Plötzlich hörten wir gegen den Strand zu einigemale aus kleinem Gewehr schießen, und urtheilten gleich, daß es vom Boote kommen müsse, worin wir auch nicht irrten. Dies zog unsere ganze Aufmerksamkeit auf sich, und wir marschirten mit größerer Vorsicht. Da wir gegen den Strand näher kamen, sahen wir ihn mit diesen Riesen ganz bedeckt, unser Boot aber in einer Entfernung von zwei hundert Schritten vom Strand auf der Höhe, wo es wieder beigeleget hatte. Zu unserer größten Verwunderung wurden wir gewahr, daß diese Insulaner eine Anzahl Pferde bei sich führten, und ritten, welches aber, weil diese Thiere klein, und nicht viel stärker als Korsikaner waren, einen üblen Anblick gab, indem die Reiter ihre Füße fast ganz auf der Erde schleppten, ob sie gleich die Knie gebogen hatten.

Es war leicht einzusehen, daß sie uns den Rückzug streitig machen, und vom Boote abschneiden wollten, und blieb uns kein Mittel übrig, als solchen mit Gewalt zu eröffnen. Wir standen damals
eben

eben auf einer kleinen Anhöhe, die etwa zehen bis zwölf ziemlich starke Bäume hatte, und berathschlagten uns über die besten Mittel, als wir sahen, daß die Feinde plötzlich Anstalt machten, uns anzugreifen, und die, so zu Pferde waren, in vollem Galopp heransprengten. Kaum hatte also unser Führer so viel Zeit, uns in einige Ordnung zu richten, so waren sie auch schon da, und wir konnten uns nicht genug verwundern, wie diese kleinen Pferde im Stande waren, so große nackende Lümmel mit solcher Geschwindigkeit fort zu tragen.

Sie hatten statt der Säbel insgesammt große Keulen über den Schultern, und es mochten gegen hundert seyn, die wie eine Heerde Schafe untereinander anritten. Wir ließen sie so nahe kommen, daß man an ihnen bereits das Weiße im Auge unterscheiden konnte, ehe wir Feuer gaben; dann aber machten wir alle zugleich eine Generalsalve unter sie. Diese that eine sehr lustige Wirkung. Die Pferde bäumten sich in die Höhe, warfen zum Theil ihre Reiter herunter, und liefen davon, und die übrigen kehrten gleichfalls um, und giengen durch, und zwar gerade auf ihre Fußgänger los, die am Strande standen, so daß diese sich trennen, und sich in Sicherheit zu begeben suchen mußten.

Wir sahen, daß uns dadurch die Gemeinschaft mit dem Boot wieder eröffnet war, und drangen vorwärts; allein es dauerte nicht lange, so rückten uns die Feinde wieder nach, und griffen uns im Rücken an. Das Schiff hatte währender Zeit den Anker gehoben, und rückte uns näher; allein ehe es es uns noch etwas hätte helfen können, hätten wir verlohren seyn können, wenn wir uns nicht in Acht genommen hätten. Es war nichts anders zu thun, als sich so nahe wie möglich zusammen zu halten, und nicht zu verschießen, weil es schien, daß diese Völker schon mehrmals mit Europäern zu thun gehabt haben müßten, indem sie wenig Furcht vor dem Feuergewehr bezeigten.

Sie setzten zu wiederholtenmalen mit Löwenwuth auf uns an, und wir wehrten uns wie Verzweifelte, und trieben sie immer wieder zurück, worin uns auch das Boot, das mittlerweile die Küste wieder gewonnen hatte, nach Möglichkeit unterstützte. Endlich, da schon unsere Kräfte zu sinken anfiengen, geschahen von dem Schiffe auf einmal sechs Kanonenschüsse, welche den besten Effekt machten, eine ziemliche Verwüstung anrichteten, und den Strand säuberten, uns aber Gelegenheit verschafften, in das Boot zu steigen, und wieder an Bord zu gehen.

Kaum waren wir auf dem Schiffe, so zeigten sich die Wilden wieder, jedoch nicht mehr in so großer Anzahl, sondern nur in kleinen Truppen, und sahen nach uns herüber. Es wurden nunmehr die beyden Geretteten in Verhör genommen, und diese erzählten, daß sie zwei im Boot gelassen, die übrigen vier aber landeinwärts gegangen wären. Sie hätten schon einen großen Marsch zurückgelegt gehabt, ohne Wasser gefunden zu haben. Endlich wären sie zurück gekehret, um über Nacht im Boot zu bleiben; weil ihnen verschiedenes auf der Insel ver-

verdächtig vorgekommen, und sie zu schwach gewesen wären. Als sie noch eine kleine englische Viertelmeile vom Strand gewesen wären, hätten sie einen starken Bach angetroffen, welcher sich ins Meer ergießen müßte, und oberhalb nördlich von der Anfurth des Bootes läge. Nachdem sie ihren Durst gelöschet, und das Wasser vortrefflich befunden, wären sie weiter gegen den Strand gegangen, wo sie aber weder Boot noch Mannschaft gesehen hätten. Sie hätten hierauf ihre Kameraden aller Orten gesuchet, wären aber bald darauf diesen Unmenschen in die Hände gerathen, bei welchen sie ihre Kameraden zugleich entdecket hätten. Sie wären nunmehr in jene Gegend geschleppet worden, wo die Wilden sogleich zwei mit Keulen niedergeschlagen, und mehr halb verbrannt, als gebraten verzehret hätten. Die andern beiden hätten sie etwa fünf Stunden vorher gefressen, als wir sie aus ihren Händen errettet hätten.

Das ganze Schiffsvolk war über diese Nachricht aufgebracht, und wollte ans Land; allein der Kapitain, welchem mehr daran gelegen war, Wasser zu bekommen, als sich zu schlagen, stellte ihnen vor, wie er noch weit von dem Orte seiner Bestimmung sey, und ohnmöglich mehrere Leute muthwillig aufs Spiel setzen könne, da man die Gelegenheit nicht voraus sähe, wo man sie nützlicher gebrauche. Dennoch beschloß er ans Land zu gehen, und sich Wasser zu verschaffen, auf was für Art es auch immer geschehen möge. Er setzte also nochmals das Boot aus, und befahl solchem, den Ort
zu

zu suchen, wo der klare Bach in die See stürzte, doch mit der Erinnerung, sich bei Lebensstrafe nicht mit dem Feind einzulassen, und immer in einer kleinen Entfernung vom Strand zu halten, wobei sie aber einen Versuch machen sollten, ob sie nicht durch Zeichen der Wilden Freundschaft gewinnen könnten, falls sie sich näherten, ohne ihnen doch im mindesten zu trauen.

Das Boot kam bald mit der Nachricht zurück, daß es den Bach gefunden hätte. Es hatte in jener Gegend die Tiefe sondiret, und bis auf einen Steinwurf vom Lande auf zwanzig Klafter befunden. Der Kapitain ließ also dahin steuern, und sogleich Anker werfen, worauf sich alles in Bewegung setzte, ans Land zu gehen, und dreißig Kanonen in das Boot gebracht wurden. Ob sich gleich die Wilden wieder in großer Menge zeigten, so bedurfte es doch nur wenige Kanonenschüsse, um sie abermahls zu zerstreuen, und wir würden ohne Zweifel zu unserem Zwecke gelanget seyn; aber in dem Augenblicke erhob sich ein gewaltiger Wind, weswegen alles wieder an Bord gehen, und den Anker heben mußte, um die hohe See zu gewinnen; indem wir befürchteten, bei einem sich ereignenden Sturme auf die Küste geworfen zu werden, wozu alle Wahrscheinlichkeit vorhanden war.

In weniger als einer Stunde gieng das Meer bereits so hoch, daß man alles auf dem Schiffe befestigen und verwahren mußte, und es fiel ein heftiger mit Schloßen vermischter Regen, wovon wir in der Eile, so viel die Bewegung des Schiffes zuließ, aufsammelten, und in unsere Gefäße füllten. Der Sturm währte nur vier und zwanzig Stunden; allein er legte sich nicht ganz, und fieng wieder von neuem an, und so gieng es durch einen ganzen Monat fort. Das schlechte bittere Wasser hatte viele von uns bereits kränkelnd gemacht, und das aufgesammelte Regenwasser vollendete das Uibel, indem die meisten, die davon tranken, ein starkes Erbrechen bekamen, und davon so sehr geschwächet wurden, daß man sie kaum mehr zum Arbeiten gebrauchen konnte. Dies versetzte uns in sehr betrübte Umstände, da wir noch dazu über zweihundert Seemeilen von der letztern Insel westwärts getrieben waren.

Glücklicherweise sahen wir bald wieder Land, und bemüheten uns aus allen Kräften ihm zu nähern, welches uns auch in so weit gelang; doch der Strand war überall mit einer so fürchterlichen Brandung umgeben, und die See brach sich mit solcher Heftigkeit daran, daß einem die Haare zu Berge stiegen. Dennoch mußten wir hier suchen Wasser zu erhalten. Es wurden demnach sechs der geschicktesten Schwimmer ausgesuchet, welche Wämmser von Pantoffelholz bekamen, und an dem Ende eines langen Schifftaues ans Land gehen sollten. Es gelang ihnen über diese felsengleiche Brandung zu schwimmen, und sie waren auch so glücklich, alsobald Wasser zu finden, womit sie die nach sich gezogenen Tonnen eiligst füllten. Auf diese Art füllten wir alle unsere leeren Gefäße, nahmen zuletzt die sechs Matrosen wieder ein, und segelten
weiter.

weiter. Unsere Fahrt gieng itzt vollkommen erwünscht fort, und der Wind blies beständig, und mit immer gleicher Stärke aus Ost-Nord-Ost, und brachte uns mit jedem Tage eine unglaubliche Strecke weit.

Die Witterung, die bisher rauh, und sogar öfters dermassen kalt gewesen war, daß die Segel so gefroren waren, daß wir sie mit harter Mühe einreffen konnten, wurde nun immer wärmer; und endlich nahm die Hitze ausserordentlich zu. Unser Wasser litt daher wieder ziemlichen Schaden, und wurde bald unschmackhaft. Wir waren diesmal nicht mehr so glücklich, von einer Insel zur andern zu kommen, und sahen uns auf einem weit ausgedehnten Meere. Aus dieser Ursache giengen wir mit unserem Proviant ausserordentlich sparsam um, und blieb beständig eine Wache bei den Wassertonnen, damit niemand mehr als seine abgemessene Portion nehmen konnte.

Wir waren zwar mit Fleisch, Zwieback und Hülsenfrüchten noch auf mehr als ein halbes Jahr versehen, allein wenn man das halb Verdorbene weg zählte, so fiel die Rechnung weit geringer aus, und wir mußten aus dieser Ursache trachten, so bald als möglich, in einen freundschaftlichen Hafen zu kommen, wo wir es wieder ergänzen könnten. Da die Holländer mit uns in gutem Vernehmen standen, so war unsere Absicht auf Surinam gerichtet, und wir richteten auch unsern Lauf dahin. Ehe wir es uns versahen, zeigte sich bei einigen unserer Leute die fürchterliche Seekrankheit, der Scharbock, und

wurde

wurde so bösartig, daß alle, die damit befallen wurden, in zehen bis zwölf Tagen starben.

Mitten in unserer Noth bekamen wir eines Tages ein Schiff zu sehen, welches von ferne auf der Höhe quer vorüber fuhr, da es aber uns zu erblicken schien, alsobald den Kours änderte, und uns zu erwarten beilegte. Es bedurfte nicht viel Mühe, es für eine französische Fregatte zu erkennen, und da uns bei unseen Umständen eben nicht mit Schlagen gedienet war, so suchten wir ihm aus dem Wege zu kommen; aber wir hatten daran nicht wohl gethan, denn sobald es unsere Furcht merkte, setzte es alle seine Segel bei, um uns den Reihen abzuschneiden, und wir mußten uns wider Willen zum Angriff fertig machen. Es war Nachmittags um drei Uhr, als es uns erreichte, und begrüßte uns sogleich mit etlichen scharfen Kanonenschüssen, wobei es uns zurief, uns zu ergeben; allein wir antworteten mit einer ganzen Lage unserer Artillerie, und so gieng das Gefecht gleich über und über.

Obgleich die Fregatte um zehn Kanonen mehr führte als wir, so hielten wir dennoch den Franzosen die Wage, und ersetzten es dadurch, daß wir mit weit mehr Geschwindigkeit als sie, manövrirten, und ihnen eben so viele Kugeln zuschickten. Nachdem wir gegen vier Stunden ausgehalten hatten, fieng das feindliche Schiff Feuer. Es würde uns nunmehr ein Leichtes gewesen seyn, es zu erobern; allein da die Flamme schon über dem Verdeck hervor schlug, hätten wir befürchten müssen, auch mit davon ergriffen zu werden; aus dieser Ursache

sache suchten wir uns aus allen Kräften davon zu entfernen. Wir hatten wirklich sehr klug daran gethan; denn kaum waren wir aus der Schußweite, so sprang die Pulverkammer mit einem entsetzlichen Knall, und so gieng es mit Maus und Mann zu Grunde, daß keine Seele gerettet werden konnte. Die brennenden Taue flogen weit und breit in der Luft herum, und die ganze Oberfläche der See war mit Trümmern um uns her bedeckt. Man konnte sehr deutlich sehen, wie der Kiel, ohngefähr eine halbe Minute nach dem Knall untersank, wovon das Wasser so auseinander trat, daß wenn eben ein kleineres Schiff ihm in der Nähe gewesen wäre, es nothwendig mit hätte untersinken müssen. Alles, was wir von diesen schwimmenden Materialien erhaschen konnten, zogen wir an Bord, und unsere Matrosen waren dabei so gefühllos, daß sie einander zuriefen, sie wollten itzt ihre Tabackspfeifen an parfumirten französischem Holz anzünden.

So gut wir übrigens davon gekommen waren, so waren wir doch auch sehr übel zugerichtet. Unsere Segel waren durchlöchert, das ganze Takelwerk, und besonders das Vordertheil stark beschädigt, und endlich hatten wir die Rahe am Fockemast verloren, und einen zersprengten Bogspriet. Das Schiff hatte zugleich Wasser im Raum, und es kostete uns ganzer vier und zwanzig Stunden Arbeit, ehe wir es so weit heraus pumpten, daß man das Loch finden und gehörig verstopfen konnte. Wir sahen nunmehr gar wohl ein, daß wir ausser Stand waren, in die Länge See zu halten, und wünschten daher bald an Land zu kommen, unsern Schaden wieder auszubessern; allein wir hofften noch lange vergebens. Es überfiel uns zum Unglück wieder ein Sturm, und das Schiff bekam aufs neue Wasser. Da es auf keine Klippe gekommen war, so konnten wir die Ursache davon nicht einsehen, merkten aber bald, daß einige Verdeckungen durch Prellschüsse gespalten gewesen seyn mochten, die sich nun durch das beständige Schlagen auf den Wellen vollends abgetrennet hatten.

Ob wir gleich alles so gut als nur möglich, wieder herstellten, so war uns doch bei der Sache nicht wohl zu Muth, da das Schiff von Zeit zu Zeit, immer mehr und mehr, und endlich von der geringsten Bewegung so stark krachte, daß wir befürchten mußten, bei einem neuen Sturm unterzugehen, besonders, da das Wasser im Raum nie ganz aufhören wollte, und sogar wieder höher stieg. Alles mußte daher an die Pumpe; sogar die Kranken wurden nicht davon ausgenommen. Vierzehn Tage trieben wir nun schon diese Arbeit fort, und wurden dadurch so abgemattet, daß wir zuletzt in einem Tage kaum mehr so viel vollendeten, als wir sonst in etlichen Stunden ausgerichtet hatten.

Zuletzt hielten wir alle fernere Mühe, uns zu retten, für vergebens, und der Kapitain konnte uns zu keiner Arbeit mehr bringen. Dennoch vermochte er noch einige Matrosen, daß sie alle vorhandene Segel aufspannten. Bei den elenden Umständen, in welchen unser Stangenwerk war, that mir diese Vorkehrung einigermaßen lächerlich, da

es

es fast mehr Segel führte, als es ertragen konnte, allein eben dieses war der Grund unserer Rettung, wie man in der Folge hören wird.

In der Nacht um eilf Uhr kam ein Matrose mit der Nachricht, daß er im Stehen gespüret hätte, als ob das Vordertheil ganz los wäre, und sich bald trennen würde. Alles lief nun dahin, sich davon zu überzeugen, und die Einbildung herrschte so stark, daß sie unter den größten Schwüren betheuerten, der Kiel sey geborsten. So sehr sich auch die Officiere Mühe gaben, sie eines andern zu überreden, so war doch alles umsonst, und sie blieben dabei, daß es bis zu ihrem Untergang keine Stunde mehr brauchen würde. Die ganze Equipage gerieth itzt in größte Unordnung. Um die Schmerzen des Todes weniger zu fühlen, schlugen sie sogleich die Rumfässer auf, und tranken davon mit solcher Begierde, daß die meisten ohne Verstand, und sinnlos wie das Vieh, über einander liegen blieben.

Mit etlichen wenigen war auch ich vernünftig geblieben, und stellte so meine Betrachtungen über die Art an, mit welcher sich die Matrosen zum Tod zubereiteten, und seufzte recht inniglich über der meisten Seeleute so ganz eigene verdorbene Sitten. Ich erhielt mich hingegen ganz anders, stellte heimlich Reue und Leid über meine begangenen Sünden an, und erwartete den letzten Augenblick meines Lebens mit aller Gelassenheit. Es war wirklich schon anderthalbe Stunde vorbei, und das Schiff noch nicht geborsten; doch dies gab mir noch

noch wenig Hoffnung zur Rettung, indem ich glaubte, daß, was heute nicht geschehen, doch morgen vielleicht geschehen würde. Die Officiere giengen giengen immer auf und ab, bald aufs Verdeck, bald in den Raum, und so auf alle Seiten des Schiffes. Endlich kam der Kapitain in vollem Lauf mit der Nachricht, daß das Schiff fest auf dem Grund säße.

Da wir keinen Stoß gespüret hatten, so glaubte ich, daß er nun auch von der Einbildung der Matrosen angestecket sey, und wollte es ihm anfänglich nicht glauben, lachte auch heimlich über seine so bald erschütterte Standhaftigkeit; allein da ich ihm meinen Zweifel zu erkennen gab, nahm er mich bei der Hand, und führte mich an das Vordertheil, wo er mir das Senkblei gab, und mich sondiren hieß, da ich dann auch nicht mehr, als die Tiefe des Schiffes fand, und erfuhr, daß wir auf einer Sandbank saßen, ohne uns im mindesten zu rühren.

Diese Begebenheit brachte in meinen Todesgesinnungen nicht die mindeste Veränderung hervor, indem ich nur allenfalls die Todesart, wenn ja eine Klippe in der Nähe wäre, nicht aber die Wahrscheinlichkeit desselben verändert sah, indem wir, statt zu ertrinken, allenfalls hätten verhungern müssen. Wir blieben also insgesammt bei unserer einmal angenommenen Gleichgültigkeit. Es war eine stockfinstre Nacht, und wir saßen den Rest derselben hindurch bei einander, ohne an eine Rettung zu denken. Sobald es zu grauen anfieng,

kam

kam der Oberbootsmann, und sagte, es käme ihm
vor, als ob er von weitem Land sähe. Diese Zei=
tung weckte uns von unserer Niedergeschlagenheit.
Wir sahen hinaus, und jeder behauptete etwas an=
deres, bis wir endlich, da es lichter wurde, ganz
genau unterscheiden konnten, daß wir auf eine Ent=
fernung von drei englischen Meilen bei einer Insel
lagen, die von ziemlich großem Umfange war. Wir
liefen sogleich in den Raum, den übrigen diese an=
genehme Bothschaft zu bringen, allein der Brannt=
wein hatte unsere sämmtliche Trunkenbolde in einen
so tiefen und festen Schlaf versenket, daß wir sie
ohnmöglich erwecken konnten.

Da wir allein zu schwach waren, etwas mit
dem Schiff vorzunehmen, so mußten wir Geduld
haben, bis sie erwachen würden, und blieben also
auf dem Verdeck stehen; allein zum Glück bedurf=
ten wir ihrer Hülfe nicht, indem bei dem vollen
Tageslicht die Fluth eintrat, und uns wieder flott
machte, ohne daß wir eine Hand anlegen durften.
Wir waren nun wieder auf hohem Wasser; doch
da wir nicht alle Zufälle vorher sehen konnten, ge=
traueten wir uns allein nicht nach dem Land zu
steuern, sondern warteten, bis unsere sauberen
Kameraden erwachen würden, welches auch gegen
Mittag erfolgte. Sie kamen itzt einer nach dem
andern geschlichen, und rieben sich die Augen, da
wir ihnen denn das nahe Land zeigten, worüber sie
beinahe für Freuden außer sich waren, und sich
sogleich an ihre Posten stellten. Also steuerten wir
hinüber, und erreichten die Insel ohne Anstoß, wo
wie

wir denn zwischen zween Felsen, die einen recht natürlichen Hafen machten, Anker warfen.

Itzt gieng das ganz vernachläßigte Pumpen wieder an, und wurde Kriegsrath gehalten. Der Kapitain war freilich der Meinung, das Schiff hier auszubessern; allein da wir an Land giengen, und die Bäume untersuchten, sahen wir, daß das Holz von einer so außerordentlichen Weiche und schwammigten Masse war, daß es zum Bauen gar nicht gebrauchet werden konnte; es fiel also der meisten Meinung da hinaus, das Schiff zu zerbrechen, und aus seinen Trümmern ein kleineres zu bauen. Da das Pumpen sehr wenig verfangen wollte, und wahrscheinlich war, daß es endlich im Wasser dennoch untersinken würde, so erwarteten wir die Fluth, und steuerten wieder eine kleine Strecke in See, von wo wir dann mit Hülfe eines sich eben erhobenen Seewindes wieder zuhielten, und mit allen Segeln auf den flachen Strand liefen, und sitzen blieben, und uns an einigen Bäumen mit Tauen befestigten.

Da es schon Abend war, und in der Nacht stark zu thauen pflegte, wir aber bloß in unsern Hangmatten hätten liegen müssen, so blieben wir diese erste Nacht auf dem Schiff, und stiegen erst den andern Morgen aus, um uns einige Schupfen zu bauen, wozu alles Hand anlegte, und nur etliche wenige ausgeschickt wurden, das Land zu rekognosziren; unter welchen ich mich wieder befand. Wir waren nicht weit gekommen, so nahmen wir auf dem weichen Boden verschiedene Fußtritte von

Thie=

Thieren wahr, die wir Anfangs für Hunde hielten, obgleich dieselben ausserordentlich breit waren. Wir giengen ihnen nach; doch da sie sich in einige unwegsame Klippen verloren, ließen wir wieder davon ab. Wir entdeckten kein anderes, als das schon gesehene Holz, und statteten darüber unseren Rapport ab, worauf sich jeder bemühete, das Schiff einreissen, und die Ladung heraus bringen zu helfen.

Diese Nacht brachten wir schon in der fertigen Schupfe zu, und schliefen in sorgenloser Ruhe. Bei unserm Erwachen fanden wir eine Tonne, in welcher eingesalzenes Fleisch gewesen war, ganz zertrümmert, und das Fleisch entwendet. Es war uns nicht schwer, aus den vielen Zerquetschungen, und hin und wieder eingedrückten Zähnen zu erkennen, daß dieser Raub durch Thiere geschehen seyn müsse, und vermuthlich von denen, die wir ihren Fußtapfen nach für große Hunde gehalten hatten; wiewohl diese Meinung eben nicht zu sonderbar ist, da man weiß, daß die Spanier diese Thiere sehr häufig in manchen Gegenden ans Land gesetzet hatten, wo sie sich nachher sehr vermehrten.

Wir hatten schon so viel ausgeladen, daß es zu beschwerlich gewesen seyn würde, es wieder an Bord zu bringen, unsere Hütte aber hatte dazu viel zu wenig Raum; um nun die Diebe kennen zu lernen, ließen wir in der folgenden Nacht ein kleines Piket dabei Wache halten. Bis gegen Mitternacht hatte sich nicht das Geringste blicken lassen, kurz darauf aber hörte man ein starkes Reissen an einer

Tonne

Tonne, worauf alsogleich vier Mann zugleich nach jener Gegend Feuer gaben, auf welches sich nichts mehr rührte. Sobald es Tag war, sah man dahin, und fand auf der Erde eine dergleichen Spur, die sich entfernte, und stark mit Blut bezeichnet war. Wir folgten ihr, waren aber nicht weit gekommen, so sahen wir einen der schönsten Tieger in einer kleinen Vertiefung liegen, welcher eben verendet seyn mochte, indem er noch nicht einmal erstarret war, und noch die Augen offen hatte, welches einen fürchterlichen Anblick gab. Er hatte fast fünf Schuhe in der Länge, und ein sehr schönes Fell. Wir trugen ihn sogleich zurück, und gaben ihn dem Kapitain.

Wir glaubten nunmehr Ruhe zu haben; allein in der folgenden Nacht stellten sich wieder einige ein, auf die wir auch Feuer gaben, aber keinen trafen. Es ist zu vermuthen, daß da es wenig andern Raub für sie geben mochte, sie immer in der Ebbzeit an den Strand kamen, um Schaalenfische zu ihrer Nahrung zu suchen, bei welcher Gelegenheit sie dann uns aufgefunden hatten. Mit jeder Nacht vermehrte sich ihre Anzahl, so, daß wir endlich gezwungen wurden, bis Tages Anbruch ein großes Feuer zu unterhalten, da wir sonst durch manchen unnützen Schuß in der Dunkelheit unsere Patronen unnöthig verschwendet, und unsere schlafenden Kameraden im Schlaf gestöhret hätten.

Sobald wir noch eine Schupfe fertig hatten, ersparten wir auch diese Wache, indem wir alles Angreifbare unter Dach brachten; doch getrauete

sich

sich niemand zur Nachtzeit allein heraus zu gehen, indem wir allezeit des Morgens Spuren hatten, daß diese Bestien in der Nähe gewesen waren, die wir auch zuweilen knorren hörten. Unser Schiffsbau gieng sehr gut von statten; denn da nicht allein die Equipage durch den Scharbock; (der sich doch nunmehr wieder verlor) ziemlich geschmolzen, sondern auch der Proviant durch die lange Reise stark vermindert war, so hatten wir eben kein gar zu großes Fahrzeug nöthig. Dieses letztere desto besser zu sparen, legten wir uns auf den Fischfang, und erhielten immer so viel, als wir von Zeit zu Zeit nöthig hatten.

Nach Verlauf dreier Monate hatten wir ein ziemlich bequemes Fahrzeug zu Stande gebracht, und wollten eben die Ladung an Bord bringen, als sich eine sehr fatale Begebenheit ereignete. Auf einmal hörten wir des Nachts einen starken Lärmen in der Hütte, als wenn jemand erwürget werden sollte, und ein fürchterliches Schnauben. Da wir kein Licht hatten, wurde die Unordnung vermehrt, und jeder griff nach dem Gewehr, besonders, da wir merkten, daß ein Tieger darin war, der mit einem aus der Gesellschaft kämpfte. Bald aber hörten wir schreien: er ist erlegt; worauf wir Licht schlugen, und den saubern Gast ausgestreckt liegen sahen, indem ihm mit einem Messer der Bauch aufgeschlitzet war; allein er war nicht ungerochen erstochen worden, denn der Schiffslieutenant, welchen er zuerst angefallen, hatte solche Wunden von ihm erhalten, daß er wirklich in zween Tagen

nachher

nachher sterben mußte. Wir sahen, daß sich die Bestie unter der Hütte durch den Sand herein gearbeitet hatte. Da wir nun mehrere dergleichen unangenehme Visiten befürchteten, so tummelten wir uns, was wir konnten, die Ladung an ihren Ort zu bringen.

In kurzem war alles zu Stande und wir giengen voll Hoffnung an Bord, bald eine von den holländischen Kolonien zu erreichen. Wir hatten einen guten Süd=Ostwind, welcher unserer Richtung zwar nicht ganz angemessen war; dennoch segelten wir mit halbem Winde sehr glücklich fort. Nach einer Fahrt von sechs Wochen gelangten wir wieder an eine Küste, die dem ersten Anblicke nach ziemlich fruchtbar schien, indem sie an einigen Orten vollkommen grünte, und mit Bäumen besetzet war. Ob wir gleich diesmal keiner Erfrischungen nöthig hatten, so fuhren wir doch an Land, um vielleicht neue Entdeckungen zu machen. Es wurden einige Partheien von uns ausgesandt, die Gegend zu untersuchen, denen aber angedeutet wurde, sich bis des andern Tages wieder an Bord zu begeben, indem alsdenn das Schiff weiter segeln würde. Obgleich diesesmal die Reihe nicht an mir war, so bat ich doch, daß ich mit ans Land gehen durfte. Ich und noch zwei meiner Kameraden machten eine eigene Patrouille aus. Wir waren etwa eine Stunde weit gegangen, so trennten wir uns in dem Gebüsche, und verloren einander, daß wir, ob ich gleich laut rief, uns dennoch nicht mehr zusammen finden konnten. Da ich alle Mühe vergebens sahe,

trach=

trachtete ich also wieder an das Schiff zu kommen, indem bereits der Abend hereinbrach; allein ich gieng, bis es finster wurde, ohne daß es mir geglücket hätte, es zu entdecken. Endlich setzte ich mich für Müdigkeit nieder; und als ich eine Weile gesessen hatte, und weiter wollte, fühlte ich, daß meine Füße viel zu matt dazu waren. Ich mußte mich also schon entschliessen, hier zu übernachten; doch da mir die neuliche Geschichte mit den Tiegern auf der letzteren Insel noch im frischen Andenken lag, wollte ich es nicht wagen, auf der Erde zu schlafen, und suchte mir einen bequemen Baum aus, auf welchen ich alsobald stieg, und in Schlaf fiel, nachdem ich mich rückwärts an einen starken Ast angelehnet hatte. Ich mochte nicht lange geschlummert haben, so erwachte ich wieder, indem mir die Sorgen keine Ruhe ließen. Sobald ich die Augen aufschlug, bemerkte ich in einiger Entfernung Licht, welches ich für nichts anderes, als ein Feuer hielt, das die Equipage des Schiffes angezündet hatte.

Ob ich gleich wußte, daß das Schiff gegen Süd-Osten vor Anker lag, so hatte ich vergessen, nach welcher Seite ich mein Gesicht gekehret hatte, da ich auf den Baum gestiegen war; über dies konnte ich mich auch nicht nach dem Gestirn richten, weil es stockfinster war, und nicht das geringste Mondenlicht schimmerte. Doch da ich meinen Wegweiser an dem Licht gefunden zu haben glaubte, stieg ich ohne Bedenken herunter, und folgte ihm. Ich spürte, daß ich doch wieder einige Kräfte gesammelt hatte, und gieng mit schnellen Schritten; allein ob

ich

ich gleich schon über zwo englische Meilen zurück gelegt hatte, sah ich doch das Feuer in immer gleicher Entfernung, mit dem einzigen Unterschied, daß es sich manchesmal vergrößerte, und wieder abnahm. Ich verdoppelte also meine Schritte, besonders da ich auf einer Ebene war, und gar keine Gebüsche vor mir hatte. Bald hierauf hörte ich einiges Rauschen des Wassers, welches ich für die anschlagenden Wellen der See hielt; allein da ich näher kam, merkte ich, daß es ein kleiner Fluß war, der mir quer vorbei strömte. Ich durfte es im Finstern nicht wagen, ihm zu nahe zu kommen, und gedachte daran aufwärts stark zu gehen; da ich aber sah, daß ich mich immer mehr von Feuer entfernte, entschloß ich mich hier stehen zu bleiben, und den Tag abzuwarten.

Bald hierauf sah ich noch ein dergleichen Feuer aufgehen, und in kurzem erschienen ihrer mehrerer die auch wechselsweise wieder verschwanden. — Ich merkte nun deutlich genug, daß ich betrogen war, indem dieses Feuer nichts anderes, als entzündete Dünste aus der Erde, oder sogenannte Irrlichter waren, die mich vermuthlich ganz von meiner Straße verführet hatten. Sobald der Tag angebrochen, und die Sonne aufgegangen war, erkannte ich, daß ich mich gegen Westen verirrt hatte. Geradezu konnte ich den Weg nicht nach dem Strande nehmen, indem es hinter mir so sumpfig war, daß ich die alte Straße zurück am Fluß herunter gehen mußte; allein ich verirrte mich auch diesesmal wieder, denn je weiter ich kam, je sumpfiger es wurde. So

brach-

brachte ich bis Nachmittags zu. Endlich hörte ich ganz deutlich, wiewohl in einer großen Entfernung, einen Kanonenschuß vom Schiffe, welches ein Zeichen war, daß wir uns wieder an Bord begeben sollten.

Nach vieler angewandter Mühe kam ich zuletzt wieder auf offene Straße, wo mich eine Strecke weit nichts aufhielt; aber ich konnte dennoch diesen Tag den Strand nicht mehr erreichen, und mußte wieder Nachtlager machen, indem ich bald an undurchdringliche Gebüsche, bald an Sümpfe kam, die mich große Umwege zu machen nöthigten, so daß ich oft eine ganze Stunde lang mit Gehen zubrachte, und dennoch, wenn ich den Bogen gemacht hatte, wahrnahm, daß ich dadurch kaum um etliche hundert Schritte weit vorgerücket war. Des folgenden Tages eine Stunde nach Mittag gelangte ich dahin, sah aber zu meinem äußersten Schrecken, daß das Schiff die Insel bereits verlassen, und davon gesegelt war. Da ich so umher blickte, bemerkte ich eine zurückgelassene Kiste, die ich aber vor Betrübniß kaum des Anschauens Werth hielt, und stehen ließ. Ich warf mich im ersten Zorn auf die Erde, verfluchte mein Schicksal und meine Kameraden, und war darüber, daß sie mich im Stich gelassen hatten, so ergrimmet, daß ich in der ersten Wuth ganz sicher Feuer auf sie gegeben hätte, wenn sie mir begegnet wären; allein ich bedachte bald, daß mir dieses nichts nütze, und ich mich in mein Schicksal zu finden lernen müsse.

Nach=

Nachdem sich diese ersten aufbrausenden Bewegungen ganz geleget hatten, meldeten sich meine Bedürfnisse; ich empfand Hunger, und itzt eröffnete ich die Kiste, worin ich unter andern einen Zwieback und eine Flasche mit Rum fand, worüber ich mich auch sogleich hermachte, ob es mir gleich erst nicht recht zu Halse gehen wollte. Mehr aus Verzweiflung, als aus Durst, that ich einige starke Schlücke von diesem letzteren. Ich war so unvorsichtig gewesen, daß ich nicht einmal zuerst einen Bissen Zwieback zu mir genommen hatte. Da ich nun also noch ganz nüchtern war, that dieses starke Getränk in meinem Magen eine üble Wirkung, und dessen Geist stieg mir so stark in den Kopf, daß ich völlig davon berauschet wurde. In dieser Verrückung des Gehirns wurde ich wieder äußerst rasend, und wollte endlich meinen Zorn an der Kiste auslassen, die ich mir, entweder in Stücke zu hauen, oder in die See zu werfen vornahm; allein zum Glück fand ich sie nicht, so lange ich im Taumel war, und kam abseits in ein Gebüsche, wo ich endlich niederfiel, und einschlief.

Ich wachte nicht eher auf, als bis die Sonne hoch gestiegen war, und es war gut, daß es hier keine Tyger geben mochte, sonst würde ich ihnen gewiß zur Beute geworden seyn. — Itzt giengen nun meine Sorgen wieder an. Drei Tage brachte ich mit lauter Betrachtungen zu, bis ich zuletzt alles in den Wind schlug, und auf weiter zu denken beschloß. Ich fand in der Kiste ein großes gefülltes Pulverhorn, und einen Beutel mit Schrot und Kugeln,

geln, nebst einigen schon gemachten Musketenpatronen, und eine Pistole, welches ich bei meinen itzigen Umständen als ein großes Geschenk ansehen mußte, über dieses noch ein Grabscheid, Beil, Handsäge und einige Messer und Kleinigkeiten von Eisenwerk, welches ich nun unterzubringen trachten mußte.

Es war hier eine ausserordentliche Hitze, und die Sonne brannte so sehr, daß man des Tages beinahe Kopfschmerzen fühlte; und dennoch war kein Dach, keine Hütte für mich da; endlich aber fand ich einen kleinen Fels, welcher auf eine Entfernung zwoer Ankertauen von einem kleinen Gebüsche lag, das auf einem Hügel stand. Am Fuß desselben war eine geräumige Höhle, und ich gerieth auf den Gedanken, daß vormahls das Meer bis hieher gereichet, und dieses Loch von den Wellen ausgehöhlet worden seyn müsse, welches sehr wahrscheinlich war. Dahin brachte ich itzt meine Kiste, und erwählte mir zugleich diesen Ort zu meiner künftigen Wohnung. Da die Oeffnung gegen den Strand zu war, so hoffte ich, daß ich vielleicht einmal ein Schiff in der See erblicken würde, welches mich wieder befreien könnte.

Ich überlegte itzt, von was ich mich künftig ernähren würde, und gieng eines Tages eben an dem Strand spatzieren, als die Fluth vorüber war, und Ebbe wurde. Sie hatte eine große Menge Schalenfische, auch Krabben, Schildkröten, und dergleichen Seethiere zurück gelassen, wovon ich auch einige auflas, und nach Hause trug. Ich

M   nahm

nahm itzt die Pistole aus der Kiste, legte etwas
Schwamm und einige Körner Pulver auf die Pfan=
ne, da ich dann bei Losdrückung des Schlosses al=
sobald Feuer bekam, welches ich mit dürrem Hei=
degras vergrößerte, die Muscheln eröffnete, dar=
auf legte, und briet. Sie wären von vortreflichem
Geschmack gewesen; allein die nothwendigste Wür=
ze dazu gieng mir ab, nämlich Salz, welches mei=
ne Kameraden mir zu lassen vergessen hatten. Doch
ich gewöhnte mich in Kurzem dazu, weil ich mußte.
Indessen, da ich merkte, daß mein Zwieback ver=
derben wollte, aß ich mehr als anfänglich von dem=
selben, so daß er bereits ziemlich klein war. Der
Gedanke, daß mir diese Nothwendigkeit des mensch=
lichen Lebens bald abgehen würde, machte mich
sehr bekümmert, und ich gieng aus lauter Tiefsinn
einen Tag lang nicht aus der Hütte. Es war der
sechste meines Aufenthalts. Gegen Mittag erhob
sich der Wind sehr stark aus Nord=Westen, und bis
Abends entstand ein starker Sturm, vor welchen ich
doch unter meinem Felsen ganz sicher lag. Er hielt
nur zwei Tage an, und da ich des andern Morgens
an den Strand gieng, sah ich einen Balken auf dem
Sande liegen. Ich wußte nicht, was ich daraus
machen sollte, da es ein Trumm von einem Gebäu=
de war; allein da ich kein Schiff oder sonstiges An=
zeichen davon auf dem ganzen Strande entdeckte,
bekümmerte ich mich nicht weiter darum, und fiel
zuletzt sogar auf den Gedanken, daß es ein Uber=
bleibsel von den Materialien seyn könne, als wir
auf der ersteren Insel unser Schiff zerleget hatten,

und

und vermuthete, daß Fluth oder Sturm ihn ergriffen, und allenfalls hier angetrieben haben möchte.

Bisher hatte ich auf der Insel, ausser Fischen, sehr wenig lebendige Geschöpfe gesehen. Eines Morgens erweckte mich ein starkes Geschrei, daß ich in die Höhe fuhr. Es tönte nicht anders, als wenn eine Menge Menschen beisammen wären, die sich häßlich unter einander zankten, und ich erschrak nicht wenig darüber, da ich nicht wußte, was ich daraus machen sollte; doch wie ich hinaus blickte, sah ich den ganzen Strand mit Vögeln bedeckt, die den Kranichen nicht ungleich waren, und über die Schaalenfische herfielen, die sie mit ungemeiner Begierde verschlangen. Ich gedachte sogleich, ob ich nicht einiger derselben habhaft werden könnte, lud meine Flinte, und schlich auf sie zu: allein sie waren so scheu, daß sie alsobald aufstanden. Dennoch glückte es mir im Vorbeifliegen einen herab zu schiessen, den ich nach Hause trug, und, so gut ich konnte, zurichtete. Ich befand ihn zwar zur Noth genießbar, aber er hatte einen thranichten und etwas bittern Geschmack, weßwegen ich sehr wenig davon genoß.

Sie stellten sich alle Morgen und Abende wieder ein, so oft nämlich die Fluth zurück zu treten anfieng; allein ich wollte, da ich sie nicht sonderlich am Fleisch gefunden hatte, kein Pulver mehr darauf verwenden, und ließ sie gehen, wiewohl ihre Anzahl mit jedem Tage abnahm, und sich endlich gar keiner mehr sehen ließ.

Ich muthmaßte, daß es Strichvögel gewesen seyn müßten, fand aber bald, daß sie mir Schaden gethan hatten; denn der Strand war seit der Zeit von Fischen so leer, daß ich bisweilen kaum so viel zusammen lesen konnte, als ich zu meiner Sättigung brauchte. Dieser verdrüßliche Umstand nöthigte mich, mir eine andere Gegend aufzusuchen, wo ich mehr Nahrung fände, und dort sodann wieder eine Wohnung aufzuschlagen. Ich gieng daher einige Tage nachher um die Insel herum gegen Nordwesten zu. Kaum war ich eine Stunde Weges weit gekommen, so fiel mir dicht am Strand eine Erhöhung in die Augen, die mir Aufmerksamkeit verursachte. Ich war mit keinem Fernglase versehen, und mußte mich also bis zu meiner Annäherung gedulden. Als ich weiter hinzu kam, sah ich ganz deutlich ein Gebäude, an welchem etwas flatterte, als ob der Wind damit spielte, und endlich erkannte ich es für ein Schiff, an welchem noch einige Segel hiengen, welches aber fast ganz auf der Seite auf dem Strande lag.

In vollem Lauf eilte ich dahin, und blieb eine Weile erschrocken davor stehen. Es lag ganz auf dem Trockenen, und war geborsten, und zum Theil von der Hitze der Sonne zersprungen. Es brauchte nicht viel Mühe, es für dasjenige zu erkennen, auf welchem meine Kameraden davon gefahren waren, und ich sah mich aller Orten nach ihnen um; allein obgleich der Boden überall aus weichem Sand bestand, so konnte ich doch nirgends einen menschlichen Fußtritt gewahr werden. Ich erkannte daraus,

aus, daß es leer seyn müsse, und stieg in die Wand desselben. Die Thüren des Verdeckes waren alle offen, und ich begab mich in jede Abtheilung, wo ich alles unordentlich und untereinander geworfen fand. Endlich gieng ich in die Kajüte, und sah ein Papier an die Wand geheftet, worauf ich folgende Worte las:

Dieses Schiff, der Brillant, Seiner großbritanischen Majestät gehörig, seegelte gegen die Küste von Guiana; am dritten Dezember überfiel es ein Sturm, und wurde leck, die Mannschaft bestehend in einem Kapitain, vier Officiers und achtzig Matrosen, warf sich in die Boote, und überließ es, da es nicht mehr zu retten war, den Wellen. Gott möge uns gnädig seyn!

Dies überzeugte mich nun gänzlich in meiner Muthmaßung, und ich sah, daß niemand mehr bei demselben geblieben wäre. So sehr es mich auch dauerte, daß so viele Menschen unglücklich geworden waren, so hatte ich dennoch eine heimliche Freude, daß ich auf einmal allen meinen Bedürfnissen abgeholfen sähe, und betrachtete sogleich das Schiff mit seiner ganzen Ladung, als mein rechtmäßiges Eigenthum. Kiste für Kiste visitirte ich, und war gleich darauf bedacht, alles was ich fortbringen könnte, in Sicherheit zu schaffen; allein ich wußte in der ganzen Gegend keinen Platz dazu, weil ich sie noch nie besuchet hatte. Lange besann ich mich darüber, als ich endlich ein kleines Boot, welches ohngefähr sechs Fässer, und einige Mann tragen konnte, und auf dem Verdeck angebunden war,

war, ansichtig wurde. Dies brachte mich gleich auf den Gedanken, alles zu Wasser nach meiner Höhle zu schaffen, wozu ich auch gleich, ohne etwa noch länger zu säumen, schleunige Anstalt machte.

In dem Augenblicke, als ich eine Fracht laden wollte, fiel mir ein, daß ich vielleicht ganz unnütze Sachen nehmen möchte, mit welchen ich nun meine Wohnung anfüllen würde, und daß zuletzt, wenn ich an die nöthigern gedächte, mir leicht etwas dazwischen kommen könnte, was mich von der ferneren Transportirung abhielt. Ehe ich also dieses unternahm, beschloß ich ein ordentliches Inventarium aufzusetzen, und nach der Ordnung Ladung für Ladung zu wählen. Ich gieng also in die Kajüte, wo ich unter des Kapitains hinterlassenen Schriften einen Bleistift fand, welchen ich nebst einem Blatt wegnahm, und mich wieder damit in den Packbord und von Kammer zu Kammer begab. Nach einer genauen Durchsuchung fand ich unter andern folgende Sachen:

Vier kleine Kannen Eßig.
Zehn Fässer Zwieback.
Zwei Fässer mit Reis.
Eine Kiste mit Zucker.
Eine Kiste mit dürren Früchten.
Zwey Fässer Mehl.
Zwey Fässer Erbsen.
Eine Kiste mit Graupen.
Fünf Tonnen mit eingesalzenem Fleisch.
Sechs kleine Fässer Rum.
Ein Faß spanischen Wein.

Zwei

Zwei Päcke Leinwand.

Ein großes Pack Segeltuch.

Des Zimmermanns Kiste mit verschiedenem Werkzeug.

Verschiedene Knäule Bindfaden und Schnüre.

Des Kapitains Kisten, worin verschiedene Kleidungsstücke, und andere Nothwendigkeiten waren.

Vier Vogelflinten.

Zwei Paar Pistolen.

Ein kleines Fäßchen mit Schroot.

Vier Fäßchen mit feinem Pulver.

Zwanzig Fässer Stückpulver.

Ein Kistchen mit Flintenkugeln.

Verschiedene eiserne und kupferne Gefäße zum Kochen.

Zwölf Säbel.

Schnüre und Angeln zum Fischfang.

Eine Kiste mit mathematischen Instrumenten.

Einen Kompaß.

Eine Wanduhr.

Eine Kanne mit Oehl.

Zwei Kannen Schmalz;

Und noch viele dergleichen Sachen; wiewohl auch noch viele Kisten mit Gütern darauf standen, die ich nur obenhin untersuchte.

Sobald ich damit fertig war, band ich das Boot los, und ließ es mit einer Winde hinab, worauf ich es mit vieler Mühe nach dem Wasser schleppte, welches nicht weit davon entfernet war. Ob ich gleich eine Menge brauchbare Sachen vor-
han=

handen sah, wählte ich doch, wie gesagt, nur die allernothwendigsten zuerst, weil mir bekannt war, daß unter diesem Himmelsstriche zu gewisser Zeit des Jahres, die ich jedoch nicht genau zu bestimmen wußte, ein starker und langwieriger Regen einfiel, vor welchem ich mich sicher stellen wollte.

Ich brachte also gleich einige Tonnen und Kisten ins Boot, mit welchen ich auch ohne Anstoß bei meiner Höhle ankam, und sie dort auslud. Da ich blos mit dem Ruder gefahren, dieses aber theils zu beschwerlich war, theils zu langsam gieng, so machte ich von dem Segeltuch ein kleines dreieckichtes Segel, welches ich an eine Stange befestigte, und befand nachher die Fahrt weit vortheilhafter.

Dreimal fuhr ich des Tages dahin und wieder zurück, und barg so viel an Geräthschaften Proviant, Gewehr und Munition, daß ich viele Jahre daran genug gehabt hätte, und fast das ganze Schiff ausgeleeret war, bis auf eine Tonne Branntwein und die meisten Wassertonnen, die mir zu schwer waren. Meiner ersten Meinung nach hatte ich alle Sachen in Sicherheit gebracht; da ich aber Zeit zur Uiberlegung hatte, sah ich bald ein, daß sie schlechter aufgehoben waren, als wenn sie im Schiff geblieben wären, indem meine Höhle viel zu klein war, so viele Güter zu fassen, und ich sie meist unter freiem Himmel stehen lassen mußte. Ich fieng also an sie zu erweitern, und war darin anfangs ziemlich glücklich, weil die Masse des Felsen sehr weich war; bald aber kam ich auf eine kiesichte Stelle, die allen meinen Arbeiten Einhalt that.

Ich

Ich mußte nun also einen andern Platz dazu suchen, den ich deswegen leicht zu finden hoffte, weil ich bisher meines Erachtens nur erst einen geringen Theil dieser Insel durchstrichen, und denselben bei meiner üblen Laune kaum recht betrachtet hatte.

In dieser Absicht bedeckte ich die meist unter freiem Himmel stehende Ladung mit Brettern und Latten, worauf ich aber wegen der Sonnenhitze Sand und Erde schütten mußte, und unternahm eine Reise, mit dem Vorsatze, nicht eher wieder umzukehren, als bis ich jeden Winkel der Insel genau kennen gelernet hätte. Ich versah mich mit zwo Flinten, Pulver und Blei nebst Proviant, und gieng mit dem frühesten Morgen aus der Höhle.

Schon war ich vier englische Meilen weit, als mir einfiel, daß ich in der ersten Nacht meines Hierseyns an einen Fluß gekommen war, über welchen ich nicht setzen konnte. Ob ich gleich auf meinen Reisen ein sehr guter Schwimmer geworden, so war es mir doch nicht gelegen, mein Gewehr und Proviant durch das Wasser zu verderben, kehrte also auf der Stelle wieder um, und nahm mir vor, zur See zu gehen, und erst nach zurückgelegter Mündung dieses Flusses mich an Land zu begeben.

Es war noch lange nicht Mittag, als ich zurück kam, und war sehr verdrüßlich, daß ich diesen unnützen Marsch unternommen hatte. Ich setzte mich also in das Boot, und hatte den Vortheil, daß ich itzt einige Nothwendigkeiten mehr mit mir nehmen konnte, worunter auch ein großes Beil war. Obgleich der Wind eben nicht allzu vortheilhaft war,

und

und von der Küste her wehete, so kam ich doch geschwinder fort, als wenn ich zu Lande gegangen wäre; allein ich fuhr über zwo deutsche Meilen weit, ehe ich an die Mündung des Flusses kam, welcher ohngefähr dreißig Schuhe in der Breite hatte, woraus ich schliessen konnte, daß diese Insel von ziemlich weitläuftigem Umfange seyn müßte. Da ich sah, daß sein Lauf ausserordentlich langsam war, und mir das Rudern nicht schwer fallen würde, steuerte ich gerade hinein, und fuhr aufwärts. Er gieng durch lauter Gebüsche, die eben in der Blüthe standen, und einen angenehmen Geruch von sich gaben, der beinahe dem von den sogenannten Akazienbäumen gleich kam; wiewohl ich bald zwischen Waldungen gelangte, und, nachdem ich etwa fünf Viertelstunden weit gefahren war, einen sehr angenehmen kleinen Berg erreichte, an dessen Fuß ich ans Land stieß, und nachdem ich das Boot befestiget hatte, ausstieg.

Da ich ihn sehr bequem zum Gehen fand, so erreichte ich gar bald seine oberste Höhe, von welcher ich nun die ganze Insel übersehen konnte. Ich hatte hier die herrlichste Aussicht von der Welt, und konnte sie mit Recht romantisch nennen. Nirgends mehr war ein Berg von Beträchtlichkeit ausser diesem, und das Auge schweifte frei auf dem ganzen Lande und der See umher. Ich berechnete itzt, daß die Insel in ihrem ganzen Umfang wohl vier deutsche Meilen enthalten mochte. Sie war von einem Flusse, und fünf sichtbaren Bächen durchschnitten, und mit den reizendsten Wiesen und Waldungen

dungen besetzt, die aber nirgends groß schienen. Verschiedene Stunden brachte ich itzt mit dem Fernglase am Auge zu, allein ich entdeckte weder die geringste Hütte, noch sonst etwas, woraus ich sie für bewohnet hätte halten können. Es ist leicht zu erachten, daß ich sogleich an diesem Ort meine Niederlassung zu veranstalten beschloß, und ich gieng, nachdem ich mich an diesem herrlichen Anblicke genug geweidet hatte, wieder ins Boot, und schwamm den Fluß hinunter.

Der Abend begann schon herein zu brechen, als ich meine Höhle wieder erreichte, in der ich nunmehr mit größtem Widerwillen übernachtete. Voll Ungeduld erwartete ich den Morgen. Sobald es Tag war, lud ich von meinen Vorräthen so viel in das Boot, daß es nur einen Bord von einer queren Hand behielt, welches ich auch leicht thun konnte, weil die See ganz ruhig war, und ich nicht befürchten durfte, daß etwa eine Welle in solches schlagen möchte. Zudem war es nothwendig, da ich, wegen der Entfernung, diese Reise höchstens nur zweimal des Tages unternehmen konnte. Ich hatte das erstemal meist Holzwerk zur Erbauung einer Hütte geladen; aber gleich den ersten Tag sah ich meine unnütze Arbeit ein, indem von diesen Materialien noch eine Menge auf dem Schiffe war, die ich von da mit leichterer Mühe zu Stelle brachte.

Uiber einer ganz langsam aufwärts laufenden Höhe, von etwa vier Stockwerken, hieng ein Felsen über eine kleine Vertiefung; und diesen Platz wählte ich zu meiner Klause. Ob ich gleich meine

Sachen

Sachen mit etwas mehr Beschwerlichkeit dahin bringen mußte, so achtete ich solches dennoch nicht, und die Freude gab mir Kräfte, es auszuführen. Sobald ich meine Nothwendigkeiten beisammen hatte, fieng ich gleich den Bau an. Der Felsen machte mir bereits die Hinterwand, und den größten Theil des Daches; ich hatte also nur noch die Seitenwände herzustellen, mit denen es so sehr lange nicht hergieng. Ich machte sie aufwärts ganz schräg liegend, wodurch ich den Vortheil gewann, daß ich nicht nur mehreren Raum erhielt, sondern auch solche von aussen mit Erde überschütten konnte, wodurch solche von weitem ganz unkennbar wurde. Es waren bereits sechs volle Wochen über dieser Arbeit verflossen, ehe ich die meisten Sachen untergebracht hatte. Endlich fieng ich an zu ermüden, und ließ den Überrest der Sachen in meiner ersten Höhle, wo sie meines Erachtens sicher genug aufgehoben waren, bis zu einer andern Zeit liegen.

Nach so vielen Geschäften wollte ich mich nun auch wieder erquicken, und die Besichtigung meines Landes und eine Untersuchung seiner Gewächse vornehmen. Ich ersah mir also täglich einen gewissen Strich, den ich zu bereisen dachte, und gieng den ersten Tag gegen Norden. Obwohl es hin und wieder etwas unwegsam war, so traf ich doch keine bedeutende Beschwerlichkeiten an. Ich sah verschiedene Bäume mit Früchten, deren einige ich sehr schmackhaft befand, und die unsern deutschen Butterbirnen sehr gleich kamen; auch gab es hier eine Art von Kirschen, Kirbisse, wilden Sellerie und

Ar-

Artischocken. Am vierten Tage traf ich in einem Thale Zuckerrohr an, wovon ich mir sogleich etliche Stängel abschnitt, die ich mit nach Hause nahm, aber nicht so gut und süß befand, als ich mir vorgestellet hatte, welches wohl daher kommen mochte, weil es hier wild in die Höhe wuchs, und nicht die geringste Wartung hatte.

Da ich am fünften Tage früh wieder ausgehen wollte, wurde ich gewahr, daß sich der Himmel ganz getrübet hatte; und da ich Regen oder Sturm befürchtete, blieb ich diesmal zu Hause: allein es war den folgenden Tag eben so, und dauerte eine ganze Woche, ohne sich aufzuhellen. Plötzlich brach der Regen mit solcher Gewalt hervor, daß ganze Bäche über meinen Felsen herunter rauschten. Ich wollte aus der Hütte sehen; aber es war mir ganz unmöglich, einen Gegenstand, der weiter als hundert Schritte war, zu unterscheiden. Ich blieb also ruhig liegen, und pflegte mich, so gut ich konnte.

Es regnete zehn Wochen ohne Unterlaß; endlich setzte es bisweilen ganze Tage aus, und vierzehn Tage später hatte sich die nasse Witterung gänzlich verloren. Das Allerunangenehmste für mich in dieser Zeit war, ausser dem, daß ich wenig Beschäftigungen hatte, dieses, daß ich mich mit lauter Pöckelfleisch behelfen, und an den Rum halten mußte, indem ich keiner Fische, noch anderer Erfrischungen habhaft werden konnte.

Sobald ich also wieder aus konnte, begab ich mich nach meinem Boot; doch ich erschrack, da ich es nicht finden konnte; und als ich endlich den Baum,

an

an dem ich es befestiget hatte, mit sammt der Wurzel aus der Erde gerissen sah, verlor ich gleich alle Hoffnung, es jemals wieder zu bekommen. Es war dieser ein ausserordentlicher Verlust für mich, da ich den Strand verlassen hatte, und es reuete mich nunmehr, meine Wohnung so tief im Lande aufgeschlagen zu haben. Ich mußte also diesmal zu Fuß nach dem Strande wandern, wo ich Fische in Menge fand; allein das Nachhausetragen wurde mir so sauer, daß ich ziemlich alle Lust dazu verlor. Hiezu kam noch der üble Umstand, daß mir, da ich kein Fahrzeug hatte, der Weg zu meiner ersten Höhle abgeschnitten war. Und wenn ich auch hinüber schwimmen, und mir von den Uiberbleibseln des Schiffes, welches noch in seiner alten Lage war, ein anderes hätte zurecht machen wollen, so setzte es wieder viele Schwierigkeiten, das dazu erforderliche Werkzeug fortzubringen. Ich mußte mich also nur noch auf diese Seite der Insel einschränken.

Da ich so lange in der Wohnung hatte bleiben müssen, so genoß ich itzt die schöne Witterung, so viel ich konnte, und ließ selten einen Tag vorbei streichen, ohne mich im Freyen umzusehen. Gleich in den ersten Tagen dieses neuen Sommers machte ich eine Entdeckung, die mir um so angenehmer war, da ich sie nicht erwartet hatte.

Ich gieng nämlich einmal mit einer Flinte durch den Wald, **und** sah eine Strecke vor mir einige vierfüßige Thiere, die auf dem Grase einer Waldwiese weideten. Da ich gleich vermuthete, daß ihnen meine Gesellschaft nicht angenehm seyn würde, so

suchte

suchte ich mich in aller Stille an sie zu schleichen. Der Wind gieng mir eben entgegen, und also vortheilhaft, und ich kam so nahe an sie, daß ich sie für Ochsen erkannte, die aber nur die Größe eines jährigen europäischen Kalbes hatten.

Ich betrachtete sie eine Weile, und da sie sich nicht stören liessen, rückte ich ihnen immer näher. Plötzlich knackte ein Geäste unter meinen Füssen, worüber sie aufmerksam wurden, und die Köpfe in die Höhe warfen. Ich stand lange Zeit still, ohne mich zu rühren; allein sie wollten nicht mehr trauen, und giengen endlich in ganz langsamem Schritt dem Gebüsche zu. Ob sie gleich nur etwa auf vierzig Schritte vor mir vorüber zogen, so gab ich doch nicht Feuer, ungeachtet mir ein Stück frisches Rindfleisch sehr angenehm gewesen wäre, weil ich blos mit mittelmäßigem Schroot geladen hatte, und nicht gern eines anschiessen wollte, als welches mich nichts genützet, die Thiere hingegen für ein anderesmal nur desto scheuer gemachet hätte. Dennoch war mir diese Entdeckung sehr lieb, indem ich nunmehr wußte, daß eine Art von Wildprät auf diesem Eilande war, und ich hoffte, daß ich mir in Zukunft leicht einiges würde verschaffen können.

Dennoch war ich diesen Tag noch glücklich, und erblickte einige Wasservögel, die über mich weg zogen. Durch Hülfe meines Fernglases sah ich, daß sie an der westlichen Seite meiner Landeshälfte sich ins Meer ließen, und gieng ihnen eilends nach. Da ich hin kam, sah ich eine Menge solchen Geflügels am Strande herum schwimmen; allein ich schoß nur zwei davon, die aber verschieden waren; das eine war nämlich ein Taucher, das andere aber eine sehr große Schnepfe. Es hinderten mich andere Vögel an dieser Jagd, nämlich auf dem Lande stand eine große Heerde sogenannte Strandgänse, deren ich fünf erlegte.

Diese Thiere sind ausserordentlich dumm, und bleiben so lange stehen, bis man nach ihnen schlagen will. Erst dann machen sie Anstalt zur Flucht; allein es ist nichts leichter, als ihnen einen Prügel nachzuwerfen, und sie so zu tödten. Ich nännte sie wegen ihrer Gelassenheit Philosophen, und glaubte, daß ihnen dieser Name am besten anstehen würde. Ich hatte thöricht gehandelt, daß ich ihrer fünf erschlagen hatte; denn sie waren so schwer, daß ich nur drei Stück, nebst meinen zwei andern Vögeln, und diese nur mit größter Mühe nach Hause bringen konnte.

Sobald ich sie abgeladen hatte, machte ich mich wieder fort, auch die übrigen zu holen; da ich aber ziemlich weit zu gehen hatte, und erst Nachmittags dahin kam, fand ich, daß sie von der Sonnenhitze so verdorben waren, daß ich mich nicht entschliessen konnte, sie aufzuheben. Da sie sehr viel Fett hatten, so war dieses völlig aufgeschmolzen, und triefte von allen Seiten aus den Federn, und ich würde mich sehr übel damit zugerichtet haben, wenn ich sie hätte tragen wollen; zudem hatten sie auch bereits einen üblen Geruch angenommen, und es saß ein unglaubliches Heer von großen Fliegen und Mücken darauf, die ich nicht gern nach meiner

ner Wohnung bringen wollte. Die Philosophen schwammen itzt alle auf dem Meere herum, bis auf einen einzigen, den ich noch am Strande erblickte, und auch sogleich todt schlug, und mitnahm.

Der hintere Theil meiner Hütte war so kühl, daß ich nicht befürchten durfte, es möchte mir etwas so bald verderben, und ich hätte es wenigstens vier Tage frisch aufbehalten können; aber mein Appetit nach einer solchen Erfrischung war so groß, daß ich gleich Feuer machte, und einen Philosophen zu braten anfieng. Ich hatte ihn noch nicht lange über dem Feuer, so lief er auf wie eine Pauke, bald aber zerplatzte er an einigen Orten, und das Fett rann so stark herunter, daß ich vier Maaß desselben in einem Geschirr aufsammeln konnte. Da ich ihn vom Spieß nahm, und mich darüber her machte, fand ich ihn zwar von öhlichtem Geschmacke, und etwas zäh, dennoch aber genießbar. Hingegen war die Schnepfe, die die Größe eines starken Huhnes hatte, ein solcher Leckerbissen, dergleichen ich mich fast nicht erinnern konnte, jemals gegessen zu haben, und ich stillte meinen Appetit vollkommen daran.

Den Taucher ließ ich bis den andern Tag; allein, ob ich gleich die ganze Haut von ihm herab zog, so war doch sein Fleisch so bitter, daß ich es wegwerfen mußte, und auf das Künftige als unbrauchbar erklärte.

Ich setzte meine Spaziergänge von dieser Zeit an ununterbrochen fort, bis eines Tages, da ich von einem Fische gegessen hatte, welcher mir übel

N bekam

bekam, und einiges Erbrechen verursachte, weswegen ich zween ganzer Tage zu Hause bleiben mußte. Ich machte itzt allerlei Betrachtungen, und studirte, wie ich schon öfters gethan, zu welchem Theile von Amerika wohl diese Insel gehören müsse; allein ungeachtet ich die Seecharte ziemlich verstand, deren ich etliche auf dem Schiffe gefunden, und mit mir genommen, so konnte ich dennoch nichts gewisses bestimmen; doch schloß ich aus dem gefundenen Zuckerrohr, daß die Brasilianische Küste nicht sehr weit mehr von hier entfernet seyn müsse, und diese Insel wahrscheinlich dazu gehöre.

Ob dieses gleich nur Muthmaßungen waren, so fühlte ich doch eine innerliche Freude bey diesem Gedanken, indem ich wußte, daß die Portugiesen einen starken Handel dahin trieben, und hoffte, daß vielleicht doch einmal ein Schiff hier vorbei segeln, und mich aufnehmen würde.

Ich war mit den besten Ferngläsern vom Schiffe versehen, und sah, so oft ich Muße hatte, auf die See hinaus, ob ich nichts erblickte; allein ich hoffte vergebens, und Himmel und Wasser war immer das einzige, was mir in die Augen fiel, wiewohl ich von meinem Hügel mit Hülfe des Glases allenthalben auf mehr als zehen Seemeilen weit hinaus reichen konnte. Besonders war dieses meine erste Beschäftigung, wenn ich des Morgens aufgestanden war. Eines Tages, da ich eben damit fertig war, und wieder in meine Hütte gehen wollte, that ich noch einige Blicke auf die Insel, und glaubte zu bemerken, daß sich auf der westlichen

chen Seite etwas bewege. Es fiel mir nicht schwer, alsobald zu entdecken, daß es Wilde waren, die beisammen saßen, und eben begriffen schienen, sich Feuer zu machen. Ich sah auch bald darauf Rauch aufgehen, und vermuthete, daß sie sich etwas braten würden.

Es waren ihrer sechs. Ich erschrack so sehr über diese Entdeckung, daß ich am ganzen Leibe zitterte, noch mehr aber, als ich ganz deutlich sah, daß sie über einen Menschen her waren, welchen sie mit Werkzeugen, die ich nicht unterscheiden konnte, zertrennten, und stückweise ins Feuer legten. Kurz darauf nahmen sie die Glieder heraus, und verzehrten solche mit dem größten Appetit. Sie blieben nur noch etliche Stunden auf der Insel, nach welcher Zeit sie sich wieder in ihr Boot setzten, und davon ruderten. Ich sah ihnen mit dem Fernglase nach, so weit ich konnte, bis sie sich ganz aus meinen Augen verloren. Ihre Richtung war gegen Westen, und da sie kein Segel führten, vermuthete ich, daß sie nicht sehr weit nach Hause haben, und auf einer nahen Insel, oder festem Lande, wohnen müßten. Sie kamen indessen ziemlich geschwind von der Stelle, indem jeder von ihnen ein Ruder führte, und mit größter Gewalt anzog.

Ob ich gleich vermuthen konnte, daß dieses das einzige Boot gewesen sey, welches auf der Insel gelandet hatte, indem, wenn mehrere da gewesen wären, sie in Gesellschaft davon gefahren seyn würden, so getrauete ich mich dennoch diesen Tag über nicht mehr vor die Hütte, und hielt mich sorgfältig verborgen. Ich sah ein, daß, wenn ich unglücklicher Weise in ihre Hände fallen sollte, mein Schicksal das nämliche seyn würde, und stellte mir ihre Mahlzeit von meinem Fleische so lebhaft vor, daß ich gleichsam schon ihre Zähne an mir nagen fühlte, worüber mir die Haare zu Berge stiegen.

Kaum hatte sich die Wirkung des ersten Schreckens in etwas gelegt, so trat die Vernunft an seine Stelle, und ich machte ganz andere Betrachtungen. Ich bedachte nämlich, daß mir der Schöpfer allein mein Schicksal bestimmen könne, und wenn ich einmal sterben sollte, ich mich auch vor der Art des Todes weniger entsetzen müsse. Zudem sey es unmöglich, mich beständig in der Hütte verborgen zu halten, indem es mir bald an den nothwendigen Nahrungsmitteln gebrechen würde. Nach reifer Überlegung alles dessen nahm ich mir vor, des andern Morgens einen Gang zu der Brandstätte zu unternehmen, um mich von allem dem, was ich gesehen, genauer zu überzeugen.

Bei aller meiner angenommenen Standhaftigkeit konnte ich doch die ganze Nacht über kein Auge zuthun, und die grauenvolle Begebenheit schwebte immer vor mir, bis der Tag anbrach, und ich mich von meinem schlaflosen Lager aufraffte. Ich lud itzt zwo meiner besten Flinten, die ich über die Schulter hieng, steckte ein Paar Pistolen in den Gürtel, und wählte statt des Seitengewehrs ein breites Zimmermannsbeil, mit welchen Waffen ich mich wohl einem Dutzend dieser wilden Unmenschen die Spitze zu bieten getrauete. So trat ich nunmehr

mehr meinen Marsch an, wobei ich mich, aus Vorsicht, nicht etwa überfallen zu werden, von Zeit zu Zeit umsah, und endlich ohne Anstoß an dem bemeldeten Ort anlangte.

Ich kann mich nicht anders, als mit Ekel, an jenen entsetzungsvollen und gräulichen Anblick erinnern. Ich sah noch einen Kopf, von welchem beide Backen abgefressen waren, und am Halse Gurgel und Schlund von Fleisch entblößt herunter hiengen, und noch bluteten. Arme und Füße lagen gleichfalls zernagt da, und man sah die nackichten Röhren, wovon die Flechsen mit Gewalt ausgedehnet waren, und so sah das ganze übrige Gerippe aus. Mit Schaudern betrachtete ich dies alles eine Weile; endlich aber machte ich mit dem Beil ein tiefes Loch in den Sand, und verscharrte diese traurigen Uiberbleibsel, wobei ich mich für Ekel beinahe erbrechen mußte.

Ob es mir gleich an Erfrischungen fehlte, so war ich diesen Tag doch nicht im Stande, mich nach etwas umzusehen, weil mir aller Appetit gänzlich vergangen war, sondern kehrte mit niedergeschlagenem Herzen nach meiner Wohnung zurück, wo ich mich nunmehr mit allerhand Entwürfen beschäftigte, wie ich mich gegen den Anfall dieser Barbaren in Sicherheit setzen wolle. Der erste war, mich in meiner Hütte zu befestigen; aber ich verwarf ihn eben so bald wieder, als ich ihn ausgedacht hatte, indem ich überlegte, daß eine solche Unternehmung schlechterdings unnütz, und für die

Hän-

Hände eines einzigen Menschen viel zu beschwerlich seyn würde.

Ich fiel endlich auf ein Mittel, das meinen Umständen weit angemessener war, nämlich mir einen heimlichen Ausgang aus meiner Wohnung zu bauen, durch welchen ich allenfalls die Flucht in die nahen Wälder ergreifen könnte. Ich untersuchte also das Erdreich von meiner Wohnung abwärts, und da ich fand, daß es sich bearbeiten ließ, fieng ich des andern Tages einen tiefen Graben an, den ich gegen den Fuß des Berges zu in schräger Richtung führte.

Es war dieses eine außerordentlich schwere Arbeit, da der Boden sehr ausgetrocknet war, und ich hatte gegen drei Monate damit zu thun, bis sie vollendet war. Der Gang fieng sich in dem dunkelsten Winkel meiner Hütte an, und endigte sich in einem hohlen vom Wasser ausgerissenen Thale, durch welches ich, ohne auf der Fläche im geringsten bemerket zu werden, in ein daran stoßendes dichtes und dornichtes Gebüsch kommen konnte. Zuletzt bedeckte ich meine Approche mit Aesten dicht neben einander, und breitete die ausgeworfene Erde darüber.

Ich schlief nun seit der Verfertigung dieses Grabens viel ruhiger, als zuvor. Gesetzt auch, dachte ich, die Wilden verfolgen mich bis in meine Hütte, oder greifen mich gar in selber an, so bleibt mir immer noch die Ausflucht durch meinen bedeckten Weg übrig, in welchen sie nicht wissen können, wer etwa darin verborgen stecken möchte. Um ihnen

nen aber das Nachsetzen noch mehr zu verbittern, legte ich in die Mitte desselben ein Fäßchen Pulver, an welches ich einen Schwefelfaden machte, um es im Falle der Noth hinter mir anstecken zu können.

Dieses Graben war indessen, auch ohne den Anfall der Wilden, nicht ohne Nutzen für mich, indem es mir einen Einfall an die Hand gab, an welchen ich vielleicht sonst nie würde gedacht haben. Von meinem Zwieback nämlich, waren nur noch wenige Stücke brauchbar; die übrigen waren alle schimmlicht und schmacklos geworden. Ich sah nun ein, daß ich in Kurzem an Bord Mangel leiden würde, ohne zu wissen, wie ich ihn ersetzen sollte. Das Beste, was ich noch hatte, war eine Kiste Reis, etwas Erbsen, Linsen, Bohnen und türkischer Weizen. Ich dachte sogleich daran, ob ich nicht ein Stück Land umgraben, und mir einen Acker anlegen könnte, und wählte mir dazu einen Platz in der Tiefe, am Fuß meines Berges. Ich fieng sogleich an umzugraben; allein da es natürlich wieder mit dem Grabscheid geschehen mußte, und also sehr langsam gieng, sah ich ein, daß ich vielleicht kaum in sechs Wochen damit fertig seyn würde. Da nun die Sommerszeit oder Trockene bereits über die Hälfte verflossen war, würde es mir nichts genützet haben, indem es alsdenn im Regen verfaulet wäre. Zudem hätte ich in so kurzer Zeit, als ich hätte arbeiten müssen, wenn ich noch hätte erndten wollen, nie so viel anbauen können, als

ich

ich zu meiner Nothdurft, bis wieder zur neuen Erndte benöthiget gewesen wäre.

Glücklicherweise dachte ich itzt wieder an die Ochsen, die ich einst auf der Insel gesehen hatte, und nahm mir vor, nicht eher zu ruhen, als bis ich einen davon in meine Gewalt bekäme. Da sie mir sehr wild geschienen hatten, so wußte ich lau nicht, wie ich dieses anstellen sollte, bis mir endlich einfiel, in jener Gegend, wo ich ihren Aus- und Eingang vermuthete, Schlingen zu legen. Ich nahm also einige starke Schnüre von der Dicke eines kleinen Fingers, steckte etwas Proviant und Rum in meine Tasche, und gieng mit Tages Anbruch auf die Jagd, in dem festen Vorsatz, nicht eher wieder zurück zu kehren, als bis ich mein Vorhaben ausgeführet hätte.

Ich fand die Thiere diesesmal nicht auf dem nämlichen Fleck, und durchstrich den ganzen Wald vergebens. Endlich, da ich das Ende desselben erreichte, sah ich sie in der Ferne, gegen den Strand zu, herum spazieren, wo sie zuweilen still standen, bald aber mit gesenkten Hörnern auf einander losgiengen, und verschiedene lustige Kapriolen machten. Es war diesesmal eine Heerde von mehr als zwanzig Stücken bei einander.

Ich sah ihnen eine Weile zu; dann aber suchte ich die Spur; und da der Boden weich war, erkannte ich gar bald den Ort, wo sie im Walde hin und wieder zu wechseln pflegten. Ich befestigte also meine Schlingen, so weit sie reichten, an verschiedenen Stellen. Als ich damit fertig war,
nahm

nahm ich einen großen Umweg, um die Thiere gegen den Wald zu treiben. Ich mußte die größte Behutsamkeit anwenden, sie ganz zwischen mich und dem Wald zu bringen. Es gelang mir mit vieler Mühe, und sobald sie meiner ansichtig wurden, rannten sie wie Pfeile davon, und gerade auf meine Schlingen zu, worin sich auch zwei Stücke fiengen.

Sie waren beide Ochsen, und bezeigten sich, da ich mich näherte, so wild, daß ich alle Mühe hatte, denn einen davon zu lösen, und ihm eine eine Art von Zaum an den Kopf zu legen, die Füße aber übers Kreuz zu binden, worauf ich ihn an einen Baum befestigte, daß er sich nicht mehr losmachen konnte. Nunmehr begab ich mich nach dem andern hin; allein er hatte sich, da er am Hals gefangen war, währender Zeit erwürgt, und machte nur noch einige Bewegungen mit den Füßen. Ich gab ihm izt mit dem Messer einen Schnitt in die Kehle, und ließ ihn vollends verbluten und liegen.

Mein lebendiger Ochse stand indessen ganz still; sobald ich ihm aber wieder näher kam, wurde er aufs neue toll, und gieng in größtem Grimm mit gesenkten Hörnern auf mich los, so, daß er mich gewiß übel zugerichtet haben würde, wenn er frei gewesen wäre. Da ich sah, daß ich ihm nicht trauen durfte, wagte ich es auch nicht, ihn zu lösen, und dachte, daß es besser seyn würde, ihn erst auf diesem Flecke zahmer zu machen. Ich überlegte, daß dieses nicht leichter, als durch Hunger geschehen könnte, ließ ihn also hängen; und da ich

den

den todten wegen seiner Schwere nicht ganz fortbringen konnte, so zerschnitt ich ihn, und trug ein Viertel davon in meine Hütte, wovon ich gleich ein Stück zum Feuer setzte, und sott. Das Fleisch war von den Europäischen Ochsen darin unterschieden, daß es etwas roth, und wildprätähnlich war, sonst aber von gutem Geschmack, und ich delektirte mich nicht wenig daran.

Ich brachte diesen Tag alles nach Hause, welches ich, damit ich es länger möchte geniessen können, in einer Tonne einsalzte. Der Gefangene machte noch immer die tollesten Anstrengungen, so oft ich mich blicken ließ. Da ich nun in Sorgen war, daß er sich etwa bei der Nacht abarbeiten möchte, so suchte ich ihm noch eine Schlinge an einen Hinterfuß zu legen, welches ich, seines vielen Ausschlagens und geschwinden Wendens ohngeachtet, dennoch zu Stande brachte, und befestigte ihn damit an einem andern Baume, wodurch er vollends alle Macht zu ferneren Schnellungen verlor, und auf der Stelle still stehen mußte. Der Boden unter ihm war ganz unfruchtbar, indem er puren Sand hatte, und ich ließ ihn vier Tage hungern, ehe ich ihm etwas Gras anboth, welches er mir nunmehr mit vieler Gelassenheit aus der Hand nahm. Da ich sah, daß er sehr abgemattet und zahm war, band ich ihn los, und brachte ihn ohne sonderliche Mühe nach Hause, wo ich ihm eine Stallung bauete, und ihn in Kurzem so zahm machte, daß er mir wie ein Hund nachgieng.

Die=

Ich habe schon erwähnet, daß die hiesigen Ochsen nur die Größe eines jährigen europäischen Kalbes hatten. Dieser war noch nicht völlig so groß, aber von sehr starken Knochen, und kurzen Füssen. Er hatte einen dicken Kopf, kleine funkelnde Augen, und ein aufgeworfenes Obermaul, wie ein Schweinrüssel, einen langen Bart am Untermaul, auf beiden Seiten einen Backenbart, zusammen gerollte rückwärts liegende Hörner, und einen ganz kurzen Schweif. Seine Farbe war gelblicht mit braunen Streifen, das Haar aber durchaus so glatt, und weich wie die schönste Seide. Ich verfertigte ihm nunmehr von Seegeltuch und Tauen ein Geschirr, und eine Art von Pflug, und gewöhnte ihn sehr bald zum Ziehen, so daß ich ein ziemliches Stück Acker umarbeiten konnte, welches ich auch besäete.

Da die Menge meiner Getreidearten nicht groß war, so säete ich von jeder über die Hälfte aus. Meinen Acker hatte ich, wohlbedacht, nicht nahe an meiner Wohnung genommen, sondern mir einen Fleck dazu ausersehen, welcher über eine halbe Stunde weit entlegen, dennoch aber in meiner Gegend war, die ich ganz übersehen konnte. Ich that dieses aus der Ursache, weil ich befürchtete, es möchten einmal wieder Wilde landen, und solche entdecken, wodurch dann auch ich hätte verrathen werden können. Noch vor Verlauf von sechs Wochen war das Getreide reif, und ich erndtete so viel ein, daß ich, wenn auch ein Jahr Miswachs gewesen wäre, dennoch ausgereichet haben würde. Ich hatte es kaum unter Dach gebracht, so stellte sich

sich die Regenzeit wieder ein, die mir manche traurige Stunde verursachte, da ich zu dieser Zeit nicht einmal vor die Thüre gehen konnte.

Indessen wußte ich mir dennoch die Zeit zu verkürzen. Ich machte mir nemlich einen Dreschflegel zurechte, womit ich mein Getreide aus den Aehren schlug, welches ich sodann mit einer Schaufel warf, damit sich die Spreu davon absonderte, die ich zuletzt durch einen Reuter siebte. Alle diese Körner heb ich mir sodann in Säcken auf, die ich von Segeltuch zusammen genähet hatte. Ich sehnte mich so sehr nach frischem Brod, daß ich auf allerhand Mittel sann, das Getreide zu Mehl zu bereiten, indem ich, da weder Mühlstein noch Mühle vorhanden war, diesen Mangel auf eine geschickte Art zu ersetzen suchen mußte. Ich gedachte demnach, daß es am besten durch Reibung zwischen zwei Steinen geschehen könnte, und da ich auf der Insel verschiedene flache Sandsteine gesehen hatte, beschloß ich einen Versuch damit zu machen, sobald die Regenzeit vorüber seyn würde; während derselben aber stampfte ich es auf eine sehr mühsame Art in einem eisernen Kastrol, welches sich, weil die Körner noch nicht sehr hart waren, zur Noth thun ließ.

Sobald ich etwa sechs gedoppelte Hände voll Mehl beisammen hatte, machte ich es mit Wasser zu einem Teig, und verfertigte einige Brode daraus, die ich in eben diesem Kastrol buk, indem ich es auf die Seite legte, und um und um ein gelindes Feuer machte; allein diese erste Probe fiel nicht eben zum besten aus, indem ich nur die obere

und

und untere Rinde **brauchen konnte**, die Krume oder das Inwendige aber sitzen geblieben, und ein Teigbatzen geworden war, welchen ich meinem Ochsen zu fressen gab, der es sich auch sehr gut schmecken ließ.

Glücklicher war ich mit dem Reis, aus welchem ich breite Kuchen machte, die, wenn sie einige Tage alt wurden, unvergleichlich zu essen waren, (ich meine in demjenigen Sinn, den man von einem einsamen verschlagenen Insulaner annehmen kann, welcher weder das Bäckenhandwerk gelernet hatte, noch mit dem dazu gehörigen Werkzeug versehen ware.) Inzwischen labte ich mich an meinem aufgesparten Rindfleisch, wovon ich mir wechselsweise bisweilen ein Stück zubereitete, und schmauste; und es war ein Glück für mich, daß ich damit versehen war, indem ich über meinem Feldbau ganz aus der Acht gelassen hatte, mir diesesmal vor der Regenzeit etwas von Geflügel zusammen zu sammeln, und in meine Wohnung zu bringen.

Eine einzige Unbequemlichkeit hatte ich diesesmal. Die Stallung meines Ochsen war um einige hundert Schritte von der Wohnung entfernet. Da nun wegen dem anhaltenden Regen der Pfad dahin sehr mühsam, und fast ungangbar wurde, ich ihn aber der Fütterung wegen täglich hätte machen müssen, so zog ich ihn gleich am ersten Tage in meine Hütte, wo er mir viele Unsauberkeit machte; allein ich achtete es doch nicht sehr, indem er ein gar gutes Thier wurde, und mich mit seinem ganz besonderen Brummen, welches er stoßweise that, und sehr angenehm zu hören war, oft aufmunterte und erlustigte. Wir lagen des Nachts meistens nebeneinander, ohne daß ich mich vor ihm im geringsten mehr hätte scheuen dürfen, und wenn mich irgend ein abergläubischer Europäer in dieser Gesellschaft gefunden hätte, würde er mich ohne Zweifel für den Geist des Evangelisten gehalten haben. Sein gewöhnliches Futter war Stroh, wovon er aber in einer Mahlzeit kaum eine starke Hand voll verzehrte, und also ganz leicht zu erhalten war, wiewohl ich ihm auch zu Zeiten etwas weniges Körner gab, die er eben nicht verschmähete, und wornach er sich gegen eine halbe Stunde das Maul leckte.

Sobald die Regenzeit vorüber war, führte ich ihn wieder in seine erstere Stallung; da aber allenthalben das Gras grünete, so band ich ihn unter Tages gemeiniglich mit einer langen Leine bei den Hörnern an einem Baum, um welchen er grasen konnte, und wechselte so täglich mit einem frischen Fleck ab. Alle meine übrigen gewohnten Arbeiten fieng ich gleich alls wieder an. Nach Ablauf der Fluth begab ich mich öfters an den Strand, wo ich wieder Schaalenfische erhielt, und nicht selten einiges sehr gutes Federwildprät in meine Hände bekam.

Da bei meinem ersteren Säen der Boden schon etwas trocken war, so verzog ich itzt nicht lange damit, um meinem Vieh nicht so weh zu thun, und bestellte den Acker bei Zeiten, ehe er alle Feuchtigkeit verlor. Ich hatte das angenehme Vergnügen, daß er in fünf Wochen schon in vollem

Flor

Flor stand, und ich mit nächstem den Anfang mit Schneiden machen wollte; aber diesmal war ich nicht so glücklich damit, und eines Morgens, als ich aus der Hütte blickte, sah ich alles darin lebendig. Es hatten sich nämlich die Kraniche wieder eingestellet, und belieben lassen, sich darin lustig zu machen. Ich wurde darüber so aufgebracht, daß ich gleich zwei Flinten mit kleinen Laufkugeln lud, und sie hinterschlich, war auch so glücklich, daß ich, als ich in den dicksten Haufen schoß, mit der ersten ihrer sechs erlegte, worauf sie mit großem Geschrei in die Höhe flogen, da ich den mit dem zweiten Schuß noch drei herunter hob. Es war nur Schade, daß sie, wie gesagt, von keinem bessern Geschmack waren, und ich, weil ich anderes Geflügel bekommen konnte, sie liegen lassen mußte. Ohngeachtet ich sie so gut ausgezahlet hatte, und sie sehr scheu waren, so kamen sie doch verschiedene Tage wieder, wenn sie sich sicher glaubten. Da es mir nun beschwerlich fiel, immer bei meinem Getreide zu wachen, so verfiel ich auf ein anderes Mittel; nemlich ich steckte etliche Stangen dabei auf, an deren jede ich einen von den getödteten bei den Füßen aufhieng. Dieses that die gewünschte Wirkung, daß sie sich von der Stunde an nicht mehr sehen ließen. Indessen war doch der Schade, welchen sie mir zugefügt hatten, sehr beträchtlich, indem sie das Getreide sehr verwirret und niedergetreten, auch manche Aehre abgefressen hatten.

In Kurzem machte ich noch eine sehr angenehme Entdeckung. Ich kam nämlich eines Tages

weiter

weiter als gewöhnlich gegen die westliche Seite der Insel, wo ich eine ganz unglaubliche Menge Schildkröten am Strande antraf. Sie waren alle in voller Bewegung, und einer Art von Geschäftigkeit begriffen, welche mich bewog, mich eine Strecke davon hinter einen Baum zu verbergen, und ihnen zuzusehen; allein ich nahm nichts wahr, als blos, daß wenn sie eine Weile gesessen hatten, sie hierauf im Sande scharrten, und sich dann wieder ins Wasser begaben. Ich gieng nun, mich zu belehren, näher hinzu; demohngeachtet ließen sie sich nicht im geringsten scheu machen, und ich sah ganz deutlich, daß sie Eyer legten, welche sie also im Sand verbargen, und zwar in solcher Menge, daß ich kaum einen Schritt thun konnte, ohne auf ihre Geburt zu treten. Ich nahm mir nun, so viel ich fortzubringen vermochte, und begab mich damit nach Hause, wo ich sie nach meiner Art zurichtete, und fand, daß es ein unvergleichlich schmeckender Bissen war. Ich fieng auch einige alte Schildkröten; aber sie waren um diese Zeit sehr mager, und hatten einen widerlichen Geschmack, daher ich mich nachher blos an die Eyer hielt, die ich täglich heim suchte. Allein diese Freude währte nicht lange, indem die Jungen bald einkrochen, worauf ich dann einen Eckel davor empfand, und mich nicht ferner darnach umsah.

Diese Thiere waren hier ziemlich häufig, und von besonderer Größe, indem die größten wohl gegen sechzig Pfund wiegen mochten. Ich trat einst einer alten Schildkröte mit dem Fuß auf den Rücken,

cken, da sie eben beschäftiget war, ihre Eyer zu legen; demohngeachtet kehrte sie sich nicht im mindesten daran, sondern blieb bei ihrer Arbeit, ohne von der Stelle zu weichen; woraus ich dann schloß, daß sie zu dieser Zeit weder sehen noch hören, und also ganz unfühlbar seyn müßten. Nachher bekam ich selten mehr eine zu sehen, und noch seltener gelang es mir, eine zu fangen, weil sie sich meistentheils auf einem in einiger Entfernung vom Strande gelegenen Riefe aufhielten, ich aber mit keinem Fahrzeuge versehen war, um bis zu ihnen zu gelangen; wiewohl ich ihrer auch eben nicht sonderlich achtete, da ich andere Lebensmittel hatte.

Da ich nunmehr mit meinem Hauswesen so ziemlich eingerichtet war, so wünschte ich mir auch einige Bequemlichkeit. Ich hatte mich bisher statt der Stühle und Tische mit leeren Kisten beholfen; auf einmal aber fiel es mir ein, daß ich mir einige solcher Nothwendigkeiten machen wollte; wozu es mir jedoch an verschiedenen Instrumenten fehlte, die noch auf dem Schiffe geblieben waren, und auch zum Theil in meiner alten Wohnung lagen. So sehr ich mir auch solche herbei zu schaffen gewünschet hätte, so sah ich doch ein, daß es sich ohne ein gutes Boot nicht leicht unternehmen ließ; ich entschloß mich also plötzlich, eines, so gut ich könnte, zusammen zu zimmern, als welches das einzige Mittel war, wodurch ich zugleich eine bequeme Kommunikation mit der andern Seite der Insel wieder herstellen konnte. Ich hatte noch einige sehr gute Balken und Breter, und legte solche gleich auf den

Werft,

Werft, und fieng mit allem Fleiß daran zu arbeiten an. Mit unglaublicher Mühe fügte ich den Boden zusammen, und eben so schwer wurde es mir einen Bord darauf zu richten, und ich wußte lange nicht, wie ich es angreifen sollte; aber die Noth lehret alles.

Nach hundert vergeblichen Versuchen gelang es mir endlich, daß ich es bis zum Verstopfen und Theeren zu Stande brachte. Moos und alte Tauen hatte ich wohl genug zum zerzupfen, aber Theer, als das Allernothwendigste, gieng mir dazu ab, und dieses lag gleichfalls noch auf dem Schiffe. Um diesem Mangel abzuhelfen, mußte ich mich endlich doch bequemen, über den Fluß zu schwimmen, und mir etwas zu holen. Ich stellte es gleich den folgenden Morgen ins Werk, und kam glücklich hinüber, da ich dann an das Schiff gieng, und nachsuchte.

Wegen seines starken Geruches fand ich es bald. Es standen davon etliche Tonnen voll da, die aber, da sie einer so langen Sonnenhitze ausgesetzet geblieben, und nicht in Acht genommen worden, oben meistens zersprungen waren, und worin das Theer ziemlich zusammen geschmolzen und übelriechend war. Demohngeachtet schienen mir meine Kräfte zu geringe, eine davon allein fortzubringen, und ich mußte mich nach einem andern Gefäße dazu umsehen. Endlich fand ich eine sehr große hölzerne Speiseschüssel, die einen dünnen eisernen Reif hatte, und vollkommen ganz war. Es war dieses diejenige Schüssel, worin der Schiffs-
koch

koch den Matrosen täglich das Zugemüse aufgetragen hatte, und ich hatte selbst daraus gegessen. Diese füllte ich nun damit an, nahm sie auf den Kopf, und trat meinen Rückweg an. Da ich an den Fluß kam, setzte ich sie auf das Wasser, und da ich sah, daß sie schwamm, und der Fluß keine Wellen warf, begab ich mich auch in solchen, und trieb sie so schwimmend vor mir hinüber an das andere Ufer, welches ich jedoch nicht nöthig gehabt hätte, wenn es mir nicht aus der Acht gefallen wäre, eine Taue zu mir zu nehmen.

Ich machte mich nun gleich darüber, alle Ritzen und Fugen an meinem Boot auf das sorgfältigste zu verstopfen und zu beschmieren; und da ich glaubte, daß es nunmehr Wasser halten würde, wollte ich es hinunter schleppen. Allein ich hatte einen unverzeihlichen Fehler dabei begangen. Fürs erste hätte ich zu seinem Bau einen dicht am Wasser gelegenen Ort wählen sollen, indem dieser viel zu weit davon entfernet war. Dann war es auch für eine einzelne Person etwas zu groß, und ich hatte nur alle mögliche Mühe und Anstrengung meiner Kräfte nöthig, wenn ich es in einem Tag um zwanzig Schritte weit fortbringen wollte. Da es auf dem Sande sehr hart damit hergieng, so legte ich zwar Walzen unter, auf welchen ich es mit einem Hebebaum Schritt für Schritt fortrückte; demohngeachtet berechnete ich, daß ich einen ganzen Monath dazu brauchen würde, ehe ich es im Wasser sähe. Ich ließ mir dennoch die Mühe nicht verdrießen,

drießen, und blieb unausgesetzt bei dieser Arbeit, bis ich endlich durch einen unvermutheten Zufall darüber verstöret wurde.

Als ich nämlich eines Tages wieder damit beschäftiget war, und mich eben umwandte, um ein wenig auszuruhen, entdeckte ich etwas auf der Höhe, welches ich für ein kleines Fahrzeug hielt. Da ich eben kein Fernglas bei mir hatte, lief ich nach meiner Hütte, es zu holen. Durch dieses sah ich nun ganz deutlich, daß ich mich **nicht** geirret hatte, und daß selbiges ein Fahrzeug war, in welchem fünf schwarze Menschen saßen, die gerade nach meiner Insel steuerten. Es war mir eben nicht wohl dabei zu Muthe, da ich merkte, daß, als sie näher kamen, sie gerade die Mündung des Flusses zu gewinnen suchten, der nach meiner Wohnung führte.

Zwar war der Anwurf vor derselben so stark mit Gras bewachsen, daß sie gar keinem Gebäude mehr ähnlich war; allein der Hauptumstand war das Boot; denn weil es wahrscheinlich war, daß diese fremden Gäste aussteigen, und vielleicht einige Zeit herum schweifen würden, so mußte ich mit allem Recht besorgen, daß wenn es ihnen in die Augen fiel, sie alsogleich auf den Eigenthümer desselben schliessen, und sich alle Mühe geben möchten, mich auszukundschaften, als worin die Indianer besonders geschickt sind, so zwar, daß ihnen selten ein Feind entgehet, indem sie, gleich den Hunden, seiner Spur folgen.

Nicht genug überlegt faßte ich erst den Entschluß, das Fahrzeug gerade zu verbrennen, und

und war schon im Begriff Feuer daran zu legen; aber da ich reiflicher nachdachte, und erwog, daß die Wilden bei Erblickung desselben gleich schliessen würden, es sey das Feuer nicht von sich selbst entstanden, so hätte ich sie mir dadurch vielmehr selbst auf den Hals geführet. Das Uibelste war, daß es eben an einem ganz flachen Ort stand, wo es schon von weitem in die Augen fiel. Ich sann auf verschiedene Mittel, währender Zeit die Wilden schon so nahe waren, daß sie mit zehn bis zwölf Ruderschlägen die Mündung des Flußes vollends erreichen konnten. Es war nun keine Zeit mehr zu verlieren, und ich mußte den schnellesten Entschluß fassen, welcher dieser war, daß ich in aller Eile von den nächsten Bäumen so viele Zweige abhieb, als ich nur erreichen konnte, mit welchen ich es so sorgfältig bedeckte, daß es ohnmöglich von weitem gesehen werden konnte, worauf ich hurtig nach meiner Wohnung eilte.

Hier setzte ich mich nun auf alle Fälle in Bereitschaft. Ich hatte an Flinten, Musketen und Pistolen zwölf Gewehre beisammen, Pulver und Bley im Uiberfluß, womit ich einem jeden eine starke Ladung gab, und es so hinlegte, indem ich nicht wußte, wie groß die Anzahl der Wilden sey, und ob nicht ausser dem gesehenen Boote etwa noch mehrere an der Insel gelandet haben möchten, da es dann, wenn sie mich in meiner Behausung angegriffen hätten, nicht Zeit gewesen wäre, erst zu laden. Unterdessen sah ich durch eine Oeffnung meiner Hütte unverwandt gegen den Fluß.

Der-

Derselbe war etwas weiter abwärts gegen seine Mündung auf beiden Seiten mit starken Gebüschen besetzt; einige tausend Schritte gegen mich näher aber hatte er eine große Blöße. Ich wartete über zwo Stunden vergeblich, bis sie da hervor kommen möchten; endlich aber sah ich sie dennoch herauf rudern, und gerade meiner Wohnung gegen über landen. Sie banden das Boot an einen Busch, und stiegen sämmtlich heraus, da ich dann acht Personen zusammen brachte, woraus ich schloß, daß vielleicht etliche im Boote geschlafen haben mochten.

Nach einem kleinen Stillstehen und verschiedenen Bewegungen mit Händen und Füßen sonderten sich ihrer drei von den übrigen ab, und schlugen sich gegen ein nicht weit von ihnen entlegenes kleines Gebüsche, welches höchstens eine Viertelstunde in seinem ganzen Umfang hatte. Die Übrigen blieben nach einer Weile auf der nämlichen Stelle, und schienen die Ankunft der ersteren erwarten zu wollen. Nach einiger Zeit kamen sie, und trugen jeder einen großen Bündel Holz auf dem Kopf, welches sie dort niederwarfen, und auf einen Haufen legten. Es schien, daß ihnen dieser Vorrath zu wenig war; denn es giengen noch einmal ihrer fünf nach dem Gebüsche, kamen auch bald wieder, und legten ihr Holz zu dem andern, worauf ich sie zwei Hölzer so über einander reiben sah, als wenn sie eines mit dem andern absägen wollten; allein dieses war ihre Art Feuer zu machen, denn ich sah es in Kurzem rauchen; da sie dann dürres Moos nahmen, und mittelst desselben ein starkes Feuer anzündeten.

So=

Sobald es brannte, giengen einige zu dem etwa hundert Schritte davon entfernten Boote, und ich sah bald, wie sie einen gebundenen Menschen heraus brachten, und zum Feuer führten. Zu meiner größten Bestürzung erkannte ich an seiner weißen Farbe, daß er ein Europäer war, und urtheilte, daß er vermuthlich itzt geschlachtet, und von den Unmenschen verzehret werden würde. Ich zitterte am ganzen Leibe bei diesem Gedanken; dennoch verwandte ich kein Auge von dem Platze. Ich hätte gewünschet, ihn zu retten; allein da ich zu schwach war, sie im freien Felde anzugreifen, um aber verborgen an sie zu kommen, einen gar zu großen Umweg hätte machen müssen, welches sich zu lange verzogen hätte, so sah ich bald ein, daß es ganz unmöglich war, sie an dieser Grausamkeit zu verhindern, und gab meinen Entwurf sogleich wieder auf. Es würde auch ganz unnütz gewesen seyn; denn ich sah, so bald sie ihn zum Feuer gebracht hatten, daß ihn ihrer zwei fest hielten, ein dritter aber ein Stück Holz aufhob, mit welchem er ihn so heftig vor den Kopf schlug, daß er, ohne sich mehr zu rühren, auf die Erde zusammen stürzte; worauf sich diese Henker gleichfalls niedersetzten, vermuthlich, um ihm das Eingeweide aus dem Leibe zu reißen, welches ich aber nicht mehr entdecken konnte.

Ich war, als ich den armen Menschen sinken sah, vor Schrecken so außer mir selbst, daß ich mich an eine Latte meiner Thüre anhalten mußte, da ich sonst ohnfehlbar zugleich **mit** niedergefallen wäre, und ich glaube, daß wenn man mir in diesem Augenblicke zur Ader gelassen hätte, ich ganz gewiß keinen Tropfen Blut gegeben hätte. Dennoch konnte ich mein Auge nicht von dem entsetzlichen Orte abziehen. Mit bebenden Füssen und gepreßtem Herzen sah ich nun, wie sie einige Stücke vom zertrennten Körper ins Feuer legten, um es zu braten; und jetzt änderten sich auf einmal meine Empfindungen, und statt des Mitleids stieg ein brennender Zorn, und eine heftige Begierde zur Rache in mir auf.

Ich bemerkte erst itzt, daß sie nicht weit von einem hohlen Wege saßen, den das Wasser ausgerissen hatte, und der sich von ihnen bis zu dem Eingange ins Gebüsch erstreckte. Dieses brachte mir sogleich den Gedanken in den Kopf, ihnen meinen Zorn fühlen zu lassen, und die unmenschliche Mahlzeit so zu salzen, daß sie sich solche auf ein andersmal müßten vergehen lassen.

Ungesäumt nahm ich zwo scharf geladene Flinten, steckte ein Paar Pistolen in den Gürtel, und hieng einen breiten Schiffssäbel an, versah mich übrigens noch mit einigen Patronen, und so schwang ich mich aus der hintern Seite meiner Wohnung über den Berg hinab gegen das Gebüsche, welches ich auch bald ereilte. Ich war so sehr gelaufen, daß ich beinahe ausser Odem war, als ich dort anlangte, und einen Augenblick verschnaufen mußte, um bei Kräften zu seyn. Ich verwies mir selbst diese Eile, die jedoch nicht unnütz war; allein es war mir, als wenn mich eine verborgene Kraft bei den Haaren gezogen hätte, um keinen Augenblick zu verlieren, so bald als möglich an sie zu kommen.

Ich

Ich gelangte bald durch das Gebüsch, und warf mich sogleich in die Vertiefung. Ob sie gleich voll weichen Sandes war, und ich meist bis an den Knöchel darin waden mußte, so eilte ich dennoch so viel ich konnte. Als ich ohngefähr an die Mitte von dessen Länge kam, stieg ich in die Höhe, und sah, daß ich nicht umsonst geeilet, und mich die göttliche Vorsicht zum Werkzeug der Errettung eines Unglücklichen erkieset hatte. Ich bemerkte nemlich, daß einige der Wilden abermahls an dem Boot waren, und eben im Begriffe standen, noch ein Schlachtopfer herbei zu führen, welches sie auch bereits am Lande hatten. Die Nothwendigkeit also, nicht mehr zu verziehen, riß mich in größter Wuth fort, und bedurfte nicht lange, so war ich denen, die am Feuer saßen, gegen über, und beinahe zwischen ihnen, und denen, die vom Boote her kamen, als welche sehr langsam giengen.

Ich berechnete von ohngefähr nach dem Augenmaß, meine Entfernung von ihnen, die ich höchstens auf etliche und sechzig Schritte beurtheilte, weswegen ich mich, da sie ganz stille waren, sehr behutsam zu Werke gehen mußte, um mich nicht auch etwa durch ein Geräusch zu frühzeitig zu verrathen. Eine von meinen Flinten hatte ich gespannt neben mir nieder geleget; die andere aber hielt ich eben so fertig in den Händen, um, so bald es Zeit sey, los krachen lassen zu können.

Die vor dem Boote kamen mir itzt ziemlich nahe, so daß ich Mann für Mann hätte niederschießen können. Der Europäer, dessen gewachsener Bart bereits

reits sehr weit herunter hieng, schritt mit gebundenen Armen zwischen ihnen, und hieng den Kopf
ganz traurig zur Erde. Kaum konnte ich mich länger halten, so wallte in mir schon die Begierde zur
Rache auf; aber ich bedachte, daß, da ich Laufkugeln in meinen Röhren hatte, ich ihn bey einem
aus einander gehenden Schuß eben so leicht verwunden oder tödten könnte, als seine Feinde; und dieses änderte meinen Vorsatz.

Sie blieben etwa sechs Schritte vom Feuer mit
ihm stehen, und nun sah ich, wie einer von den
andern eine Keule, welche ich erst für ein Stück
Holz gehalten hatte, von der Erde aufhob, und
auf sie zu gieng. Diese Bewegung war das Signal
für mich. Ich hatte die Flinte schon am Backen;
und kaum hatte er sich noch drei Schritte weit vom
Feuer entfernet, so drückte ich auf ihn los. Die
Wirkung meines Schusses war so, als ich sie nur
hatte wünschen können. Alle Wilden stürzten von
dem Knall der Länge nach auf die Erde, als wenn
sie insgesammt todt gewesen wären. Der einzige
Europäer, als welcher schon besser wußte, was
diese Wirkung hervorgebracht hatte, blieb aufrecht,
und blickte gegen den Rauch. Da er seine Mörder
auf der Erde liegen sah, machte er sich die Zeit
zu Nutze, und lief in größter Eile, weil ihm die
Füsse nicht gebunden waren, auf mich zu. Sobald er mich entdecket hatte, sprang er zu mir hinein, wo ich ihn, ohne daß wir beide ein Wort gesprochen hätten, mit meinem Säbel sogleich die
Bande an den Händen entzwei schnitt, und ihn mit

einer

einer Pistole, und meiner abgeschossenen Flinte bewaffnete, welche er, da einige Patronen neben mir lagen, sogleich wieder lud, und sich mit mir fertig machte.

Kaum war dieses geschehen, so richteten sich sechs von den Wilden wieder in die Höhe, und warfen die Köpfe gegen uns. Wir waren so unvorsichtig gewesen, uns sehen zu lassen, und da sie uns entdeckt hatten, machten sie Miene, auf uns anzulaufen; allein wir bedachten uns nicht lange, und schickten ihnen beide zugleich eine Salve entgegen, wovon wieder einer niedersank, die übrigen aber ein entsetzliches Geschrei erhoben. In diesem Augenblicke sprangen wir heraus, und giengen mit unsern Pistolen auf sie los. Diese Entschlossenheit brachte uns einen vollkommenen Sieg zuwege, indem diese fünf übrigen sogleich nach ihrem Boote flohen, hinein sprangen, und über Hals und Kopf davon ruderten.

Wir verfolgten sie bis an das Ufer, und schossen noch etlichemal nach ihnen, wovon sie auch immer niederfielen, sich aber auch sogleich wieder in die Höhe richteten. Mein Vorsatz war, sie alle zu tödten, wenn es möglich wäre, damit keiner davon kommen, und seinen Landsleuten von dem Aufenthalte einiger Weißen auf dieser Insel Nachricht geben könnte; allein da wir unsere Flinten zurück gelassen, und, da die Wilden sich dicht an das jenseitige Ufer hielten, mit den Pistolen ein gar zu ungewisser Schuß war, so war es nicht möglich: Dennoch bemerkten wir nach verschiedenen wiederholten

holten Schüssen, daß noch einige von den Flüchtigen stark verwundet seyn möchten.

Hätte ich mein neues Boot schon im Wasser gehabt, so wie es noch auf dem Lande stand, so würde es uns etwas leichtes gewesen seyn, sie insgesammt zu vernichten, indem wir sie, da ich das Fahrzeug mit einem Segel bespannet hätte, und eben ein guter Wind wehete, wenn sie auch schon etliche englische Meilen Vorsprung gehabt hätten, dennoch sehr bald würden haben einholen, und noch in der See, Mann für Mann niederschießen können: allein so mußten wir gelassen zusehen, wie sie davon fuhren.

Erst itzt, da wir unsern Eifer aufgeben mußten, sah ich meinen geretteten Landsmann an, der splitternackt vor mir stand, und erkannte ihn für einen meiner Kameraden, die mit mir auf dem Schiffe gewesen waren, welches noch auf dem Strande lag, und der vom Anfange unserer Seereise an immer in guter Vertraulichkeit mit mir gelebet hatte. Er fiel mir sogleich um den Hals, und wir herzten und drückten uns eine lange Weile, ohne ein Wort zu reden; aber es wäre auch unnütz gewesen, da seine Thränen des Dankes mit den meinigen der Freude beredter waren, als alle Worte. Wir würden in unserer Zärtlichkeit noch länger fortgefahren seyn, wenn ich sie nicht unterbrochen hätte, um noch einmal nach unsern flüchtigen Feinden zu sehen.

Diese hatten schon die Mündung des Flusses erreicht, und ließen sich das Rudern so sehr
angele-

angelegen seyn, daß sie sich bei jedem Zuge rückwärts mit dem Leibe ganz in das Boot nieder bogen, woraus ich dann ihren Eifer, uns so bald als möglich aus dem Gesichte zu kommen, deutlich sehen konnte. Dennoch blieben wir so lange stehen, bis sie so weit auf die Höhe hinaus waren, daß wir sie ganz aus unsern Augen verloren. Sie hatten ihren Weg nord-westwärts genommen, den nämlichen, den sie gekommen waren; und mein Freund, der sich Anderson nannte, sagte mir, daß wenn sie beständig so fort arbeiteten, sie binnen vier und zwanzig Stunden gar leicht in ihrer Heimath seyn könnten, weil ihnen der Wind zum Vortheil wehete.

Da es einmal nicht mehr zu ändern war, so wünschte ich ihnen eine vergnügte Reise, und gieng mit meinem Kameraden zurück gegen das Feuer, wo wir zu unserem Entsetzen noch halb verbrannte und abgenagte Knochen fanden, an welchen hin und wieder etwas Fleisch hieng, das sie von ihrer kanibalischen Mahlzeit übrig gelassen hatten. Wir lasen alles zusammen, und verscharrten es in den Sand, worauf wir, nachdem wir auch die getödteten Indianer im Sand verscharret hatten, unsere abgelegten Flinten aufhoben, und ich meinen neuen Gesellschafter einlud, mir in meine Wohnung zu folgen, zu welcher uns der Weg nicht im mindesten lang wurde, und die wir sehr bald erreichten.

Mein erstes war, daß ich ihm gleich einige Kleidungsstücke gab, seine Blöße zu bedecken, und da er ganz matt war, reichte ich ihm einen Reiskuchen

kuchen und einige Schlucke Rum, die ihn völlig wieder erquickten, wornach ich ihn ersuchte, mich mit seinem und seiner Kammeraden Schicksal bekannt zu machen, seit sie sich von mir getrennet hatten. Er war gleich dazu bereit, und fieng folgendermaßen an.

Andersons und seiner Gesellschaft Geschichte.

Ihr werdet euch erinnern, daß, da ihr auf dieser Insel nach verschiedenen vom Schiffe gegebenen Signalen aus Kanonen nicht an Bord kamet, wir, weil wir euch ganz sicher für verunglückt hielten, endlich die Anker lichteten, und wieder in See stachen, um die Küste von Guinea, oder sonst eine von denjenigen Küsten zu gewinnen, wo wir europäische Niederlassungen anzutreffen hofften. Wir waren noch nicht volle drei Tage gefahren, so erhob sich ein sehr frischer Wind hinter uns, welcher uns mit außerordentlicher Geschwindigkeit fort brachte, und also ganz zu unserm Vortheile schien; allein es dauerte nicht lange, so veränderte er sich in einen West-Nord-West, und stieg bald zu einem vollkommenen Sturm, welcher so heftig wüthete, daß wir nicht mehr im Stande waren, das Schiff zu lenken, und uns seiner Willkühr gänzlich über-

überlassen mußten, indem er uns das Steuerruder abgerissen, auch verschiedene Stangen gebrochen, und über Bord geworfen hatte.

Das Schiff, welches mit vieler Gewalt hin und her geworfen wurde, bekam endlich ein Leck, das wir weder finden, noch verstopfen konnten, und das Wasser stand bereits drei Schuhe hoch im Raum. Wir pumpten einen ganzen Tag und Nacht ohne Aufhören mit größter Gewalt, allein alle unsere Arbeit war fruchtlos, und das Wasser verminderte sich nicht im geringsten, ohngeachtet wir nicht einen Augenblick mit Arbeiten aussetzten. Da es sich gegentheils zusehens vermehrte, und wir kein Mittel ersinnen konnten, uns desselben zu entledigen, wurde endlich der verzweifelte Entschluß gefaßt, sobald der Tag anbrechen würde, in die Chaluppe zu steigen, und zu versuchen, ob wir nicht irgendwo Land erreichen könnten. Wir versahen uns also mit Gewehr, Munition, und so vielen Lebensmitteln, als wir in der Eile zusammen bringen konnten, und bestiegen wirklich das Boot mit äußerster Gefahr; da wir dann das morsche Schiff treiben ließen, uns aber den Wellen übergaben.

Das Schiff trennte sich sogleich von uns, und war uns in etlichen Minuten schon aus dem Gesichte; wir aber wurden mit unserm leichten Fahrzeuge so herum von einer Welle auf die andere geworfen, daß wir alle Augenblicke glaubten verschlungen zu werden. Des andern Tages sahen wir, als wir uns eben auf der Spitze einer Woge befanden, von fern Land, auf welches wir gerade zu

getrie=

getrieben wurden. So sehr wir uns auch bei diesem gefährlichen Umstande bemüheten, uns in der See zu halten, so war doch alle unsere Anstrengung vergebens, und gegen Nachmittags wurden wir auf die Küste geworfen, wo unser Boot zerschlagen, all unser Vorrath verdorben wurde, oder verloren gieng, und fünf von unsern Leuten von den Wellen verschlungen, und in die See gespület wurden.

Wir übrigen retteten uns, und liefen, ohne zu wissen wohin, den Strand aufwärts, bis wir endlich in Sicherheit waren, wo wir unsere Kleider auszogen, und zum Trocknen in die Luft hiengen, uns aber neben einander setzten, ohne ein Wort zu reden. Der erste Schrecken war kaum vorbei, so fühlten wir Hunger, gegen welchen wir kein Mittel wußten; jedoch waren wir so glücklich, einige Schnecken und Muscheln zu finden, die wir aber, weil unsere Feuerzeuge feucht waren, nicht geniessen konnten, und wieder wegwarfen.

Wir legten uns also auf den Boden, deckten uns mit unsern Kleidern zu, und verschlummerten die Nacht unter tausend Beängstigungen. Den folgenden Morgen suchten wir wieder einige Schnecken, brachten aber bei weitem nicht so viel zusammen, als wir nöthig hatten, die wir jedoch sogleich bereiteten, und verzehrten. Allenthalben giengen wir auf der Insel herum, Lebensmittel aufzusuchen; allein wir fanden nichts, und unter einigen Bäumen lagen nur blos hin und wieder einzelne verfaulte Früchte, die aber so übel rochen, daß wir sie nicht berührten.

Eben

Eben so wenig war etwas von einem lebendigen Thiere zu sehen, und es schien auch, als ob die Fische einen gänzlichen Abscheu vor dieser Küste hätten; indem die Fluth bisher so wenige Thiere, die nur meist in Kleinigkeiten und Gewürm bestanden, zurück ließ, daß sich kaum drei Mann daran sättigen konnten. Wir theilten es indessen ein, so weit es reichte, und mußten uns damit begnügen.

Da wir den ganzen Tag keine andere Beschäftigungen hatten, als Speise zu suchen; so gelang es uns dennoch endlich, daß wir einmal ein Thier fiengen, welches die Gestalt eines Marders hatte. Wir zogen ihm sogleich das Fell ab, und machten es zurecht, worauf wir es in kleine Portionen schnitten, und theilten. Es bekam ein Mann kaum eines Daumens groß, und es hatte einen sehr widerwärtigen bittern Geschmack; demohngeachtet rissen wir es einander aus den Händen, und verschlangen es mit der größten Begierde. Die zween folgenden Tage fanden wir gar nichts, und der Hunger quälte uns so heftig, daß wir die vom Marder weggeworfenen Gedärme aufsuchten, die schon voll Gewürm waren, und gleichfalls aufaßen.

Wir sahen nun nichts gewisser ein, als daß wir mit ehestem verschmachten würden, und ergaben uns gänzlich darein, als ich mich eines Nachmittages von den Uibrigen entfernte, und einem nahe gelegenen Wald zugieng, in welchem ich Wurzeln suchen wollte. Ich war nicht so glücklich, einige eßbare zu finden, indem die meisten einen ordentlichen Rhabarbergeschmack hatten. Endlich stellte

stellte ich mich an einen Busch, von welchem ich die kleberichten Knospen herunter nagte, die mir aber eben so wenig Linderung verschaften, weswegen ich wieder weiter gehen wollte.

Auf einmal fiel mir ein dicker Baum in die Augen, der auf der Erde lag, und ich näherte mich ihm, und setzte mich darauf für Mattigkeit nieder; wobei ich fühlte, daß er sehr kalt war. Kaum hatte ich eine Minute gesessen, so fühlte ich, daß sich der Baum, unter mir bewegete; ich stand auf, und bemerkte bei näherer Betrachtung, daß er kleine Schuppen von blauer und grünlichter Farbe hatte, und Athem holte. Ich trat nun einige Schritte zurück, und sah, daß der vermeinte Stamm eine ungeheure Schlange war, die bereits das Vordertheil herum bog, und im Begriff war, mich einzukreisen und zu fangen, woran sie doch glücklicher Weise einige im Wege stehende Bäume verhinderten.

Die Furcht jagte mich den Augenblick fort zu meinen Kameraden, denen ich diese Begebenheit mittheilte. Ob sie mich gleich im Anfang für verrückt hielten, und mir keinen Glauben beimessen wollten, so gaben sie doch bald meinen wiederholten Versicherungen nach, und beschlossen, mit mir auf jene Stelle zu gehen. Wir fanden die Schlange noch auf dem nämlichen Platze, und dieser Anblick erweckte der ganzen Gesellschaft große Freude.

Sogleich fielen wir mit unsern Säbeln über sie her, und versetzten ihr so viele Hieb= und Stichwunden, daß sie endlich todt wurde, wiewohl sie sich, als sie den Ernst sah, verzweifelt wehrte,

und

und einen unserer Kameraden ergriff, den sie auch so fest zwischen ihre Zähne drückte, daß wir ihn nicht retten konnten; wiewohl auch dieses Unglück im Grund unsern Sieg erleichterte. Am meisten mußten wir uns vor ihrem Schweif in Acht nehmen, mit welchem sie so heftig an die Bäume schlug, daß sie sich ganz davon zur Seite bogen.

Der Bootsmann, welcher schon mehrere indianische Reisen mit gemachet hatte, versicherte, daß dieses Thier nichts weniger als vergiftet, und im Gegentheil sehr genießbar wäre; allein wäre auch dieses gewesen, so war unser Hunger viel zu groß, als daß wir uns davon hätten abhalten lassen sollen.

Sobald sie ausser Stand war, uns mehr zu schaden, schnitten wir jeder einen weit größeren Striemen herunter, als wir hätten verzehren können, und bissen sogleich noch roh hinein, bis wir unsern Appetit gestillet hatten, worauf wir erst Feuer anmachten, und brieten. Das Fleisch dieser Schlange war so fett, schmeckte aber übrigens so gut, als nur immer ein europäisches junges Schwein schmecken kann. Wir hieben sie in Stücke, und trockneten solche an der Luft, womit wir, da sie über zwei tausend Pfunde wog, eine gute Zeit auszukommen hofften. Allein wir hatten eben nicht Ursache, uns sehr über diesen Fund zu freuen, indem verschiedene aus der Gesellschaft ein sehr bösartiges Fieber davon bekamen, und, ehe noch neun Tage vorüber waren, auf die elendeste Art starben. Demohngeachtet konnten wir uns nicht entschlagen, davon zu geniessen, da wir sonst fast gar nichts hatten.

Da unser Vorrath über die Hälfte bereits zu Ende war, überlegten wir, was wir anfangen wollten, wenn er aufgezehret wäre, und geriethen auf den Einfall, uns in kleinere Gesellschaften zu zertheilen, und so sollte sich jede für sich eine besondere Niederlassung suchen, mit dem Bedinge jedoch, wenn sie reich an Lebensmitteln wäre, die übrigen so viel möglich zu unterstützen.

Vier und zwanzig Personen war noch unsere ganze Anzahl, unter welchen sich sechs Kranke befanden. Es wurde zwar im Anfange ausgemachet, daß wir uns in drei gleiche Theile theilen, und jeder seine Kranken mit sich nehmen sollte; allein wir sahen bald ein, daß sie uns auf dem Wege liegen bleiben, und hinderlich seyn würden, eine gute Gegend zu finden, die vielleicht weit entfernet seyn möchte. Diesemnach blieben die Kranken und vier Gesunde auf der Stelle; wir übrigen aber theilten uns in zween Troupps, jeden zu sieben Mann, und wandten uns, der eine gegen Norden, der andere aber westwärts.

Ich befand mich mit unter dem letzteren. Drei Tagereisen hatten wir schon zurückgeleget, ohne das geringste zur Speise gefunden zu haben, als wir am vierten in einen Wald gelängten, worin es viele tausend Vogelnester gab, die wir zum Theil mit Eiern, theils aber mit schon ausgekrochenen jungen Vögeln angefüllet fanden. Da sie blos auf niedern Aesten gemachet waren, so bedurfte es weniger Mühe, ihrer habhaft zu werden, und wir machten uns eine gute Mahlzeit daraus. Es wurde beschlossen

sen, hier als in einer gesegneten Gegend zu bleiben; bald aber überlegten wir, daß diese Freude wahrscheinlich nicht länger dauern würde, als bis die Brutzeit vorüber wäre, setzten also nur zween Rasttage fest, in welchen wir es uns recht wohlseyn lassen wollten.

Wir fanden uns wieder bei ziemlichen Kräften, nachdem sie verflossen waren, und nun nahmen wir so viel gebratene Eier mit, als jeder fortbringen konnte, und giengen weiter. Diese Nacht brachten wir auf einer dürren Haide zu, und am folgenden Morgen, nachdem wir etwa vier Stunden marschiert waren, gelangten wir an einen sehr breiten und beinahe unübersehbaren Strom, der unserm geraden Fortzug ein Ende machte, und sich von Süd=Westen gegen Nord=Osten ergoß. Wir wußten nun kein anderes Mittel, als an demselben hinauf zu gehen, und trafen endlich gegen Mittag eine Art von Dorf an, welches aus ein und zwanzig sehr mißlich gebaueten Hütten bestand. Hier blieben wir stehen, und besannen uns, was wir thun sollten, und zuletzt wagten wir es, auf ein Geradewohl hinein zu gehen. Wir trafen einige schwarzbraune Wilde darin an, denen wir durch Zeichen zu verstehen gaben, daß wir als Freunde zu ihnen kämen, und diese nahmen uns sogleich willig auf, und thaten uns nicht das mindeste zu Leide.

Sie wiesen uns eine Hütte an, in welcher wir wohnen sollten, und beschenkten uns mit verschiedenen Früchten, Wurzeln und Fischen, wogegen wir ihnen ein Messer gaben, über welches sie besondere

sondere Freude bezeigten. Sobald sie uns besser
kannten, nahmen sie uns mit auf die Jagd; aber
da sie weit geschickter waren, als wir, fiengen wir
nicht das Geringste; dennoch theilten sie ihre Beute
willig mit uns, und wir lebten recht vergnügt unter
einander.

Wir gedachten nun an unser Versprechen, unsere zurück gebliebenen Kameraden, an unserm
Wohlseyn Theil nehmen zu lassen, und bedeuteten
den Wilden durch Zeichen, daß wir noch einige
weiße Menschen zurück gelassen hätten, die wir itzt
holen wollten. Es schien ihnen ganz recht zu seyn,
und sogleich boten sich zween Indianer an, uns dahin zu begleiten.

Wir traten also, mit genugsamen Lebensmitteln versehen, unsere Reise an, und gelangten nach
fünf Tagen in die Gegend, wo wir unsere Kameraden verlassen hatten; allein wir fanden keinen einzigen mehr, ohngeachtet wir allenthalben nach ihnen
umher streiften. Wir geriethen auf verschiedene
Vermuthungen, konnten uns aber darüber nicht
aufklären, weil wir auch nach der Zeit nie die geringste Nachricht mehr von ihnen erhielten. Also
kehrten wir unverrichteter Sache wieder um, und
unsere Begleiter führten uns itzt auf einem viel an-
genehmern und kürzern Wege wieder zurück, indem
wir nicht volle drei Tage zubrachten. Der dritten
Abtheilung unserer Schiffsgesellschaft konnten wir
keine Nachricht geben, weil wir selbst nicht wußten,
wohin sie sich gewendet hatte, und sahen uns also

nun-

nunmehr für den einzigen Überbleibsel der geborgenen Equipage an.

Unsere Indianer lebten mit uns im besten Vertrauen. Sie hatten eine Art Waizen und Gerste, und gaben uns Land ein, welches wir nach unserm Belieben anbauen konnten. Da wir endlich schon zwei Jahre bei ihnen lebten, wurden wir auch ihrer Sprache so ziemlich mächtig, und ich lernte eine junge schöne Indianerinn kennen, die sich aus allen Kräften bewarb, mich gegen sich empfindlich zu machen. Ich wurde es wirklich, und heurathete sie, und meinem Beispiel folgten alle die übrigen, bis auf einen. Wir lebten so ziemlich glücklich untereinander, als uns unvermuthet eine benachbarte wilde Nation überfiel, die wir aber in einem sehr blutigen Treffen schlugen, und zerstreuten.

Einen Monat nach dieser Begebenheit giengen unser zwei auf die Jagd in eine entlegene Gegend, und fielen unglücklicher Weise einem herumstreifenden Trupp dieser ungesitteten Menschen in die Hände, die uns sogleich banden und bis an den Strand führten, wo sie uns in ihr Kanot schleppten, und auf diese Insel brachten. Hier schlachteten sie erst meinen Kameraden, und ich wurde durch euch gerettet.

* *

So weit gieng die Erzählung seiner Begebenheiten. Er versicherte mich itzt, daß er seine Indianerinn von Herzen geliebet habe, und sie nie vergessen würde, sah aber kein Mittel ein, wie er jemals wieder zu ihr würde gelangen können, obgleich dieser sein einziger Wunsch bleiben würde. Ich tröstete

stete ihn, so gut ich konnte, und theilte nunmehr meine kleine Wirthschaft mit ihm, in welcher wir von nun an gemeinschaftlich arbeiteten. Wir bemüheten uns nun beide, mein verfertigtes Boot in den Fluß zu bringen, und kamen auch damit glücklich zu Stande. Sobald es flott war, machten wir eine Probe damit, und fuhren nach dem Schiffe, wo wir noch eine Menge Geräthe und Nothwendigkeiten antrafen, welche ich bei meiner ersten Untersuchung theils in der Eile übersehen hatte, zu manchen aber, da ich allein zu wenig Kräfte hatte, nicht kommen konnte, und da wir es in der Folge brauchen zu können glaubten, nun in unsere Wohnung brachten.

Ich gab ihm itzt meine Vermuthung zu erkennen, wie ich nämlich glaubte, daß die wenigen von meiner Insel entkommenen Wilden ohnfehlbar von unserer Anwesenheit ihren Landsleuten Nachricht geben, und diese dann mit aller ihrer Macht herüber schwimmen, und uns in ihre Hände zu bekommen suchen würden; allein er wollte wissen, daß sie seit ihrer letzteren Niederlage nicht mehr so stark seyen, etwas wichtiges zu unternehmen. Ich mußte darüber lachen, daß er die Unternehmung, zween verlassene Europäer anzugreifen, für eine Sache von Wichtigkeit hielt, und gab ihm meine Meinung zu erkennen; allein er versicherte mich, daß wir ganz allein auf die Wirkung unsrer Feuergewehre bauen könnten, die den Indianern noch zur Zeit ganz unbekannt gewesen sey, und vermuthlich diese ersteren Feinde schon so sehr abgeschrecket haben würde, de, daß sie schwerlich auf einen Angriff gegen uns mehr denken würden.

Ohngeachtet er mir dieses alles mit vieler Zuversicht sagte, so blieb ich doch der Meinung, daß es besser sey, auf unsrer Huth zu seyn; und wir beschlossen uns nicht eher sicher zu glauben, als bis wir wieder eine lange Zeit ungestöret geblieben wären. Täglich, und so oft es unsere anderen Geschäfte zuließen, ruderten wir an das gestrandete Schiff, und fanden immer noch etwas, das uns zurück zu lassen reuete, bis wir endlich fast alles ausgeräumet hatten. Itzt fiel ich auf den Gedanken, daß zu unserer Sicherheit nichts besser sey, als wenn wir dieses unnütze Gebäude, aus welchem ohnedem nichts mehr zu machen sey, verbrennten, damit es denn etwa an dieser Insel landenden Wilden nicht zum Zeichen dienen könnte, daß sich einige bedenkliche Personen hier aufhalten möchten.

Er gab mir darin vollkommen Recht, und wir schlugen sogleich Feuer an. Doch in dem Augenblicke als ich es anzünden wollte, reuete mich mein Vorhaben wieder, ob ich schon den Grund dieser Reue nicht einsehen konnte; zudem bedachte ich auch, daß wir es nicht so gänzlich würden vernichten können, daß gar keine Spuren davon übrig blieben, indem unter andern zwei so schwere eiserne Kanonen darauf waren, die wir, wenn sie nicht im Feuer geschmolzen wären, mit allen unseren Kräften nicht bis an den Strand zu bringen, und zu versenken im Stande gewesen wären, weswegen ich dann dies Unternehmen aufgab, und es stehen ließ. Man

wird

wird in der Folge sehen, daß ich sehr weislich daran gehandelt hatte, und dieser einzige Gedanke, zu einer Zeit, da keine Rettung gewesen wäre, der Grund unserer Erhaltung wurde.

Wir theilten nun unsere Wirthschaft so untereinander, daß wir alles gemein hatten, bis darauf, daß er sich selbst dazu anheischig machte, daß sein Wille in allen Sachen dem meinigen nachstehen sollte, und er mir als dem ersten Bewohner dieser Insel das Vorrecht einräumen würde, welches er auch genau beobachtete, so lange er um mich war. Er hatte keinen Eigensinn, und war sehr verträglich und gutherzig, nach welchen Eigenschaften er mir noch vom Schiffe her bekannt war. Dies machte unser Leben in so weit glücklich, wenn wir uns als zween in unbekannte Länder verschlagene Europäer betrachteten, bis auf unsere unerfüllbar scheinenden Wünsche, die viel Gleiches mit einander hatten, indem er sich unaufhörlich nach seinem indianischen Weibe sehnte, ich aber ein eben so großes Verlangen fühlte, mein geliebtes Vaterland noch einmal wieder zu sehen.

Ich war ausserordentlich froh, daß ich das einem Insulaner so unentbehrliche Werkzeug, nämlich ein Boot, wieder besaß, und machte es mir sehr zu Nutze, indem ich öfters auf dem Fluß hinunter fuhr, und auch den auf der westlichen Seite gelegenen Riff besuchte, wo die Schildkröten gleichsam ihre Niederlage hatten. Da ich das erstemal dahin kam, fand ich sie in unzähliger Menge, und wir nahmen etliche der größten, die uns ziemliche

Mühe

Mühe kosteten, bis wir sie in das Boot brachten, worein wir sie auf den Rücken legten, und nach Hause führten; allein da an dieser Seite der Insel ein starker Strom von Nord-Westen her zog, so wurde uns die Zurückfahrt ziemlich sauer, und wir durften keinen Augenblick die Hand von den Rudern lassen, wenn wir nicht wieder weit zurück geführet werden wollten.

Als wir nach Hause kamen, waren wir theils von der Hitze der Sonne, und theils von der gewaltigen Anstrengung so müde, daß uns weder Essen noch Trinken schmecken wollte, und wir uns alsogleich nieder legten, um bis des andern Tages auszuruhen. Um nun diese vortheilhafte Reise nicht aufzugeben, beschloß ich wieder ein Segel anzubringen. Es war sehr bald gemacht, da ich Segeltuch genug hatte; statt des Mastes holten wir eine große Stange vom gestrandeten Schiff, und waren binnen zwei Tagen damit so weit fertig, daß wir es aufrichten konnten.

Diese Verbesserung that uns sehr gute Dienste; denn wir konnten nunmehr durch Hülfe des Stromes und des meistens aus bemeldeter Himmelsgegend wehenden Windes, nicht nur sehr bequem an das Riff kommen, sondern auch die ganze Insel umfahren. Ob wir gleich dieselbe von unserm Kastell aus ganz übersehen konnten, so bewog uns dennoch die Neugierde eines Tages zu dieser Lustreise; wir fuhren wieder gegen das Riff zu, und hielten uns so gegen die südliche Seite hin; allein wir entdeckten nichts Besonderes, ausgenommen

daß

daß ich nunmehr ihre Größe besser beurtheilen konnte, die ich itzt auf etwa vierzehn englische Meilen im Umfange schätzte. Mein Getraide war nun auch bald wieder reif, und da wir es endlich schnitten, fanden wir eine reichliche Erndte, worauf wir wieder aufs neue säeten, indem ich des Sommers über stets zweimal einerndtete.

Wir waren noch nicht einmal ganz mit der Bestellung fertig, so setzten wir uns eines Nachmittags unter einen Baum, um ein wenig auszuruhen, und einige Stücke gebackenen Fisch zu essen. Als wir mit unserer Mahlzeit fertig waren, stand ich auf, und sah mit meinem Fernglas, das ich immer bei mir führte, auf die See hinaus, und es schien mir, als ob ich gegen Nord-Westen hin einige Punkte auf der Oberfläche des Meeres sähe, die ich vorher noch nie bemerket hatte; allein ich konnte wegen der weiten Entfernung nichts Deutliches unterscheiden. Anderson, der auch durch das Glas sah, entdeckte eben so wenig als ich, dennoch kam mir die Sache verdächtig vor, wiewohl Anderson mir einzureden suchte, daß es vielleicht einige neue Sandbänke seyn könnten, die die See, die hier nirgends eine große Kiste hatte, erst angebauet haben könnte, und ich vermuthlich nicht beobachtet haben möchte.

Er würde mich ohnfehlbar ganz zu seiner Meinung überredet haben, wenn wir nicht bald darauf etwas einen gegründetern Argwohn gegeben hätte; nämlich, da ich wieder nach jener Gegend hin sah, bemerkte ich, daß die vermeinten Sandbänke eine andere

andere Lage angenommen hatten, indem einige jener Punkte, die vorher hinter einander zu liegen schienen, sich itzt zum Theil neben einander ausgebreitet hatten, und deren ich eilf zählen konnte. Anderson, der sich auch davon überzeugte, änderte jetzt auf einmal seine Meinung, und glaubte, eben so wie ich, daß es Kanots wären, die allem Vermuthen nach mit Wilden besetzt seyn, und auf unserer Insel landen würden.

Ob uns gleich diese Gewißheit nicht die mindeste Freude machte, indem wir diesen Gästen ihren ungebetenen Besuch sehr gern geschenket hätten, so war es uns gleichwohl angenehm, daß wir sie bey Zeiten entdecket hatten, damit wir unsere Maaßregeln darnach nehmen konnten. Wir giengen also eilends nach Hause, und blieben in beständiger Erwartung, wobei wir immer die Augen in jene Gegend gerichtet hatten. Es war kaum noch eine Stunde vorüber, so erkannten wir ganz eigentlich, daß unser Argwohn gegründet war, indem wir schon deutlich lange Kanots, und die darin sitzenden Wilden unterscheiden konnten, die ihren Lauf schnurgerad gegen uns nahmen.

Da wir berechneten, daß sie vor Untergang der Sonne die Insel wahrscheinlich kaum erreichen würden, so glaubte Anderson, es sey besser für uns, wenn wir auf einer ihrer Anfuhrt entgegen gesetzten Seite der Insel in den Wäldern einen Zufluchtsort suchten, und ich hätte ihm beinahe beigepflichtet; allein da wir, ihrer starken Anzahl nach, leicht vermuthen konnten, sie würden sich auf der

ganzen

ganzen Insel ausbreiten, und uns finden, so wurde dieser Vorschlag wieder verworfen, und wir glaubten besser zu thun, wenn wir in unserer Wohnung blieben. Unser Boot allein machte uns Sorgen, indem es gerad von uns herab im Fluß lag, welches ihnen gleich in die Augen gefallen seyn würde. Da wir nun noch Zeit hatten, giengen wir hinab, und ruderten damit gegen eine halbe Stunde weiter den Fluß aufwärts, wo er am Ufer mit dichten Stauden besetzet war. Wir rannten hier unter solche hinein, und banden es mit dem Hinter= und Vordertheile fest.

Es war von den bis auf das Wasser hängenden Zweigen so gut bedeckt, daß es unmöglich jemand würde haben finden können, wenn er nicht davon unterrichtet gewesen wäre; und da wir selbst in Gefahr standen, es nicht mehr zu finden, so machten wir ein Zeichen dabei, und kehrten zu Lande wieder zurück. Wir mochten uns mit dieser Beschäftigung länger verweilet haben, als wir Willens waren; denn als wir an den Hügel kamen, konnten wir die Wilden bereits mit bloßen Augen sehen, welches uns in nicht geringe Verlegenheit setzte. Es schien uns itzt nicht mehr rathsam in die Hütte zu gehen, und wir versteckten uns daher hinter einem Busche, wo wir so lange verborgen bleiben wollten, bis wir unter Bedeckung der nunmehr bald herabsinkenden Dämmerung ungesehen in unsere Hütte schlüpfen könnten.

Sie kamen endlich, etwa eine halbe Stunde vor Sonnenuntergang heran, landeten aber nicht,
wo

wo wir glaubten, sondern steuerten eine gute Strecke an der südlichen Seite der Insel hinunter, wo sie endlich ausstiegen. Wir wurden nunmehr durch diese Wendung, wegen einiger auf dem Hügel zwischen uns und ihnen gelegenen Gebüsche, so gut bedecket, daß wir es ungescheuet wagten, in unsere Behausung zu treten. Da man aus selbiger, ohne bemerket zu werden, dort allenthalben herum sehen konnte, so mußte Anderson auf der Wache bleiben, ich aber richtete indessen alles her, um allenfalls einem Sturm widerstehen zu können. Alles noch ungeladene Gewehr wurde scharf geladen, frische Steine aufgeschraubet, damit es nicht versagen möchte, und in Ordnung geleget, damit es gleich bei der Hand sey, und nicht verwechselt werden könnte.

Kaum war es dunkel, so sahen wir auf der Stelle, wo die Wilden gelandet hatten, ein großes Feuer aufgehen, welches sie auch die ganze Nacht unterhielten, während welcher wir immer munter blieben, und auf unsern Posten standen. Allein sie unternahmen die Nacht hindurch nichts, und blieben, so viel wir urtheilen konnten, ruhig bei einander. Sobald der Tag anbrach, ließen sie ihr Feuer ausgehen, und da es ganz licht wurde, sahen wir, daß sie sich in vier Haufen getheilet hatten, und so sich nach verschiedenen Gegenden wandten. Jeder dieser Haufen mochte wohl einige und funfzig Mann stark seyn, und einer derselben zog gerade bei meiner alten Höhle herauf, bis er endlich das gestrandete Schiff entdeckte.

Sie

Sie blieben bei dessen Erblickung vermuthlich vor Verwunderung still stehen, ohne sich mehr einen Schritt vorwärts zu rühren; zugleich trennten sich einige von dem Haufen, und liefen rückwärts, wiewohl wir ihnen, da sie sich gleich in die Gebüsche zerstreueten, mit den Augen nicht folgen konnten. Die stehen gebliebenen liefen nunmehr in entfernten Kreisen um das Schiff, und betrachteten es von allen Seiten, ohne sich jedoch demselben ganz zu nähern. Es schien, daß sie erst die übrigen erwarten wollten, nach welchen sie geschickt hatten, und diese stellten sich auch bald ein; denn nach Verlauf einer Stunde war der ganze Schwarm da.

Sie setzten sich nun insgesammt auf die Erde, um Rath zu halten, und bald darauf bewarfen sie das Schiff mit Steinen. Da sie keinen Widerstand antrafen, und nun merken mochten, daß es verlassen war, wagten sie sich endlich, es zu besteigen, und das ganze Gebäude schien nun lebendig zu seyn.

Bald sahen wir sie verschiedene Sachen heraus schleppen, welche sie nicht weit davon auf den Boden legten, und sich dabei niederließen. Ihr Lager mochte etwa vierzig Schritte weit von der Seitenwand des Schiffes entfernet seyn. Da sie endlich nicht mehr finden konnten, was ihnen anständig war, legten sie Feuer an dasselbe. Wir sahen schon einen dichten Rauch aus den noch hängenden Tauen aufsteigen, und waren in der ängstlichen Erwartung, daß die Reihe der Zerstörung bald an uns kommen würde, als uns plötzlich ein gewaltiger

tiger Blitz, und hervor platzender Rauch die Aussicht benahm, dem ein so entsetzlicher Knall folgte, daß der Boden unter uns davon erschüttert wurde. Das Feuer mochte die Pulverkammer ergriffen haben, wovon das Schiff also zersprang, und in die Luft flog.

Da eben damahls ein sehr schwacher Wind wehete, so währte es ziemlich lange, bis sich der Rauch, der wie eine Gewitterwolke stand, verzogen hatte; dann aber sahen wir eine Menge Todte auf der Stelle liegen, und etwa zwanzig Wilde, die über Hals und Kopf rannten, um ihre Fahrzeuge zu erreichen. Sobald sie dahin kamen, warfen sie sich in zwei ihrer Kanots, und ruderten so schnell davon, als ob ihnen das Feuer auf dem Nacken wäre. Da wir daraus schlossen, und weil sie die übrigen Kanots zurück gelassen hatten, **daß diese Wilden die einzigen seyn müßten, die mit dem Leben davon gekommen wären**, so machten wir uns ungesäumt heraus, giengen nach unserm Boot, und fuhren damit den Fluß herunter, wo wir denn bei der Mündung übersetzten, **und auf die Brandstelle los schritten.**

Da wir sehr gut bewaffnet waren, und die davon Gefahrnen schon so weit über den Horizont waren, daß sie uns nicht mehr entdecken konnten, so näherten wir uns dem Schlachtfelde ohne Bedenken. Es war eine gewaltige Verwüstung, die das zersprungene Schiff unter ihnen angerichtet hatte, und ohne Grausen kaum anzusehen. Zwölf Wilde waren noch nicht todt, sondern blos so stark verwundet, daß sie nicht aufstehen konnten. Diese machten b i unsrer Erblickung so ein fürchterliches Geschrei, daß uns darüber die Haare zu Berge standen. Dieses und ihr jämmerlicher Zustand würde mich zum Mitleid bewogen haben; allein ich bedachte eines Theils, daß ihre Wunden für unsere Arzneywissenschaft unheilbar wären, andern Theils aber, daß wir uns bei dieser Erhaltung Schlangen in unserm eigenen Busen erziehen würden; aus dieser Ursache nun hieben wir sie sämmtlich mit unsern Säbeln vollends zusammen, ob es uns gleich keine angenehme Beschäftigung war.

Die bloße Zerspringung des Schiffes allein würde schwerlich eine so große Verwüstung unter ihnen angerichtet haben; allein die Kanonen waren noch sämmtlich geladen, und da sie sich denselben gerad gegen über gelagert hatten, war es ganz begreiflich, daß sie sich zugleich mit entzündet, und unter sie geschossen hatten, welches man daraus erkennen konnte, weil verschiedene von den Kartätschenkugeln ganz durchlöchert und zerfleischet waren.

Also sahen wir uns gleichsam in einem Augenblicke von einem Feinde, der uns ohnfehlbar aufgerieben hätte, ohne daß wir eine Hand anlegen durften, wieder befreiet. Wir mußten nunmehr darauf bedacht seyn, die Todten auf die Seite zu schaffen, weil die Hitze sehr groß war, und sie einen allzustarken Geruch von sich gegeben hätten, der uns, auch selbst in unsrer Hütte, zur Last hätte fallen können. Es schien uns aber bei der Menge ein gar zu beschwerliches Tagewerk zu seyn, wenn wir

wir sie hätten in die Erde verscharren wollen, wozu wir auch weder Hauen und Schaufel bei der Hand hatten; ich fiel deswegen auf ein kürzeres Mittel, nämlich sie sämmtlich in die See zu versenken. Es lagen noch viele Stücken Segeltuch und Tauen umher, welche sie aus dem Schiffe genommen hatten. Mittels dieser befestigten wir ihnen große Steine an dem Hals, und fiengen an, sie an den Strand zu schleppen; allein das Wasser war da zu seicht, weswegen ich auf den Einfall gerieth, meinen Ochsen zu holen, und sie durch solchen bis zu einer andern Gegend der Küste schleppen zu lassen, welches ich auch alsobald befolgte, indem ich ihn an einem Tau neben dem Boot durch den Fluß schwimmen ließ; worauf wir einen nach dem andern in das Wasser warfen.

Nach dieser Arbeit, die uns bis auf den Abend zu thun gab, machten wir uns wieder nach Hause, und dankten Gott für unsere wunderbare Erhaltung auf den Knien, und dann erst erquickten wir uns mit einiger Speise. Anderson erklärte itzt seine Verwunderung, und wie er nicht geglaubet hätte, daß diese Wilden mehr eine so große Anzahl zusammen zu bringen im Stande gewesen wären, indem sie sich durch beständige Kriege mit ihren Nachbarn so vermindert hätten, daß sie selbst bei dem Angriffe auf seine freundschaftlichen Wilden nicht viel stärker gewesen wären; doch war er der Meinung, sie würden uns itzt wohl in Frieden lassen, und anstatt wieder zu kommen, eher diese Insel aus allem Ernste meiden, indem die davon gekommenen ihren

Landsleuten den Vorfall mit dem Schiff gewiß als die Wirkung einer erzürnten Gottheit beschreiben, und sie dafür warnen würden. Dieses traf auch richtig zu, und wir bekamen von dieser Zeit an keinen einzigen Wilden mehr auf dieser Insel zu sehen, ob wir gleich auf alles wachsam waren.

Erst des andern Tages fielen uns die Kanots wieder ein, in welchen die Wilden gekommen waren. Sie hatten davon neun am Strande zurück gelassen, und wir wußten nicht, was wir damit machen sollten. Endlich fuhren wir dahin, und schlugen mit Aexten so große Löcher in die Böden, daß sie Wasser zogen, und versanken. Bald nach diesen Begebenheiten kam wieder die Regenzeit, wo wir in unserer Hütte sehr traurige Tage hatten; dennoch verkürzten wir uns solche durch Gespräche, und Anderson holte noch verschiedenes nach, was er bei der Beschreibung der Wilden, wo er sich aufgehalten, vergessen hatte. Er sagte, daß ihre Insel von hier aus gegen West=Nord=Westen zu liegen müsse, welches er ziemlich genau bestimmen wollte, und daß man sie bei gutem Winde mit einem segelnden Fahrzeuge leicht in vier und zwanzig Stunden müsse erreichen können.

Es wurde wieder Sommer, und wir beschäftigten uns also auch wieder mit verschiedenen Sachen, die nichts besonderes enthielten, als was ich bereits erwähnet habe, und auf diese Art vergiengen zwei Jahre, die uns ziemlich angenehm verstrichen; allein es kamen bald betrübte Zeiten für mich, indem ich meines einzigen Freundes und Ge-
sell=

sellschafters unvermuthet wieder beraubet wurde. Wir waren nämlich eines Tages nach dem Riff gefahren, uns einige Schildkröten zu holen. Die Witterung war diesesmal äusserst schwühl, und als wir nach Hause kamen, klagte er über heftigen Kopfschmerz. Ich glaubte nicht, daß diese kleine Unpäßlichkeit von üblen Folgen seyn würde; allein der Schmerz wurde immer ärger, und am dritten Tage zeigte sich ein hitziges Fieber, welches ihn am neunten aus diesem Leben hinweg raffte.

Es war traurig für mich, daß ich nicht das geringste Arzneymittel bei der Hand hatte, wodurch ich ihm hätte helfen können, und sein Tod gieng mir so nahe, daß ich die bittersten Thränen darüber vergoß. Ich mußte nunmehr seinen Leib zur Erde bestatten, und selbst das Amt eines Todtengräbers über mich nehmen. Nicht weit von der Hütte stach ich also des andern Tages ein Grab aus, nähete ihn hierauf, da ich keinen Sarg machen konnte, in ein Stück Segeltuch, und trug ihn dahin auf meinen Schultern, wo ich ihn dann hinein legte, und mit der ausgeworfenen Erde wieder bedeckte, daß es ein Hügel wurde, auf welchen ich ein kleines hölzernes Kreuz steckte.

Nachdem ich ihm diese letzte Pflicht erwiesen hatte, gieng ich mit dem traurigsten Herzen von dem Grabe zurück nach meiner Wohnung, wo ich mich auf die Erde niederwarf, und allen Bewegungen des Schmerzens und der Empfindungen Preis gab. So hat mich, dacht' ich, das Schicksal blos deswegen in die Arme eines Freundes geworfen,

fen, damit es Gelegenheit hätte, seine Grausamkeit an mir auszuüben, wenn es mich wieder aus denselben riß. Ich war meiner Einsamkeit beinahe gewohnt. Wäre ich allein geblieben, so wäre ich mit der Zeit doch glücklich geworden, und alle vergangenen Jahre, wo ich unter Menschen gelebet hatte, würden meiner Erinnerung nur wie ein Traum vorgekommen seyn, — wie ein Traum, der immer mehr und mehr von seiner Wahrscheinlichkeit verlieret, je älter er wird; und endlich würde ich mir vorgestellet haben, ich hätte von je her in diesem Zustande gelebet. — Schmerz, Zorn und Verzweiflung wechselten auf eine verwirrte Art mit mir ab, und ich gab also der Allmacht Verweise, daß sie mir meine Umstände verschlimmert hatte.

Endlich aber kam ich wieder zu mir selbst. — Was willst du, ohnmächtiger Wurm, fuhr ich fort, den Schöpfer zu tadeln dich erkühnen, dessen Weisheit du alles überlassen solltest. War es ein Ohngefähr, daß du auf dieser Insel bliebest, während dem deine Kameraden Sturm und Schiffbruch litten, und vom Hunger beinahe zu Grunde gerichtet wurden, da ihren Proviant, ihre bestimmten Bequemlichkeiten, dir das Meer in ihrem Schiffe auf dem Strande zutrieb? — War es ein Ohngefähr, daß du ihn retten mußtest, da er von den Wilden gefressen werden sollte? — War es ein Ohngefähr, daß du in deinem Vorhaben, das Schiff zu verbrennen, so plötzlich umkehrtest, und vergaßest, die noch übrigen Tonnen mit Schießpulver daraus zu nehmen, wel-

welche dich nachher, ohne Zuthun eines Fingers, von der so überlegenen Anzahl der Wilden gerettet, und diejenigen vernichtet, deren Speise du unausbleiblich geworden wärest? — — Eingebildeter Mensch, wenn du glaubtest, daß Anderson dir von der Vorsehung zugesendet worden, deine Umstände zu erleichtern! — Was für ein Vorrecht massest du dir an? — Nein, du hast das Werkzeug seiner Errettung, und nicht Er der deinigen werden sollen; — und nun, da ihn der Allmächtige, dessen Rathschlüsse unergründlich sind, zu sich gefordert hat, erkühnest du dich darüber zu murren! — —

Alle diese, und noch weit mehrere Betrachtungen machten meine Empfindungen so rege, daß ich mich, ganz verhüllet in mein Nichts, auf die Knie niederwarf, und den Schöpfer aller Dinge mit Thränen bat, daß er mir meine empörenden Gedanken vergeben wolle, und ich versprach ihm feyerlich, alles Ungemach, welches er künftig zur Probe meiner Standhaftigkeit über mich verhängen würde, geduldig zu ertragen, und als eine gehorsame Kreatur seine väterliche Ruthe zu küssen; flehete ihn aber auf das wehmüthigste um seinen Schutz an, und fühlte mich nachher so gestärkt, daß ich dem Himmel nicht genug dafür danken konnte, wiewohl ich dem verstorbenen Freunde noch manche Thräne zärtlichen Andenkens zollte.

Ich lebte von dieser Zeit an in einer gewissen Seelenruhe, und gedachte auf nichts anders mehr, als die Pflicht meiner Selbsterhaltung zu erfüllen,

und

und es vergiengen abermals zwei Jahre unter fast immer gleichförmiger Beschäftigung, als mein Gemüth plötzlich wieder in eine Art von Wallung gerieth. Eines Tages nämlich saß ich bei einem angenehmen kühlen Abend von meiner Hütte, und hatte das Gesicht gegen Nord=Westen gerichtet, als mir auf einmal die Insel der freundschaftlichen Wilden in die Gedanken kam. Wie wär' es, dacht' ich, wenn du itzt dort wärest, dich mit deinen Landsleuten unterreden, und sie entweder zu dir holen, oder bei ihnen bleiben könntest? —

Dieser Gedanke gefiel mir, und ich blieb sogleich daran kleben. „Es ist wahr, dacht' ich ferner, ich habe über keinen Mangel zu klagen Ursache, bis auf die Gefahr wegen der Wilden, die mich aber vielleicht künftig unangetastet lassen werden; allein was soll ich hier thun? — Vaterland bleibt doch immer eines von den Wörtern, die uns am angenehmsten klingen; und wie habe ich Hoffnung, jemals solches wieder zu sehen, da seit verschiedenen Jahren diese Insel, welche ganz außer aller Straße zu liegen scheinet, kein Schiff vorbei gefahren ist?"

Je mehr ich nachdachte, je mehr glaubte ich Bewegungsgründe zu finden, nach der Verbesserung meiner Umstände zu trachten, welches auf keine andere Art geschehen konnte, als wenn ich die Insel verließ, und jene zu erreichen suchte, wo sich vermuthlich meine Kameraden noch befänden, mit welchen ich gemeinschaftlich auf Mittel sinnen könnte, irgend auf eine Europäern gehörige Plantage

tage zu gelangen, die gewöhnlich auch von Europäischen Schiffen besuchet werden. Gesetzt nun auch, sie wären weder mit dem nothwendigen Holz, noch Werkzeug versehen, eine Chaluppe, oder anderes Fahrzeug zu erbauen, welches uns einzunehmen groß genug wäre, so hatte ich ja ein segelndes Boot, welches immer zehn Mann fassen konnte. Mit diesem gedachte ich, sie sämmtlich auf meine Insel herüber setzen, wo es uns leicht fallen sollte, binnen kurzer Zeit ein kleines Schiff zurecht zu zimmern.

Da ich eben weiter keine besondere Schwierigkeiten in der Ausführung dieses Planes entdeckte, so hieß ich ihn auf der Stelle gut, und gedachte, so bald als möglich zu reisen. Sobald der Morgen angebrochen war, gieng ich eilends an den Fluß, mein Boot anzusehen, und zu beurtheilen, ob es auch die hohe See, im Fall sich etwa ein Wind erhübe, aushalten möchte. Nachdem ich es um und um betrachtet hatte, glaubte ich es vollkommen nach meinem Bedürfnis, und fand blos einige Sprünge, die die gewaltige Sonnenhitze gemacht hatte, die ich auch gleich verstopfte und theerte. Nach diesem füllte ich etliche kleine Tönnchen mit Getreide und allerhand andern kleinen Nothwendigkeiten an, und schaffte sie an Bord; auch vergaß ich nicht, Pulver und Blei nebst zwei Flinten hinein zu legen.

Da ich alles im Boote hatte, was mir zu einer langen Reise unentbehrlich, oder auch nur nicht unnütz schien, so beschloß ich den zweiten Tag

nachher

nachher unter Segel zu gehen. In diesem Augenblicke erinnerte ich mich meines zahmen Ochsen, welchen ich beinahe vergessen, und in seinem Stall hätte verhungern lassen. Ich sah zwar die Möglichkeit ein, daß ich seine Dienste noch einmal brauchen würde, wenn ich wieder zurück auf diese Insel kommen sollte; allein da ich ihn während dem hätte in dem Stall lassen müssen, wo ihn niemand gefüttert hätte, so war kein anderes Mittel übrig, als dem armen Thier lieber seine gänzliche Freiheit zu schenken. Noch an selbigem Tage eröffnete ich ihm die Thür, und ließ ihn heraus; er wollte aber nicht von der Stelle gehen, und hielt sich die ganze Nacht wieder darin auf, ohngeachtet ich die Thüre nicht mehr zuschloß.

Es rückte nunmehr der Morgen heran, wo ich dieser Insel, die mich so lange mütterlich ernähret hatte, Abschied geben wollte, als mir einfiel, daß es gut seyn würde, wenn ich irgend ein Zeichen auf derselben ließ, welches weit in die See in die Augen fiel, damit ich, falls ich etwa zurück kommen sollte, sie desto eher erkennen möchte. In dieser Absicht steckte ich noch eine lange Stange, an welche ich ein großes Stück Segeltuch gebunden hatte auf die Spitze meines Hügels, und gieng dann unverweilt an Bord.

Es zitterte mir noch eine Thräne im Auge, als ich den Fluß hinab schwamm, und zurück sah, und ich rufte meiner Wohnung, gleich als wenn sie es verstanden hätte, ein lautes Lebewohl zu. Ich war sehr traurig, bis ich die Mündung erreichet hatte,

hatte, wo ich das Segel aufzog, west-nord-west-
wärts steuerte, und in die See stach. Ich hatte
diesesmal einen guten Wind abgewartet, indem er
ost-nord-östlich war, und mir sehr vom Flecke half.
Den Strom, der gegen das Schildkrötenriff zu
strömte, mußte ich in sehr schräger Richtung durch-
schneiden, wodurch ich dann in Kurzem ziemlich
weit von der Insel abkam, und sah, daß er sich
über drei Englische Meilen weit vom Strand noch
spüren ließ. So lange ich die Insel noch im Gesichte hatte, blieb ich immer schwermüthig; als ich
aber einmal die hohe See gewann, und nichts als
Himmel und Wasser um mich sah, wurde mir das
Herz um vieles leichter, und ich gedachte itzt an
nichts mehr, als mir bald die Insel meiner Kameraden zu gewinnen.

Der Ost-Nord-Ostwind trieb mein Boot mit
ausserordentlicher Geschwindigkeit fort, so, daß
ich mir, als die Sonne untergieng, wenigstens
vier und zwanzig Seemeilen zurück gelegt zu haben
schätzte, welches für ein solches kleines Fahrzeug,
das nur ein einziges Segel führte, immer genug
war. Nach meiner Rechnung und dem Unterricht
des verstorbenen Anderson glaubte ich nun gewiß
mit aufgegangenem Lichte Land zu sehen; allein ich
irrte mich, und fuhr noch den ganzen Tag so fort.
Gegen Abend sah ich einige Enten in der Luft über
mich wegziehen, die aber mehr von Westen her kamen, als die Richtung meiner Fahrt war.

Da

Da mir nun bekannt war, daß diese Thiere gewöhnlich alle Abende vom Lande nach der See zu fliegen pflegen, so schloß ich daraus, sie müssen von einer Insel kommen, die nicht sehr weit von hier entfernt seyn könnte, wandte also mein Fahrzeug, mit welchem ich mich um etwas mehr westlich hielt. Ich segelte also die ganze Nacht fort, in welcher mir die Hoffnung kein Auge zu schliessen verstattete, und da es Morgen wurde, befand ich mich noch eine kleine Strecke von einer mit hohen Bäumen, Hügeln und Gebüschen besezten Insel, welche ein sehr romantisches Ansehen gab.

Ich erreichte sie sehr bald, und da ich von Weitem eine kleine Bucht, oder Einbiegung der See gewahr wurde, so fuhr ich längst der Küste mehr südwärts hinauf, und legte, da ich in solche gekommen war, mein Boot an einem Baum fest, worauf ich alsobald auf das Land stieg. Ob ich gleich große Freude fühlte, daß mir mein Unternehmen gelungen war, so wußte ich doch nicht, was ich izt machen, und wo ich nunmehr meine Landsleute aufsuchen sollte. Zudem, da es wahrscheinlich hier herum mehrere Inseln gab, blieb es immer ungewiß, ob ich die rechte getroffen hätte. Dieser Zweifel setzte mich einigermaßen in Verlegenheit, und ich blieb lange unentschlossen. Wie leicht, dachte ich, kann es geschehen, daß du unter ungesittete Wilde geräthst, und von deinem Boote abgeschnitten wirst, in welchem du doch verschiedene Dinge hast, die dir unentbehrlich sind? —

End-

Endlich gieng ich in Gedanken noch einmal Andersons ganze Erzählung durch, und da fiel mir der Fluß ein, an welchem er gewohnet, und von welchem er gesaget, daß er sich gegen Nord=Osten zöge. Da sich nun dieser Fluß ganz natürlich in die See ergießen mußte, so gedachte ich so weit gegen Norden herum zu fahren, bis ich seine Mündung fände, in welcher ich dann seinen Lauf aufwärts segeln wollte, welche Unternehmung mir der gegenwärtige Nord=Ostwind erleichtern mußte.

Ich stieg sogleich wieder in mein Fahrzeug, und steuerte also wieder an der Küste zurück, hielt mich aber, um vor allem Ueberfalle sicher zu seyn, immer in der Länge etlicher Ankertauen vom Strande ab. Da mir itzt der Wind entgegen war, mußte ich das Segel einreffen, und mich blos des Ruders bedienen, welches freilich eine beschwerliche Arbeit war, und mich nicht sehr weit von der Stelle brachte; und obschon ich gern über Nacht im Boote geblieben wäre, so mußte ich doch gegen Abend an Land fahren, und mein Nachtlager zwischen einige Büschen halten, wo ich weiter keine Ungelegenheit hatte, als daß mir die Mücken wenig Ruhe ließen, und ich erst gegen Anbruch des Tages einschlafen konnte.

Die Sonne war schon hoch, als ich wieder erwachte, und ich erschrack nicht wenig darüber, warf mich eiligst in das Boot, um weiter zu kommen, und das Versäumte einzubringen; doch bald hierauf wurde ich dieser Mühe überhoben, indem ich gegen Mittag auf einen Seestrom gerieth, der mich

mich ziemlich geschwind fortbrachte. Da es Abend wurde, gieng ich wieder an Land; doch weil der Boden sehr sumpfig war, schlief ich die Nacht über im Boot. Den folgenden Tag fuhr ich weiter, und sah nach einigen Stunden in einer Entfernung ziemlich hohe Wellen. Da sie nur gegen den Strand zu waren, die hohe See aber ruhig blieb, so dacht' ich gleich, daß sie von einem Flusse kommen müßten. Ich hatte mich auch nicht geirret, und gegen Mittag erreichte ich die Mündung eines großen, breiten Flusses, in welchen ich sogleich hinein steuerte.

Da sich der bisherige Seewind noch nicht geändert hatte, der Fluß aber von Süd-Westen gegen Nord-Osten lief, so hatte ich nun keines Ruderns mehr vonnöthen, und konnte das Segel wieder aufziehen, mit dessen Hülfe allein ich ganz gemächlich denselben aufwärts fuhr. Zwei Tage war ich schon also gefahren, ohne etwas Merkwürdigem begegnet zu haben, aber am dritten sah ich am rechten Ufer einige Menschen, die etwas zu suchen schienen. Sie mochten mich gleichfalls bemerket haben; denn bald nachher richteten sie sich auf, und rannten davon. Ich nahm diese eilige Flucht für kein gutes Zeichen an, und ließ es mir zur Warnung dienen, wohl auf meiner Huth zu seyn.

Bald nachher sah ich wirklich um einige tausend Schritte aufwärts mehrere Menschen, die ein Kanot abstießen, und mir entgegen den Fluß herab fuhren. Ich gab auf alle ihre Bewegungen mit dem Fernglase Acht, und bemerkte sogleich, daß einige

einige Waffen führten, die sie auch, da sie vermuthlich nicht glauben mochten, daß ich auf eine solche Weite etwas genau unterscheiden konnte, in den Händen hielten, allein so bald sie näher kamen, suchten sie solche zu verbergen. Um mich ungewiß zu machen, fuhren sie auch nicht gerade aus, sondern in einem beständigen Zikzak. Ich wußte nun wohl, daß ich mir nicht Gutes von ihnen zu versehen hätte, und legte deswegen mein Gewehr zurecht, ohne daß ich mich ihnen auszuweichen nur im geringsten bemühet hätte, welches ohnedem vergeblich gewesen seyn würde.

Dennoch hatte ich mir vorgenommen, es erst auf das alleräußerste ankommen zu lassen, ehe ich ihnen etwas zu Leide thäte, und die erste Feindseligkeit abzuwarten. Sie waren itzt nur noch eine kleine Strecke von mir entfernet, als sie plötzlich ihre Waffen hervor zogen, und unter einem barbarischen Geschrei gerade gegen das Vordertheil meines Fahrzeuges anliefen. In diesem Augenblicke verlor ich alle Fassung, und da ich wohl merkte, daß ich weiter auf nichts mehr zu warten hätte, schlug ich meine Flinte an, und drückte auf die vordersten los, die denn auch sogleich ins Wasser stürzten. Die übrigen erhoben ein ängstliches Zetergeschrei, und wollten umdrehen; allein das Fahrzeug war schon zu nahe, und mußte bei mir vorüber.

Ich hatte mittlerweile beide Pistolen zurecht gemacht, und da sie heran kamen, lösete ich sie zugleich in das Kanot, wovon alle die übrigen sich

in

in den Fluß stürzten, und es treiben ließen; wiewohl ich nicht sagen kann, ob sie sich nicht wieder hinein geschwungen haben möchten, indem sie dicht dahinter her schwammen.

Durch dieses Mittel hatte ich mir den Weg wieder frey gemacht, und segelte bei denen, die am Ufer standen, vorüber, die aber, sobald ich mich bis auf einige hundert Schritte genähert hatte, insgesammt unter großem Geschrei davon liefen, und sich unter den Gebüschen verkrochen; und erst, nachdem ich sehr weit von ihnen entfernet war, sah ich sie wieder einzeln hervor kommen, und sich aufs neue am Ufer versammeln.

Ich schloß nun wohl, daß ich nicht unter die freundschaftlichen Wilden gekommen war; demohngeachtet setzte ich meine Fahrt fort; allein ich wurde von dem Augenblick an so vorsichtig, daß ich den folgenden Abend nicht mehr an Land gieng, sondern meinen Bootsanker fallen ließ, und auf dem Flusse blieb. Fünf Tage hatte ich schon hinter einander also zugebracht, und würde es noch länger getrieben haben, wenn mir nicht endlich das frische Wasser ausgegangen wäre, wodurch ich also gezwungen wurde, mich an das Land zu begeben.

Zwar führte der Fluß auch süßes Wasser, allein es war von der Sonnenhitze fast so warm, als ein Bad; und da das meine gleichfalls mehr als lau war, und schon ganz auf die Neige gieng, sehnte ich mich ausserordentlich nach einer Erquickung. Ich sah bald einen Bach von dem linken Ufer sich in den Fluß stürzen, in welchem ich hinein fahren zu zu können gewünschet hätte, wenn er nicht zu seicht und schmal zugleich gewesen wäre; doch legte ich in seiner Mündung an, welche eine kleine Vertiefung machte, die vermuthlich das heftig strömende Wasser zur Regenzeit vom Ufer abgestoßen hatte.

Ich bewaffnete mich mit einer Flinte und den Pistolen, nahm ein großes Wassergefäß in die Hand, etliche Reiskuchen zu mir, und schlich also ganz langsam am Ufer des Baches hinauf, wo ich endlich seine Quelle anzutreffen hoffte. Nach einer halben Stunde theilte sich der Bach in zwei kleine Wasser, wovon das eine um ein merkliches kleiner, auch weit klärer war, als das größere. Diesem folgte ich nun durch lauter Gebüsche weiter, in der Wahrscheinlichkeit, daß ich, wenn ich ihm folgte, am allerersten meine Absicht erreichen würde. Ich hatte noch eine gute halbe Meile Weges zu gehen, so erreichte ich sein Ende, wo er unter einem großen hohlen Steine in der Dicke eines Armes mit großem Geräusch hervor quoll. Ich hielt die Hand hinein, und fühlte eine solche Kälte, daß sie mir beinahe hätte erstarren mögen. Meine Freude über diesen Fund kann man sich leicht vorstellen. Ich legte mich sogleich, da ich nichts zum Schöpfen mitgenommen hatte, auf den Bauch, und schlürfte so lange von dieser Erfrischung, bis ich mich vollkommen erquicket hatte, und da ich von der Sonnenhitze etwas abgemattet war, nahm ich mir vor, mich etliche Minuten lang auf mein Wassergefäß darneben hin zu setzen, und auszuruhen, wornach

R ich

ich es hinein drücken und füllen, und wieder zu meinem Boote zurückkehren wollte.

In dieser Zeit dachte ich allen Umständen meiner Reise nach. Da der große Fluß, ob ich ihn gleich schon sechs volle Tage befuhr, und jeden derselben wenigstens fünf Meilen zurücklegte, dennoch sehr wenig merkbar kleiner wurde, so müßten sich, meiner Meinung nach, eine ungeheure Anzahl kleiner Flüsse und Bäche in denselben ergießen, wenn er sich nach eben so viel Tagen ganz endigen sollte. Da nun dieses eine Strecke von sechzig Meilen betrug, die ich keiner Insel zumuthete, so mußte ich entweder ganz irre gefahren, oder Anderson selbst sich betrogen, und das feste Land, als wofür ich es nunmehr zu halten große Ursache hatte, für eine Insel angesehen haben. Ich wußte nun nicht, zu was ich mich entschließen sollte; doch ich konnte hier nicht verweilen, und glaubte, das Beste sey, wieder nach dem Boot umzukehren, und meine Fahrt noch einige Tage fortzusetzen, da ich Zeit genug haben würde, zu überlegen, ob ich meiner Richtung noch länger folgen, oder den Fluß wieder abwärts schwimmen, und in See gehen sollte. Ich füllte also mein Gefäß, und trat den Rückweg an.

Mein Gang bis an die Quelle würde viel kürzer gewesen seyn, wenn sich der Bach nicht in einigen großen Krümmungen fortgeschlungen hätte, die ich nun abzuschneiden dachte, um mir die Schritte zu ersparen. Ich drehte mich also, da eben eine derselben angieng, von ihr westwärts ab, und

hoffte

hoffte sie noch am Ende sehr bald zu erreichen. Kaum aber mochte ich etliche hundert Schritte fortgegangen seyn, so sah ich mich auf einmal unter einer Gesellschaft von zehn Wilden, die auf der Erde saßen, und denen ich gerade in die Hände gieng.

Ich weiß nicht, wie es möglich war, daß ich so sehr in Gedanken gieng, um sie nicht eher bemerket zu haben. Mein Schrecken hierüber war außerordentlich, und keine Zeit mehr weder zu fliehen, noch sich zu wehren. Ich mußte mich also geschwind entschließen, eine geschickte Rolle zu spielen. Ohne mir im geringsten eine Furcht merken zu lassen, legte ich mein Wassergefäß nieder, und gieng mit gesetzten pathetischen Schritten gegen sie, als die sogleich einander forschend ansahen und aufstanden. Sie sprachen kein Wort, als ich mich ihnen näherte; aber bald hierauf befühlten sie mich an den Händen und Füßen, und untersuchten mich und mein Gewehr mit allen Merkmalen der äußersten Verwunderung, welches ich willig geschehen lassen mußte, indem mir jede Weigerung oder Blosgebung einer Verzagtheit, hätte gefährlich werden können.

Nachdem sie mich lange genug betastet hatten, und mir nichts zu Leide thaten, faßte ich Muth, und dachte mich um meine Kameraden zu erkundigen, wiewohl ich aus ihrer Verwunderung leicht hätte abnehmen können, daß ich der erste Europäer seyn müsse, der ihnen jemals vorgekommen war. Ich machte verschiedene Zeichen, ihnen meine Gedanken

danken zu erkennen zu geben, wovon sie aber keines verstanden, und darüber mit den Köpfen schüttelten; welches mich dann gleich auf die Meinung brachte, daß diese eine ganz andere und fremde Nation seyn müsse.

Ich suchte mich nunmehr langsam abzuschleichen, um wieder zu meinem Boot zu gelangen, und drehete mich deswegen zur Seite; da sie aber mein Vorhaben merkten, ergriffen sie mich am Arme, und ließen mich nicht von der Stelle; im Gegentheile winkten sie mir, daß ich itzt mit ihnen gehen müsse. Da alles dieses nicht mit dem geringsten Ungestüme geschah, sie mir auch alles mein Gewehr ließen, so wäre es thöricht gehandelt gewesen, Widersetzlichkeit zu zeigen, und ich folgte ihnen mit aller angenommenen Freymüthigkeit. Da sie insgesammt splitternackt waren, ich aber Kleider an hatte, wurde mir zwar ziemlich warm auf dem Wege; allein sie richteten sich gänzlich nach mir, und zwangen mich nicht, schneller zu gehen.

Wir mochten ohngefähr fünf Viertelstunden zurück geleget haben, wo es durch lauter Gebüsche gieng, als wir endlich durch eine Blöße schritten, um wieder ein anderes zu erreichen, das gerade vor uns lag. Einer von ihnen gieng immer voraus, und machte gleichsam den Wegweiser. Er war bereits in den Eingang desselben gekommen, als er plötzlich umkehrte, und mit ängstlichen Gebehrden einige mir unbekannte Worte schrie, worauf meine Begleiter wie der Blitz davon rannten, und mich allein stehen ließen.

Da

Da ich nicht wußte, was dieses bedeutete, sah ich forschend nach dem Eingange ins Gebüsche, und bemerkte zu meiner nicht geringen Bestürzung ein wildes Thier, welches wie eine lauernde Katze auf der Erde lag, und mich mit starren Blicken beobachtete. Ob ich gleich für Angst zitterte, so hatte ich doch noch so viele Gegenwart, daß ich meine Flinte geschwind vom Rücken nahm, und den Hahn spannte. Ich war kaum damit fertig, so rennte es in schnellen und gewaltigen Sätzen auf mich los; ich aber gab ungesäumt Feuer, und streckte es im Knalle zu Boden.

Da ich sah, daß es gefallen war, und mir nicht mehr Schaden konnte, gieng ich hinzu, und sah einen weiblichen Tieger von mittelmäßiger Größe vor mir; der Schuß, der aus zwo großen Kugeln bestand, hatte ihn so getroffen, daß die eine durch den Kopf, die andere aber in die Brust gefahren war, und er gab kein Zeichen des Lebens mehr von sich. Ich stand eine gute Weile, ihn zu betrachten, als die verscheuchten Wilden endlich wieder herbei geschlichen kamen. Da sie noch nie von einem Feuergewehre etwas erfahren haben mochten, so schien ihnen der Knall meines Rohres und dessen Wirkung eine ausserordentliche Hochachtung gegen mich eingeflößet zu haben; denn sobald ich mich nach ihnen umsah, fielen sie mit kreuzweise über die Brust geschlagenen Armen nieder auf die Knie, woraus ich deutlich abnehmen konnte, daß sie mich für ein überirdisches Wesen hielten.

Ich

Ich winkte ihnen hierauf, daß sie näher kommen, und das Thier betrachten möchten, welches ich ihnen verehrte. Sie gaben mir zwar ihren Dank zu erkennen, indem sie mir die Füße küßten; allein ihre Freude über dies für sie gewiß höchst angenehme Geschenk schien bei weitem nicht so groß zu seyn, als die Verwunderung, die sie über die Art bezeigten, wodurch es getödtet worden war. Sie sahen die Schußwunden an, steckten einer nach dem andern den Finger hinein, und machten so seltsame Geberden, die lauter Erstaunen zeigten, daß ich mich beinahe nicht des Lachens enthalten konnte. Sie dreheten ihn endlich auf alle Seiten, um zu sehen, ob er andere Wunden hätte; und da sie ihn nach Genügen betrachtet hatten, näherten sie sich abermals, und knieten wie das erstemal vor mir nieder.

Diesen Irrthum nun mußte ich mir auf die beßte Art zu Nutze machen. Ich wollte ihnen also zu verstehen geben, daß ich gern nach dem Bach möchte, von welchem wir gekommen waren, und stellte es also an. Ich zeigte erst auf den Weg, den wir gemachet hatten, dann auf mich, dann wieder mit der Hand nach jener Gegend, und wandte mich um, wobei ich ihnen nachzukommen winkte; sie verstanden mich vollkommen, packten ihren Tieger auf die Schultern, und begleiteten mich.

Es wurde schon fast Abend, als wir wieder an jenen Fleck gelangten, und ich fand mein Wassergefäß ohne alle Schwierigkeit, welches mir nunmehr ein Wilder trug, und mich nebst den andern

bis

bis an mein Boot begleitete. Sie verwunderten
sich fast eben so sehr, da sie ein Fahrzeug erblickten, welches in der Bauart von den ihrigen so sehr
unterschieden war, und eine weit schönere Gestalt
hatte, getraueten sich aber nicht hinein zu steigen,
ob ich es ihnen gleich erlaubte, sondern begnügten
sich blos damit, daß sie das Vordertheil küßten,
und ich hatte des andern Tages Mühe, sie dazu zu
bereden, mit mir zu fahren.

Da ich noch verschiedene Reiskuchen, geräuchertes Fleisch, und einige Flaschen mit Rum hatte,
so reichte ich ihnen einen, den sie aber nicht eher
anrührten, als bis ich ihn auseinander gebrochen
hatte, und portionenweise unter sie vertheilte; am
meisten aber schienen sie sich zu freuen, als ich jed m
einen Schluck Rum gab, wornach sie wohl gegen
eine Viertelstunde noch die Mäuler leckten.

Ich hatte mir vorgenommen, hier diese Nacht
über in ihrer Gesellschaft zu bleiben; da ich nun
wohl wußte, daß Wilde nicht gerne ohne Feuer
sind, so deutete ich ihnen, daß sie welches machen
sollten; allein sie verstanden mich nicht. Ich zog
also meinen Feuerzeug aus der Tasche, und schlug Feuer
an. Dieß war nun wieder eine neue Szene für sie.
Sie machten die seltensten Gebärden, und verwandten das Gesicht nicht davon; und ich glaube, daß,
wenn es möglich gewesen wäre, sie, als ich den
Feuerstahl wieder in den Sack schob, auch ihre
Augen mit hinein gestecket hätten; so unverwandt
blieben ihre Blicke daran hängen.

Ich

Ich hielt itzt die brennende Lunte in der Hand, und sie merkten gleich, was ich haben wollte, trugen dürres Moos und Holz herbei, und bliesen es in Flammen. Diese Bewirthung schien ihnen nicht unangenehm zu seyn, und sobald ich mich dazu gesetzet hatte, nahmen sie auch ihre Plätze ein, saßen aber nicht, wie wir, mit ausgestreckten Füssen, sondern zogen die Knie an den Leib in die Höhe, und umschlangen sie mit gefaltenen Händen. Plötzlich standen sie auf, und griffen nach ihrem Tieger, welchem sie, ehe ich es mich versah, die Haut herunter hatten, wornach sie ihn ganz auf das Feuer legen wollten; allein ich kam ihnen auch da wieder zu Hülfe, und holte ein Beil aus dem Fahrzeuge, womit ich ihn vor ihren Augen in Stücke hieb. Sie konnten also gar nicht von ihrem Erstaunen wieder zu sich kommen, und wurden so ausgelassen, daß sie hoch in die Höhe hüpften.

Nunmehr fiengen sie an zu braten; während dem aber ergriffen sie einander bey den Händen, und hielten einen Kettentanz im Kreise um das Feuer herum, der so lange dauerte, bis ihr Gericht gar war. Nun erst setzten sie sich wieder nieder, und fingen ihr Gastmahl an, wozu sie auch mich einluden; allein, nicht zu gedenken, daß das Fleisch der Tieger nicht für eßbar angenommen ist, war es auch so wenig gebraten, daß es auf einer Seite Kohle hatte, wenn es auf der andern noch blutete, und war übrigens weder gesalzen noch geschmalzen. Ich dankte ihnen also für ihre Freigebigbigkeit, und hieß sie guten Muthes seyn, und sie ließen sichs auch so wohl schmecken, daß sie es weit über die Hälfte verzehrten, worauf sie sich niederlegten. Ich sah, daß ihre Hochachtung gegen mich viel zu groß war, als daß ich in sie einiges Mißtrauen hätte setzen sollen; deswegen ließ ich mein Boot ohne Sorgen stehen, und blieb mit ihnen auf dem Lande, wo wir nach und nach einschliefen, und erst bei Anbruch des Tages wieder erwachten.

Nunmehr gieng ich nach meinem Boote. So sehr sonst die Indianer zum Stehlen aufgeleget sind, so hatten sie doch an meinen Sachen nicht das mindeste berühret. Da ich hinein gestiegen war, mochten sie glauben, daß ich sie verlassen wollte; knieten also wieder nieder, und gaben durch traurige Stellungen ihre Unzufriedenheit zu erkennen, wobei sie immer mit der Hand gegen das Ufer aufwärts zeigten, um zu sagen, daß dort ihre Heimath sey, und ich ihnen Gesellschaft leisten solle. Ich bezeigte ihnen meine Willfährigkeit, lud sie aber in das Boot ein, worein sie endlich nach vieler Schwierigkeiten stiegen.

Sogleich setzten sich ihrer zween zum Ruder, einer aber zum Steuer; allein ich zeigte ihnen, daß sie dieser Mühe überhoben seyn könnten, und zog das Segel auf, worüber sie wieder wie versteinert da saßen, und lange Zeit kein Wort hervor brachten, indem sie, wie ich nachher erfuhr, glaubten, daß ich sie gerade ins Paradies führen könnte. Bis eine Stunde vor Mittag segelten wir in einem

ununter-

ununterbrochen fort; endlich stiegen sie alle zugleich in die Höhe, und sahen nach dem Lande hinüber, auf welches sie auch mit Fingern zeigten. Ich erkannte bald von Weitem verschiedene Hütten, und merkte, daß dieß ihre Heimath seyn möchte, steuerte also aus der Mitte des Stroms gegen selbige nach dem Ufer zu; doch sie kamen mir zuvor, und sprangen alle fast zugleich in den Fluß, durch welchen sie so schnell wie Enten schwammen, und pfeilgeschwind gegen die Hütten liefen.

Kaum hatte ich noch das Ufer erreichet, so kamen sie auch schon mit einigen vierzig ihrer Landsleute mir entgegen. Es waren Weiber und Kinder darunter, und meine Begleiter hatten sie schon in der Geschwindigkeit von allem unterrichtet; denn der ganze Haufe kniete, wie sie, am Ufer nieder, und erwartete meine Ankunft. Sobald ich ihnen winkte, standen sie auf, und halfen mir aus dem Boote, welches sie in eine dicht anliegende kleine Bucht schleppten, und fest banden; und nun gieng das Fußküssen an, wozu jedes das erste seyn wollte, und welches ich mir gefallen lassen mußte. Sobald die Bewillkommung vorüber war, kam ein alter Mann von sehr ehrwürdigem Ansehen, welcher mich sehr devot begrüßte, und zu reden anfieng, welches, weil er sehr langsam und nachdrücklich sprach, über eine Viertelstunde dauerte. Es war, wie ich nach der Hand, da ich schon etwas von ihrer Sprache begriffen hatte, erfuhr, eine Rede, welche er im Namen des ganzen Volkes an mich hielt, und die

ich

ich mir lange nachher noch einmal vorsagen ließ, und aufschrieb, daher ich sie meinen Lesern mittheilen will.

Rede des ältesten Voaraboata an den großen Schutzgeist Soancholaamoafaztasch.

"Poacolaa Soancholaamoafaztasch, mirmingoi
"catoo poloaa, piripitschiwampa ai mooropsap
"lallacak rokonokoi, glohreklalah paitoi woha-
"hilmuipulampumpuluh oioo soajeha in fuinesch.
"dowa loroloh. Piatkoa Soancholaamoafaztasch
"mrsinrsaoo schreagwa lenkeng plifwit. Senkwenk
"sanaraff lugurusch brbwitoa puia coeruaa moroo.
"Ftia legleg Soancholaamoafaztasch tschiritchitschi
"poio moaloa zunastoo poariee pouiosvolo loaba
"suantora. Wutnumpum aisalobao tuonuo suata
"prilgwi roaao. Luioba laa reahia poraihos tu-
"ampa wampoa ichroilgbi Soancholaamoafaztasch eoa
"poiatoa lumuruk woatia."

Welches auf Deutsch also hieß:

"Du großer und unüberwindlicher Schutz-
"geist, Soancholaamoafaztasch, bist endlich da,
"und wir haben schon so lange auf dich gewartet,
"als

„als der Abendstern auf das große Mittagslicht,
„die noch niemals zusammen gekommen sind, aus=
„genommen an dem großen Hochzeittage, wie der
„Mond die große Zauberinn Senkwenk mit sich
„ins Bett genommen hat. Bist du hungrig, so
„sag es uns; bist du durstig, so sag es
„uns auch. Alles sollst du haben, und
„darfst nichts dafür bezahlen. Was macht denn
„die alte Fuia im Paradies, die dem Teufel vor
„drei Menschen voll Monden ein Aug ausgerissen,
„und das rechte Ohr an einen Tschiritschitschibaum
„mit glühenden Kohlen angeleimet hat, damit er
„uns nicht schaden könne? Vermuthlich wird sie
„itzt unter der dicken Zuckerstaude schlafen, und im
„Traume an uns denken, weil sie es wachend nie
„gethan hat. Du großer Soancholaamoafaztasch
„bist schon besser, weil du selber zu uns kömmst;
„aber gehe nicht wieder fort, und laß dir sagen,
„daß du ein berühmter Geist bist, bei welchem un=
„sere ersten Väter in die Schule gegangen sind,
„und reden gelernet haben. Aber seit du über das
„Meer gegangen bist, hat dich kein Auge mehr
„gesehen, kein Ohr mehr gehöret, und kein Finger
„mehr angegriffen. Du wirst uns vermuthlich
„was mitgebracht haben; bleib nur jetzt hier, und
„zürne nie mit uns, damit wir unsere Feinde alle=
„zeit überwinden; so sollst du auch mit von ihrem
„Fleische essen, und eine Mütze von ihrer Haut
„bekommen, die wir mit rothen Federn bestecken
„wollen."

Sebald

Sobald er geendiget hatte, nahm er mich bei der Hand, und führte mich in eine große Hütte, in welcher es aber sehr ärmlich aussah, indem sie nur von Zweigen geflochten war, und auf dem Boden Blätter lagen, die mir statt des Bettes hätten dienen können, wenn ich nicht mit einer Hangematte versehen gewesen wäre. Da er mich verlassen wollte, folgte ich ihm auf dem Fuße nach, und zeigte auf mein Boot, aus welchem ich meine Ladung zu haben wünschte. Er merkte mein Verlangen, und rief sogleich einige starke Pursche, die auch sogleich alles auf die Schultern nahmen, und in meine Hütte trugen. Noch denselben Abend kamen sie, und brachten mir Geschenke von Fischen, Muscheln, und sehr wohlschmeckenden Früchten, womit sie fortfuhren, so lange ich bei ihnen blieb.

So sehr ich auch gewünschet hätte, meine verlornen Kameraden zu finden, als welches der ganze Endzweck meiner Reise war, so konnte ich doch aus dem Betragen dieser Indianer gegen mich leicht schließen, daß sie noch nie einen Europäer mochten gesehen haben; ich sah also wohl ein, daß diese nicht die Nation seyn müsse, bei welcher sie sich in Schutz begeben hätten. Demohngeachtet konnte ich nicht weiter, da ich sie nicht zu suchen wußte. Nach vielfältigem Uiberlegen beschloß ich endlich, mich so lang bei diesen Wilden aufzuhalten, bis ich ihre Sprache in etwas erlernet hätte, womit ich sie um desto leichter auszukundschaften hoffte. Ich war nun schon acht

Tage

Tage da, binnen welcher Zeit sie es mir weder an Lebensmitteln, noch sonst einigen andern Nothwendigkeiten fehlen ließen.

Ich würde nicht nöthig gehabt haben mich um etwas umzusehen; denn wenn sie nur merkten, daß ich irgend eine Beschäftigung unternehmen wollte, so waren gleich Hände im Uiberflusse da, die für mich arbeiteten; und sie kamen alle Abende und Morgen vor meine Thüre, wo sie ihre Andacht hielten, und ihr Gebet oft sehr laut schrieen, welches mir dann, weil sie mich immer in der Ruhe störten, nicht allzu angenehm war. Ich machte mir Anfangs einiges Bedenken darüber, daß ich mir gleichsam göttliche Ehre anthun ließ, und glaubte dadurch den Allmächtigen zu beleidigen; allein da ich die Sache reiflich erwog, dachte ich bald anders, und sah ihren Irrthum als das einzige Mittel an, sie vielleicht mit der Zeit auf den Weg der Erkenntniß zu bringen, und alles mit ihnen zu machen, was ich nur wollte.

Bald darauf sah ich eine sehr lächerliche Begebenheit. In einer Nacht nämlich, als ich schon sehr sanft schlief, wurde ich jählings durch einen gewaltigen Tumult aufgewecket; und da ich vor die Hütte trat, sah ich eine Menge Wilde bei einem Feuer, die auf kleinen Trommeln schlugen, pfiffen, mit etlichen Stücken Holz an einander klepperten, und verschiedene Arten von Geräusch verursachten. Zuerst konnte ich die Ursache davon nicht errathen; aber bald zeigte mir einer den Mond, der ganz verfinstert war, und deutete mir
mit

mit wehmüthigen Geberden an, daß ich ihm doch
helfen sollte. Ich merkte nun wohl, daß sie um
dieses große Licht bekümmert waren, und gab ih:
nen sämmtlich zu verstehen, **daß** es bald wieder
leuchten würde, wodurch ich sie denn auch beruhig:
te; doch blieben sie noch bei einander, und ver:
ließen den Platz nicht eher, als bis sie sahen, daß
der Monde wieder voll schien.

Ich war endlich ein halbes Jahr **bei** ihnen,
binnen welcher Zeit ich eine solche Kenntniß von ih:
rer Sprache erhielt, daß ich sie gleichwohl hin und
wieder verstand; allein das Reden fiel mir sehr
schwer, weil sie die meisten Töne gleichsam **aus der**
Gurgel artikulirten, und es währte noch lange,
bis ich nur einige Worte hervor bringen konnte.
Ich gieng öfters zu dem Boaraboata, welcher sich
auf meine Freundschaft und diesen Besuch sehr viel
zu Gute **zu** thun schien.

Er hatte eine einzige **Tochter**, die etwa acht:
zehn Jahre alt war. Ohngeachtet ihrer dunkel:
braunen Farbe, besaß sie dennoch viele Annehmlich:
keiten, indem der Zuschnitt ihres Gesichtes, und
ihr ganzer Körperbau vollkommen proportionirt
war, und sie würde auch, selbst in Europa,
unter die mittelmäßigen Schönheiten gerechnet
worden seyn.

Ihr Name war Jiatoah. Da ich eines Ta:
ges bei ihm war, und sie mir eben einen Trunk
Wasser brachte, war ich so galant, ihr dafür die
Hand zu küssen, worüber **sie** für Freuden ganz
außer sich zu kommen schien; und von diesem Au:
gen:

genblicke an erlaubte ihr Boaraboata sich neben uns zu setzen, da sie sonst, wenn ich gegenwärtig war, immer vor der Thüre bleiben mußte. Ob ich schon beinahe gar nichts mit ihr reden konnte, und meine Antwort so zu sagen mit Händen und Füssen gab, so war sie mir dennoch nicht unangenehm, indem das feurige Spiel ihrer Augen mir den Schlüssel zu ihrem Herzen gab, welches wahrscheinlich sehr viel für mich fühlte.

Boaraboata mochte dieses gemerket haben; er stand also unversehens auf, und machte mir Platz, daß ich mit ihr ganz allein seyn konnte. So sehr ich mich auch bisher auf das geistige Wesen allein eingerichtet hatte, so konnte ich mich itzt doch nicht enthalten, einen Kuß auf ihre vollen Wangen zu drücken, welchen sie mit niedergeschlagenen Augen empfieng, worauf der Vater wieder in die Hütte trat.

Ich glaubte nicht, daß diese Kleinigkeit von Folgen seyn könnte; sie war es aber doch, wie man in Kurzem vernehmen wird; zwei Tage nach dieser Geschichte merkte ich, daß die Indianer etwas vorhaben müßten; nämlich, da sie sonst ohne allen Schmuck umher giengen, und höchstens die Weiber einige Muscheln in den Ohren hängen hatten, so waren sie diesmal mit einer Gattung rother Erde bemahlet, die sie in breiten Streifen um den Leib geschmieret hatten, welches von Weitem das Ansehen gab, als wenn sie rothe Bänder um sich gewickelt hätten. Eben so hatten sie sich auf den Wangen und Hinterbacken gezieret, und

damit

damit runde Flecken in der Größe eines Thalers, doch ganz unordentlich, angebracht. In diesem höchst seltenen Zierrath sah ich einen um den andern nach des Boaraboata Hütte gehen, wo sie sich versammelten, und in Haufen stellten.

Da sie sonst, wenn sie irgend ein Fest hatten, mich immer einluden, so konnte ich diesmal nicht begreifen, warum sie so fremd gegen mich thaten, und hielt es für ein sicheres Zeichen, daß ich in ihrer Gunst gefallen seyn müsse, und diese Rückhältigkeit vielleicht der Anfang noch weit schlimmerer Begegnungen sey, die ich noch zu erwarten hätte. Da ich nun von Wilden, deren Wankelmuth bekannt genug ist, nichts Besseres hoffen konnte, als daß ich noch ein Opfer ihrer Grausamkeit werden würde, so stieg mir sogleich der Gedanke in dem Kopf, mich, sobald nur möglich, von ihnen loszumachen, und wieder nach meiner verlassenen Insel zurück zu kehren. Ehe ich aber dieses thäte, wollte ich erst einige Tage lang auf alles ihr Thun und Lassen genau Acht geben; doch das Räthsel wurde mir bald aufgekläret.

Nach einer kleinen Weile kam der ganze Haufe heran gezogen, und an ihrer Spitze gieng Boaraboata, der seine Tochter an der Hand führte. Ich trat sogleich zurück, und gedachte, sie vorbei ziehen zu lassen; allein sie umrungen sogleich meine Wohnung, und Boaraboata trat mit der schönen Jiatoah zu mir herein. Ob ich gleich beinahe auf den Argwohn gerathen wäre, daß er mich belauschet hätte, als ich sie geküsset, und izt deswegen von mir Genugthuung fordern wolle, daß ich die Gastfreyheit zu verletzen mich unterstanden, so gerieth ich doch bald auf eine ganz andere Meinung, da er sich mir mit einer über alle Maßen ehrerbietigen Miene näherte. Er hielt mir itzt wieder eine Rede, worin er meine Wissenschaften und Tugenden bis an den Himmel erhob, und wiederholte beinahe alles dasjenige, was er mir am ersten Tage meiner Ankunft bereits gesagt hatte. Endlich kam er auf den wahren Endzweck seines Besuches. „Großer Soanchelaamoafaztasch, fuhr er fort: „Du hast dich bisher so wenig in Ansehung der „Liebe zum weiblichen Geschlecht blos gegeben, daß „ich geglaubet habe, du seyest bereits mit einer „Tochter der Sonne, oder einem von den Gestir„nen verehlichet, die uns in der Nacht so ange„nehm leuchten, und ich getraute mich nicht, dich „darum zu befragen. Doch du hast mich eines „andern überzeuget, als du vor zwo Sonnen „(zween Tagen) bei mir warest, wo du mit einem „Kuß auf die Wangen meiner Tochter das Zeichen „gabest, daß du sie zum Weibe nehmen wollest. „Ich bringe sie dir also, damit du nach deinem „Belieben mit ihr umgehen könnest. Erst itzt „glaube ich, daß wir recht glücklich sind, und dich „niemals verlieren werden, da du unser Verwand„ter bist. Sorge nicht um Speise und Trank; „wir werden dir und deiner Jiàtoah so viel brin„gen, als ihr verzehren könnet." —

Ich mußte nun das Mädchen von seiner Hand nehmen, und hatte also auf einmal ein Weib,
ohne

ohne daß ich es verlanget hatte. Ich durfte sie nicht wohl versagen, wenn ich nicht die ganze Nation gegen mich in Harnisch bringen wollte; überdieß konnte ich mir nie vorstellen, daß Boaraboata mich, gleich den übrigen, für einen wahrhaften himmlischen Geist halten sollte; denn da die Indianer insgemein sehr unbeständig und unbiegsam sind, so war ich vielmehr der Meinung, er wolle sich meiner blos zum Werkzeuge bedienen, sie im Zaum zu halten, und nach seinem Willen zu lenken; wiewohl ich mich niemals davon überzeugen konnte, und er immer gleiche Gesinnungen gegen mich behielt.

Ich hatte indessen Ursache, mit diesem eheltchen Geschenke zufrieden zu seyn; denn Jiatoah war ein Weib voll guter Eigenschaften, indem sie nicht allein alle erdenkliche Zärtlichkeit gegen mich bezeigte, sondern auch das Hauswesen mit grösstem Fleiß besorgte. Ich lehrte sie unsere Speisen, die meistens in Wildprät oder Fischen bestanden, auf vaterländische Art zurichten, in so weit man nämlich die Zubehörden in dieser Gegend haben konnte, und sie begriff alles so gut, und wurde dermassen behende, als wenn sie bereits einige Jahre bei einem Nürnberger Rathsherrn als Köchinn in Diensten gestanden hätte.

Wenn mir auch übrigens ihre Gesellschaft von keinem Nutzen gewesen wäre, so war sie es doch darin, daß ich durch sie die indianische Sprache eher begriff, indem ich einen großen

Theil des Tages um sie war, und mir jedes Wort so oft durch sie wiederholen ließ, bis ich im Stande war, es ohne Anstoß auszusprechen. Nach einem halben Jahre konnte ich bereits so viel, daß man mich vollkommen verstand.

So groß auch mein Vortheil war, daß mich die Wilden für den großen Geist hielten, so sah ich es doch für meine Pflicht an, ihnen andere Grundsätze der Religion beyzubringen, als ihre bisherigen waren; besonders da mich nun nicht mehr die Unwissenheit ihrer Sprache davon abhielt. Ich gieng also einmal zu Boaraboata, und hinterbrachte ihm, daß ich nunmehr gesonnen sey, ihnen einige Lehren zu geben, wodurch sie einst nach ihrem Tode weit glückseliger werden könnten, als sie sich bisher vorgestellet hätten. Boaraboata hörte mich mit vieler Aufmerksamkeit an, und versprach, daß er auf den zukünftigen Morgen die Vornehmsten im Lande versammeln wolle, und hielt auch sein Wort.

Man bauete des andern Tages einen großen Sonnenschirm vor meiner Hütte, und gegen Abend kam Boaraboata mit noch zehen andern, die sich insgesammt darunter niedersetzten und mich erwarteten. Ich nahm nun auch meinen Platz ein, und erklärte ihnen, wie sie bisher in einigem Irrthum gestanden, indem sie mich für den großen Geist Soanchelaamooafaztasch gehalten hätten. „Ob „ich es nun gleich nicht selber bin, fuhr ich fort, „so habt ihr doch nicht unrecht gethan, daß ihr mir „bisher so viele Ehre erwiesen, wie ihr gleich hö„ren werdet. — Sehet über euch empor. Sehet „den

„den unermeßlichen Raum an, in welchem die
„Sonne stehet, und der Mond und die Sterne,
„die nun bald aufgehen werden! Ein höchstes We=
„sen, das weder Fleisch und Bein hat, und schon
„von Ewigkeit her lebet, hat alles dieses, und
„auch die Erde, auf welcher wir stehen, durch
„einen einzigen Wink aus nichts hervor gebracht,
„und unser Leben, unsere Erhaltung, und alles
„Gute haben wir ihm zu danken.

„Da nun dieses höchste Wesen an allen Ange=
„legenheiten der Menschen, als seiner Kinder,
„Antheil nimmt, so hat es sich unter denselben
„einige erwählet, denen es die Kraft ertheilet hat,
„Wunder zu wirken, und die es besonders liebet,
„wovon auch ich einer bin. Es hat mich zu euch
„gesandt, daß ich bei euch leben, und euch von
„seinem Willen unterrichten solle. Dieses höchste
„Wesen also, mit welchem ich täglich rede, ohne
„daß es von euch gesehen wird, hat mir aufgetra=
„gen, euch zu sagen, daß ihr es künftig den wah=
„ren Gott nennen, mir aber, als seinem Vertrau=
„ten und Diener, mit aller Achtung, wie bisher,
„begegnen sollet." — Ich brachte ihnen also die
ersten Begriffe der Religion bey, so sehr ich mich
nämlich zur Zeit auf ihren schwachen Verstand aus=
dehnen konnte, und hieng die Lehre von den guten
und bösen Geistern mit an, welches ich ihnen alles
historisch vortrug, und darin der Lehrart meines
ehrlichen Vaters folgte.

Sie schieden sehr vergnügt von mir, und versprachen alles das zu thun, was ich ihnen gesaget hatte, kamen auch von dieser Zeit an öfters zu mir, um sich unterrichten zu lassen. Da ich wußte, daß der Glaube bei solchen Völkern immer auf eine gewisse Art unterstützet werden mußte, so sann ich von der Zeit an auf verschiedene Sachen, die ihnen eine Ehrfurcht gegen mich einflößen könnten, welches bisweilen Kleinigkeiten im höchsten Grade bewirkten. Ich will nur ein Beispiel geben. Ich hatte von dem Schiffe ein Gebethbuch mitgenommen, welches ich noch bei mir hatte. Eines Tages schlug ich es in Gegenwart vieler Wilden auf, und sagte ihnen, daß ich genau wissen könnte, wie viele Blätter in dem erstern umgeschlagenen Theile enthalten wären; ohne sie zu zählen; welches ich leicht konnte, indem ich nur die Pagina ansehen durfte; und da ich es getroffen hatte, stieg ihre Verwunderung auf das höchste.

Schon war ich ziemlich weit in meinem Glaubensunterrichte gekommen, und es war schon daran, daß ich die ganze Nation taufen, und zu Christen machen wollte, als ich plötzlich darin unterbrochen wurde. Es hatte sich nämlich der Fall ereignet, daß zehen unsrer Wilden auf die Jagd gegangen waren, wo sie in den drei erstern Tagen nicht das Geringste antrafen. Am vierten stieß ihnen ein wildes Schwein auf, welchem sie einen Pfeil gaben, womit es aber dennoch davon lief. Auf seinem Wege begegnete es sechs andern Indianern, die zu einem andern Stamme gehörten, und, da sie

sie in eben der Absicht ausgegangen waren, es vollends erlegten, und als eine Beute ansahen, die ihnen gehörte. Die Unsrigen kamen dazu, und suchten ihr Eigenthumsrecht durch den Pfeil zu beweisen, welcher noch in ihm stak. Nichts desto weniger wollten es jene immer behaupten, und da kam es bald zum Streite, in welchem natürlicher Weise die Unsrigen, die weit stärker waren, siegten, und vier von ihren Gegnern verwundeten, einen aber auf der Stelle tödteten.

Boaraboata erzählte mir diesen Vorgang, sobald er ihn erfahren hatte, und sagte, daß er glaube, jene Nation, die sehr wild und unversöhnlich sey, würde uns ohne Zweifel bekriegen. Er erholte sich deswegen bei mir um Rath, und sprach mich um Schutz an. So sehr ich auch überzeugt war, daß ich ihm weder den einen noch den andern geistlicher Weise gewähren konnte, so versprach ich doch meinen Freunden zu helfen, wiewohl sie auch das ihrige thun, sich mit Waffen versehen, und auf ihrer Hut seyn müßten, mit welchem Trost er von mir schied.

Es war von dieser Zeit an schon ein ganzer Monath vorbei, ohne daß wir von jemand angetastet wurden; dennoch aber hielten unsere Wilden auf allen Seiten, wo sie nur glaubten, daß Feinde sich nähern könnten, bei Tag und Nacht Wache. Da aber noch die Hälfte von einem andern Monath friedlich verschwand, wurden sie es endlich müde, und zogen ihre Posten ein, welches ihnen aber so übel hätte bekommen können, daß sie insgesammt,

nebst

nebst mir, ihrem Schutzgeiste, ausgerottet werden wären. Ich war diesesmal dennoch ihr Schutzgeist.

Ich hatte nämlich die Gewohnheit an mir, des Tages einigemal mit dem Fernglase umher zu sehen. Eines Tages gegen Sonnenuntergang, als ich das Auge gegen Westen richtete, kam mir die Spitze eines weit entlegenen Berges viel schwärzer vor, als sie sonst aussah. Dies machte mich aufmerksam. Eine ganze Stunde blickte ich ununterbrochen dahin, ohne eine Veränderung zu spüren; endlich aber nahm er von oben her wieder seine vorige Farbe an, die sich immer je mehr und mehr herunter zog. Obschon ich wegen der hereinbrechenden Dämmerung und weiten Entlegenheit nichts Genaues unterscheiden konnte, so kam mir dieser Umstand dennoch bedenklich vor, und ich ließ sogleich den Boaraboata rufen, welchem ich sagte, wie ich glaube, daß uns die Feinde zwischen heut und morgen überfallen würden, und daß sie sehr stark wären; ich benannte ihm auch die Gegend, die mir besonders verdächtig sey. Er erschrack zwar über diese Nachricht, faßte sich aber doch gleich wieder, und sagte, daß er zwei verschlagene Pursche dahin auf Kundschaft schicken wolle; womit er sich eilends entfernte.

Unsere beiden Spione, die des Weges sehr gut kundig waren, schlichen sich von Busch zu Busch, und es gerieth ihnen endlich, wirklich einen Schwarm zu entdecken, der aus mehr als vierhundert Feinden bestand, und immer fort gegen uns
zog,

zog, bis er sich zuletzt, etwa eine Stunde weit von unserm Platz, in einem kleinen Wald verbarg, und stehen blieb. Wir erhielten diesen Rapport, ehe es noch völlig finster wurde, und obgleich Boaraboata glaubte, daß es gut sey, wenn man die Feinde auf der Stelle erwartete, so widerrieth ich ihm doch solches, und machte vielmehr nebst ihm Anstalt, sie anzugreifen. Unsere Leute waren bereits alle versammelt, und so zogen wir eine Stunde vor Mitternacht fort, ohngeachtet wir nur zweihundert Mann stark waren, und sogar Weiber unter uns hatten.

Ich gieng in der Mitte des Schwarms neben Boaraboata, und hatte zwo Flinten, ein Paar Pistolen und meinen Säbel bei mir. Als wir noch eine kleine halbe Stunde von dem Gebüsche waren, in welchem die Feinde stafen, ließ ich halten, und eine kleine Strecke vorwärts allenthalben Posten ausstellen, die uns gleich benachrichtigen sollten, sobald sich der Feind nur im mindesten rührte. Es war die ganze Nacht still, bis gegen Morgen, da sie plötzlich gelaufen kamen, und Nachricht brachten, daß er anrücke. Die Feinde mochten merken, daß es in ihrer Nachbarschaft nicht richtig sey; denn sie zogen sich wirklich zurück, und hielten sich ruhig, bis der Tag anbrach.

Nunmehr brachen sie hervor, und wir stellten uns ihnen entgegen. Es wurden sogleich von beiden Seiten eine Menge Pfeile abgedrückt, an deren Spitzen scharfe Fischgräten und Muschelschaalen gebunden waren, wodurch dennoch sehr viele verwundet wurden; und nun machten die Feinde Mine, sich in ein Handgemenge mit uns einzulassen. In diesem Augenblicke trat ich hervor. Ich hielt den bloßen Säbel im Maul, und in jeder Hand eine Flinte, womit ich gleich auf den dicksten Haufen lossprang, und Feuer gab.

Der Blitz und Knall meiner Röhre, nebst derselben schrecklichen Wirkung, wozu noch meine ihnen ganz fremde Gestalt kam, machte eine so gewaltige Wirkung auf sie, daß sie zum Theile auf die Erde niederfielen, die übrigen aber, die mich vermuthlich für einen erzbösen Zauberer halten mochten, Bogen und Köcher wegwarfen, und unter einem entsetzlichen Geschrei die Flucht ergriffen, da hingegen sich die unsern von meinen Schüssen weit weniger entsetzten, indem ich sie schon dazu vorbereitet hatte, daß ich den Donner auf die Feinde losgehen lassen würde. Unsere Indianer setzten nunmehr den Feinden nach, und trieben sie bis über ihre Gränze, bei welcher Gelegenheit sie, die im Treffen mitgerechnet; gegen hundert tödteten, und über zwanzig Gefangene machten.

Also hatte ich durch eine einzige Salve zwoer Finten den Sieg entschieden, und das Schlachtfeld erhalten. Wir kehrten itzt wieder nach Hause, und Boaraboala dankte mir für meine Hülfe in den devotesten Ausdrücken, und frug mich, was sie mit den Gefangenen machen sollten, indem es bei ihnen Gewohnheit sey, lebendig gefangene Feinde zu schlachten, und sich an ihrem Fleische und Blute zu sättigen. Ich war über diese Frage

äußerst

äußerst aufgebracht, und verwies ihnen diesen unmenschlichen Gebrauch in den schärfesten Ausdrücken, und Boaraboata versprach es auch dahin zu bringen, daß die Feinde diese Gefangenen gegen eine Anzahl wilder Schweine auslösen und zurück nehmen möchten; allein es wurde nicht Wort gehalten.

Gegen Abend sah ich in einer guten Entfernung von dem Dorfe Feuer aufgehen, dessen Ursache ich nicht errathen konnte. Ich frug deswegen einige Indianer, was dieses bedeute, die aber alle sagten, sie wüßten es nicht. Es ist ein Hauptfehler dieser Völker, daß sie sehr gerne lügen; sogar meine Jiatoah, die doch kurz vorher bei ihrem Vater gewesen war, entschuldigte sich mit der Unwissenheit. Zum Glücke fiel mir ein, ob sie nicht dennoch ihre barbarische Mahlzeit halten möchten, und schlug bei Jiatoah auf die Staude, indem ich sagte: ich weiß, daß du lügest, und es werden itzt die Gefangenen gefressen. Sie fiel nun gleich vor mir nieder auf die Knie, und gestand, daß es also sey; man hätte mir aber nichts davon sagen, und erst dann, wenn es vorbei gewesen wäre, mich versöhnen wollen, weil man glaubte, daß ich ein sehr gütiger Geist sey.

In diesem Augenblicke rannte ich selbst hinaus, die Unglücklichen zu retten, kam aber doch etwas zu spät, indem sie schon zween verzehret hatten; wiewohl ich ihnen verbot die übrigen zu schlachten, welches sie dann auch zu unterlassen feyerlich versprachen. Ich beschwerte mich über diese Grausamkeit bei Boaraboata, der sich aber mit der Unwissenheit entschuldigte. Nach etlichen Tagen schickten die Feinde Abgeordnete an uns, die um Frieden bitten mußten, und wir ertheilten ihnen solchen auch; doch unter der Bedingung, daß sie sich anheischig machten, uns alle Jahre zwanzig wilde Schweine als einen Tribut zu senden; und so war denn die Ruhe auf einmal wieder hergestellet.

Nunmehr gab ich mir alle Mühe, dieses Völkchen zu einer christlichen Gemeinde vollends umzuschaffen, und es wurde es dem Namen nach vollkommen; allein ihre Thaten machten sie noch immer der alten Lebensart ähnlich, und sie hörten nie ganz auf, Wilde zu seyn, und übten wenigstens da, wenn sie auf der Jagd, oder sonst entfernet waren, alle ihre Schelmereyen aus. Ich hatte bereits drey Jahre bei diesen Wilden zugebracht — in der That eine lange Zeit unter solchen Geschöpfen, die außer der Gestalt sehr wenig mit Menschen gleich hatten, und die mich gewiß nicht unangetastet gelassen haben würden, wenn es mir nicht gelungen hätte, ihren Verstand durch Betrug zu fesseln, indem ich mir ihre Leichtgläubigkeit zu Nutze machte; denn ohne dieses würde ich niemals vor ihnen sicher gewesen seyn, ob ich gleich ihren Aeltesten zum Schwiegervater gehabt hatte. Er selbst würde sich, wenn es dazu gekommen wäre, kein Gewissen daraus gemacht haben, ein Stück von den Hinterbacken seines Ei-

dams

dams zu verzehren; indem er geglaubt hätte, daß dennoch andere thun würden, was er unterließ.

Ich fieng nun allmählig an zu bedenken, was endlich aus mir werden sollte, wenn ich länger unter ihnen blieb; und ich erschrack ordentlich vor dem Gedanken, daß ich unter dieser Nation sterben, und mein Vaterland nie mehr wieder sehen sollte, als wozu mir nach und nach alle Hoffnung verschwand. So wie ich hier beinahe nicht das geringste arbeiten durfte, außer was mir selbst gefiel, und ich theils zu meinem Vergnügen, theils zur Vertreibung des mir, als einem von je her der Arbeit gewohnten Menschen, so sehr verhaßten und beschwerlichen Müßiganges, vor die Hand nahm; so wurde mir doch dieses Leben verhaßt. Bei allem dem, daß mich die Wilden hoch schätzten, und mir reichlichen Unterhalt verschafften, sah ich mich dennoch bloß als einen Sklaven an, der, um nicht gefressen zu werden, nie das sagen durfte, was er dachte, und, um seinen Bauch zu füttern, ein ewiger Lügner und Betrüger seyn müßte.

Da ich mich mit diesen Gedanken sehr oft herum schlug, so wurden sie mir endlich gefährlich, und verließen mich gar nicht mehr. Ich wurde auf einmal so schwermüthig, daß ich endlich in eine Krankheit verfiel, und mich legen mußte. Die ganze Nation wurde deswegen bekümmert, und es vergiengen selten zwey Stunden, wo nicht jemand gekommen wäre, der sich um
mein

mein Befinden erkundiget hätte. Niemand kannte meine Krankheit; und da ich es für sehr unweise hielt, sie selbst jemanden zu entdecken, so wußten sie nicht, was sie daraus machen sollten. Endlich geriethen sie auf den Einfall, ich müsse durch das Anstiften irgend eines bösen Geistes bezaubert worden seyn, und glaubten also, daß auch blos übernatürliche Mittel dazu erfordert würden, mich von dieser Zauberey zu befreyen.

Sie schickten also einige aus ihrem Mittel zu einem berühmten Zauberer, welcher unter der nämlichen Nation wohnte, mit der sie erst Frieden geschlossen hatten, und die itzt wieder ihre Freunde waren, ließen ihm die Umstände meiner Krankheit melden, und ersuchten ihn, mir zu helfen. Da er sich großen Ruhm von seiner Kur versprach, so kam er gleich mit ihnen zurück, und sie brachten ihn unversehens in meine Hütte, wo sie ihn mit mir allein ließen.

Ich sah da einen unbekannten Kerl vor mir, der die lächerlichste Figur von der Welt machte. Seine schwarzbraune Haut war über und über mit verschiedenen unförmlichen weißen Figuren bemahlt; er hatte sich die Haare über die Stirne gekämmet, und von der linken Schulter auf die rechte Hüfte hiengen ihm etliche Schlagenhäute; in der linken Hand trug er eine kleine Klapper, und in der rechten einen dünnen runden Stock, der für Wilde immer zierlich genug ausgeschnitzet war.

Da ich keinen der unsrigen mit ihm kommen gesehen, und eigentlich nicht wußte, wessen ich
mich

mich zu diesem Popanz zu versehen hätte, so griff ich geschwind nach meiner Pistole, und drohete, ihn auf der Stelle zu tödten, wofern er sich unterstehen würde, mir nur nm einen Schritt näher zu kommen. Er erschrack über die Maßen über einen so rauhen Empfang, auf welchen er wohl nicht vorbereitet seyn mochte, und blieb eine gute Weile, wie an den Boden genagelt, auf der Stelle stehen, ohne ein Wort zu reden. Mit einem starken Tone fragte ich ihn jetzt, wer er sey, und was er bey mir verlange; und in diesem Augenblicke fiel er auf die Knie, küßte die Erde, und fieng, nachdem er sich wieder von derselben erhoben, folgendermaßen an:

„Vergieb mir, du berühmter Vetter des größ
„ten Geistes der Welt, wenn ich, ohne von dir
„Erlaubniß zu begehren, in deine Hütte eingetreten
„bin. Ich bin der Zauberer und Arzt der Nation,
„mit welcher ihr vor Kurzem Krieg führtet, bin
„berufen und bekannt, so weit die Sonne scheint,
„die Sterne funkeln, und der Mond leuchtet, und
„Proomaloo ist mein Name, den du gewiß schon
„gehöret haben wirst. Ich habe vernommen, daß
„du verzaubert bist, und bin deswegen gekommen,
„dir zu helfen, wenn du willst. Ich will die bö
„sen Steine also bald von dir nehmen, die man dir
„in den Magen geschoben hat, und die du nicht
„verdauen kannst, und die Splitter aus den Ge
„lenken deiner Knochen ziehen, mit welchen du so
„voll gestopfet bist, daß du sie selbst nicht kennest;
„aber es ist dabei eine Hauptsache, daß du mir aufs
„Wo

„Wort glaubeſt, ein feſtes Vertrauen auf mich
„ſetzeſt und pünktlich thueſt, was ich dir ſagen
„werde."

Ich konnte mich über dieſe närriſche Anrede des
Lachens kaum enthalten; da ich aber neugierig war,
worin ſeine Kunſt beſtünde, that ich verſchiedene
Fragen an ihn, die er mir jedoch alle ganz verkehrt
beantwortete, ſo, daß nichts aus ihm zu bringen
war. Das einzige ſagte er, daß der große Geiſt
der Welt alle Nächte an das Ufer des Fluſſes kom=
me, und ihn erwarte, damit er ihm die Haare
kämme, wo er ihm dann alle Geheimniſſe ſage.
Ehe ich ihm wieder eine Einwendung dagegen mach=
te, ſtreckte er ſeinen Stab aus, und fieng ſeine
Beſchwörung an, wobey er unverſtändliche Worte
durch die Zähne murmelte, und die Augen auf die
ſcheußlichſte Art im Kopf verdrehte.

Ich war nie Willens, es ſo weit kommen zu
laſſen, und geboth ihm alſo, ſeine Narrheiten ein=
zuſtellen, und ſich ſogleich zu entfernen; allein er
that, als ob er weder ſähe noch hörte, und fiel
nach aller Länge auf die Erde, wo er verſchiedene
konvulſiviſche Bewegungen machte, von welchen ich
ihn jedoch ſehr bald befreyete. Entrüſtet über ſei=
nen Ungehorſam, ergriff ich ein neben mir liegen=
des Stück Tau, ſprang auf ihn zu, und hieb ihn
damit dermaßen über die Schenkel und Schulter=
blätter, daß er ſich ſogleich erholte, und auf die
Beine kam, wo ich ihn dann vollends zur Thüre
hinaus prügelte.

Ich

Ich hatte ihm seine Schlangenhaut vom Buckel geschlagen, die mir zur Beute blieb, und auf dem Boden liegen geblieben war. Eine Stunde darnach kam Boaraboata, und wünschte mir Glück zu meiner Genesung; und da erfuhr ich, daß der Zauberer ihm etliche große Steine gebracht, und gesagt hatte, daß er sie aus meinem Magen genommen, und mich nun von meiner Verzauberung gänzlich befreiet hätte, worauf er, mit reichlichen Geschenken versehen, wieder zu seiner Nation zurückgekehret wäre.

Er hatte sich also mit seinen Schlägen eben nicht gerühmet. Ich sagte nun dem Boaraboata die Wahrheit, und den ganzen Hergang der Sache, worüber er heftig erschrack, indem er mir zu verstehen gab, daß sich nun der Zauberer rächen, und die ganze Nation verzaubern würde; allein ich stellte ihm die Albernheit seiner Meinung so deutlich vor, daß er es endlich vollkommen einsah, und versprach, künftig nicht mehr an solche Sachen zu glauben. Ich erfuhr nunmehr erst von ihm, daß er selbst aus guter Meinung nach ihm gesendet hatte.

Diese Arzneymittel waren also von schlechter Wirkung; doch wurde ich endlich durch das Betragen der Jiatoah wieder etwas aufgeräumter. Ich hatte diese junge Indianerinn, die ich erst nicht mit Gleichgültigkeit ansah, dennoch bisher ganz gleichgültig behandelt, weil ich mir nie den Gedanken einkommen lassen, mich mit einer Wilden zu verheirathen, und sie mir gleichsam aufgedrungen worden war. Auch sie selbst unterstützte mich in dieser

T   Kälte,

Kälte, indem sie sich nicht sonderlich um meine Liebe bewarb, und sich vielmehr bestrebte, mir in ihren häuslichen Obliegenheiten Genüge zu leisten. Von dieser Zeit an aber wurde sie weit zärtlicher, und gab sich alle nur mögliche Mühe, mir zu gefallen. Ob ich schon ihre Absichten deutlich merkte, (indem die Indianerinnen, wenn sie gleich, so gut als ihre Männer, äußerst schlau sind, dennoch in Absicht auf Liebe und Gegenliebe keine Verstellung kennen, und ihrem Herzen freyen Lauf lassen) so war mir solche doch nicht zuwider, und ich freuete mich, ein Geschöpf um mich zu haben, welches an meinem Schicksale Antheil nahm. Allmählich wuchs meine Zuneigung gegen sie, aus welcher endlich die vollkommenste Liebe wurde.

Da ich mich itzt für ganz glücklich hielt, so schlug ich mir nach und nach alle Gedanken aus dem Sinn, die auf eine Wegreise und Wiederkehr ins Vaterland gerichtet waren, und nahm mir vor, ewig hier zu bleiben, indem ich itzt das Land allein für mein Vaterland hielt; allein diese Glückseligkeit war von kurzer Dauer. Jiatoah war einmal, wie sie gewöhnlich that, ausgegangen, einige frische Früchte zu holen, und kam nicht mehr wieder. Alles Nachforschens ohngeachtet, konnte man doch nicht erfahren, wo sie hingekommen war. Man kann sich leicht vorstellen, daß mich dieser Verlust auf das höchste betrübet haben mußte, so wie auch ihr Vater Boaraboata darüber untröstlich war. Vergeblich ließ er sie im Wald, an dem ganzen Ufer des Flußes, und überall suchen; die Bothen kamen allezeit mit der Nachricht zurück, daß sie niemand gesehen habe. Endlich setzte mich der gute Alte selbst auf eine gefährliche Probe, mit welcher ich in die äußerste Gefahr lief: nämlich, da ich mich gegen ihn über ihren Verlust beklagte, fieng er an: „Du bist traurig, großer Geist, daß du „meine Tochter nicht mehr siehest; aber ich wundere „mich darüber, daß du es nicht wissen solltest, da „du doch gewußt hast, daß uns die Feinde angreif„fen würden."

Ich war sehr verlegen, was ich ihm darauf antworten sollte, um bei Ehren zu bleiben; endlich erwiederte ich: daß mir jenes vom Himmel offenbaret worden, sey ganz etwas **anders**, indem da das Wohl einer ganzen Nation auf dem Spiele gestanden hätte; da dieser Zufall aber bloß meine Person beträfe, so sey es vermuthlich vom Schicksale beschlossen, daß es ein Geheimniß bleiben solle, da es vielleicht nicht gern gesehen, daß ich in Gesellschaft eines Weibes gelebet hätte. Ich kam mit dieser Antwort am besten aus der Sache, indem sich Boaraboata völlig damit befriedigen ließ.

Da einige Monate vorüber waren, und man noch auf keine Spur von Jiatoah kommen konnte, so verlor ich alle Hoffnung, sie jemals wieder zu finden, und zählte sie unter die Todten. Demohngeachtet fühlte ich itzt, ob mich gleich nichts mehr an dieses Land fesselte, nicht wieder jenes brennende Verlangen es zu verlassen, indem mich eine gewisse Gleichgültigkeit eingenommen hatte.

Ich richtete mir nun an meiner Hütte einen kleinen Garten ein. Da es hier zu Lande einige Arten von Bäumen und Pflanzen gab, welche ausserordentlich geschwind in die Höhe schossen, so hatte ich ihn, besonders da mir viele Hände arbeiten halfen, ziemlich bald so weit zu Stande, daß ich darin im Schatten sitzen konnte. Dieser Ort wurde mein täglicher Aufenthalt, und Boaraboata leistete mir nicht selten Gesellschaft.

Ich wunderte mich übrigens, daß dieser Alte niemals mehr seiner Tochter gegen mich erwähnte, welches entweder ein schon angenommener Gebrauch der Indianer war, oder dieß zum Grunde hatte, daß er, da er wußte, daß sie mir werth gewesen war, mir durch Nennung ihres Namens die alten Wunden nicht aufreisen, und neuen Schmerz verursachen wollte.

Zween Monate waren schon wieder vorbei, als sich ein besonderer Zufall ereignete, der mir um desto angenehmer war, da ich mir itzt am allerwenigsten darauf Rechnung gemachet hatte. Boaraboata nämlich kam eines Tages mit heftigen Schritten zu mir gelaufen, und warf sich auf eine hölzerne Bank, wo er mich eine gute Weile mit unverwandten Augen ansah, und kein Wort hervor bringen konnte. Ich merkte gleich an seinen Geberden, daß sich etwas Außerordentliches zugetragen haben müsse, und fragte ihn also um die Ursache seiner Verwirrung; worauf er mir erzählte, daß man ihm Nachricht gebracht hätte, es sey des gestrigen Tages ein großes schwimmendes Haus

Haus den Fluß herauf gekommen, auf welchem sich lauter böse Geister befänden. Seine Landsleute hätten am Ufer gestanden, sie zu betrachten, und ihnen nicht das mindeste zu Leide gethan; auf einmal aber hätten sie eben einen solchen Donner gemacht, als ich machen könnte, und ihnen zwey erschossen. Er bat mich also, zu ihnen zu gehen, und sie zu besänftigen.

Ich merkte sogleich aus seinen Reden, daß ein europäisches Schiff angekommen sey, welches vermuthlich aus keiner andern Ursache, als um frisches Wasser einzunehmen, diesen Fluß befahren haben mochte. Mit aller Hastigkeit frug ich ihn also in der Kürze nach allen Umständen aus, und erfuhr, daß es gestern Abends angekommen sey, und etwa drei Meilen weit von hier vor Anker liege. Ich versprach ihm, daß ich mich sogleich dahin verfügen, und diese Geister gewiß zu seinen und der Nation Freunden machen wolle, worüber er sich dann auch sehr vergnügt bezeugte, und sich erboth, mich selbst dahin zu begleiten.

Wir machten uns ungesäumt auf den Weg. Die Freude, die ich empfand, bald wieder gesittete Menschen in diesen Gegenden anzutreffen, machte, daß mir, obgleich die Sonne sehr drückte, dennoch dieser Zug nicht sauer wurde, besonders wenn ich mir vorstellte, daß sie mich mit sich nehmen, und zurück nach Europa führen würden. Als wir aus dem Ende eines Waldes kamen, so sah ich endlich eine Strecke vor mir den Wimpel von dem Hauptmaste eines Schiffes wehen.

Wir

Wir verdoppelten itzt unsre Schritte, und nach einer kurzen Zeit entdeckte ich eine kleine Fregatte, welche ich sogleich an ihren Flaggen für eine französische erkannte, und die in einer Entfernung von funfzig Schritten vom Ufer im Fluß vor Anker lag. Boataboata getrauete sich nicht, ihm näher zu treten, und blieb hinter einem Gebüsche verborgen, wo er auf mich zu warten versprach; ich aber gieng bis an das Ufer, und rief der auf dem Verdeck stehenden Schildwache auf französisch zu, daß ich an Bord begehrte. Es kamen sogleich verschiedene Menschen in die Höhe, die mich eine lange Weile betrachteten, indem sie, da meine Equipage in einem ganz verwirrten Zustande war, nicht wissen mochten, was sie aus mir machen sollten; aber bald hierauf setzten vier Mann in einem Boote herüber, die mich mittelst desselben auf das Schiff brachten.

Man führte mich in die Kajüte, wo ich den Kapitain fand, der sich mittlerweile eine Pfeife Toback angezündet hatte, und mit mir auf französisch redete. Er äußerte sehr große Verwunderung, hier einen Europäer anzutreffen, und ich mußte ihm in der Kürze meine ganzen Begebenheiten erzählen, worüber er sehr viel Vergnügen bezeugte, und sich erbot, mich wieder mit in mein Vaterland zu nehmen. Er war nicht mehr jung, aber ein höflicher und menschenfreundlicher Mann. Ich mußte nun in seiner Gesellschaft eine Pfeife Toback mitschmauchen, die mir besonders gut schmeckte, da ich sie schon einige Jahre lang entbehren müssen.

Sobald

Sobald ich mit meiner Geschichte fertig war, erzählte er mir, daß sie auf königlichen Befehl auf Entdeckungen ausgefahren wären. Sie waren schon über drey Jahre auf der See, und hatten verschiedene bekannte und unbekannt: Inseln gefunden, die sie auch im Namen Seiner allerchristlichsten Majestät in Besitz genommen hatten. Von Madagaskar aus hatten sie herüber nach der nördlichen Küste von Amerika segeln wollen, wurden aber, da sie bereits über den halben Weg zurück gelegt hatten, von einem gewaltigen Sturm ergriffen, der sie verschlug, und in diese Gewässer brachte. Sie waren an einige Inseln gekommen, wo sie, weil ihr Wasser meist verdorben war, frisches einnehmen wollten; allein die allenthalben wohnenden Wilden verhinderten sie daran, und zwangen sie weiter zu segeln, weil sie mit Gewalt nichts ausrichten konnten. Sie waren nun in dem hiesigen Gewässer angelanget, und ich erfuhr nunmehr zur Bestätigung meiner schon lange gehabten Muthmaßung, daß dieses die Küste von Brasilien wäre. Zween Tage vorher hatten sie bereits in diesem Fluß gelandet, und sich um frisches Brunnenwasser umgesehen, bis sie gestern eine süße Quelle gefunden, aus welcher sie einige Tonnen füllen wollten. Da sie weit vom Schiffe ins Land gehen müssen, welches sie für unbewohnet gehalten, so ließen sie die erstern Tonnen bei der Quelle liegen, und giengen wieder nach dem Schiffe, um mehrere zu holen. Als sie wieder an die Quelle kamen, war ihnen eine Tonne entwendet. Sie suchten nun in der ganzen Gegend umher, und stießen endlich auf einen Trupp Wilde, die die Tonne vor sich her rollten; im Zorn gaben sie Feuer unter sie, und tödteten zween, worauf die übrigen die Flucht ergriffen, und ihre gestohlne Beute im Stich ließen.

Es war mir lieb, daß ich nun wegen dieser Begebenheit Aufschluß hatte, und itzt erzählte ich dem Kapitain, daß ich von dem Aeltesten der Wilden an ihn gesandt worden sey, um den Frieden wieder herzustellen. Der Kapitain äußerte darüber eine besondere Freude, indem er von diesem Volk durch meine Hülfe einigen Vorrath an Fleisch zu bekommen hoffte, als welches im Schiffe ziemlich auf die Neige gieng. Allein ich eröffnete ihm, daß diese Gegend an Vieh sehr arm wäre, und er außer einigen wilden Schweinen schwerlich etwas erhalten würde. Indessen mußte das Schiff, welches einige Beschädigungen gelitten hatte, ausgebessert werden, und etliche Wochen hier liegen bleiben.

Ich gieng nun wieder zurück, brachte dem Boaraboata die Nachricht von dem wahren Hergang der Sache, und versicherte ihn, daß diese keine bösen Geister wären, und sich nur kurze Zeit hier aufhalten, und mit den Seinigen in Frieden leben würden, wenn man nur ihnen keine Beleidigungen zufügen wollte; und er war damit vollkommen zufrieden, und versprach, daß dieser Vorgang auf immer vergessen seyn sollte.

Ich

Ich gieng den andern Tag wieder an das Schiff. Da mir der Weg zu Lande zu sauer wurde, so beschloß ich, mein Boot zu nehmen, und damit den Fluß hinab zu fahren. Es war dieses das erste Mahl, daß ich hier Gebrauch davon machte; doch ich traf es, weil es immer im Schatten gestanden hatte, in ganz gutem Zustande an; und Boaraboata begleitete mich mit einer großen Menge der Seinigen, die zu Lande giengen: da ich mit so vielen Wilden nicht an Bord kommen durfte, weil man leichtlich etwas Arges hätte vermuthen können, so ließ ich sie weit davon halten, und begab mich allein dahin, es dem Kapitain zu hinterbringen, daß man ihn itzt nach Landessitte bewillkommen wolle.

Er war damit zufrieden; nur befahl er, daß seine Leute mit ihm insgesamt ans Land gehen, und so lange unter Waffen bleiben sollten, bis die Ceremonie vorüber seyn würde. Ich führte nun meine Begleiter nebst Boaraboata herbey, welcher wieder eine lange ernsthafte Rede hielt, die ich sogleich ins französische übersetzen mußte, und worüber er von Herzen lachte. Er bedankte sich dann mit aller Höflichkeit, und lud den Aeltesten nebst noch zehen andern, die nach ihm die Vornehmsten waren, auf das Schiff ein, und sie besannen sich nicht lange; und bestiegen es ohne Scheu, weil sie mich bey sich sahen. Es ist nicht auszudrücken, was diese armen Teufel für Verwunderung bezeugten, als sie die verschiedenen Gegenstände auf demselben erblickten. Der Kapitain ließ ihnen nunmehr

mehr eine Tafel decken, und sie mit Speisen, die auf europäische Art zugerichtet waren, bewirthen; allein sie wollten nicht daran beißen. Als aber eine große Flasche Maderawein aufgetragen wurde, bezeigten sie sich weit dreister, und ließen sich nicht im geringsten dazu nöthigen.

Da man abgetragen hatte, giengen wir insgesamt wieder aufs Verdeck, und sahen den Haufen der Uibrigen noch am Ufer, wo sie sich gelagert hatten. Der Kapitain wollte sich jetzt eine kleine Freude machen, und befahl der Schiffsmusik, die aus Trommeln und Pfeifen bestund, sich hören zu lassen; allein das Vergnügen fiel nicht so gut aus, wie man es gehoffet hatte. Kaum fieng der Tambour an etliche Streiche zu thun, so sprangen sie sämtlich, bis auf Boaraboata, für Schrecken über Bord, und stürzten sich in den Fluß, aus welchem sie an das Ufer schwammen, und davon liefen. Die Uibrigen waren gleichfalls über Hals und Kopf davon gerennt, ohne daß sich diesen Tag mehr einer sehen ließ. Es war noch gut, daß Boaraboata geblieben war, dem sein Alter keinen solchen Sprung erlaubte. Er war zwar sehr erschrocken, faßte sich aber bald wieder, da man ihm die Trommel zeigte, die er sich jedoch nicht anzurühren getrauete. Wir fuhren nun wieder zu den erschrockenen Wilden zurück. Da sie mich mit Boaraboata ankommen sahen, faßten sie gleich wieder Muth, und begaben sich des andern Tages wieder in die Gegend des Schiffes, welches sie unaufhörlich betrachteten. Durch mein Zureden machten sie endlich

lich Anstalt, daß für die Equipage einiges Wildprät von Zeit zu Zeit herbey gebracht wurde, welches aber von keiner Bedeutung war; für dieses beschenkte sie der Kapitain mit Spielwerk, womit sie vergnügter waren, als wenn sie Dukaten bekommen hätten.

Endlich war das Schiff wieder im Stand, unter Segel zu gehen. Ich hatte weislich überlegt, daß es nicht gut seyn würde, öffentlich von ihnen Abschied zu nehmen, indem sie mich leicht mit Gewalt zurückhalten könnten; deswegen beschloß ich, da in zween Tage die Anker gehoben werden sollten, nunmehr mich heimlich an Bord zu begeben. Ich erwählte dazu die Nacht; weil es eben Mondenlicht war, und erwartete den Abend, da ich alle meine Habseligkeiten an das Boot trug, und also den Fluß hinab schwamm, und das Schiff bestieg.

Ob ich gleich nichts feindseliges von ihnen zu befürchten hatte, so wollte ich lieber in meiner Sache gewiß gehen. Hauptsächlich hatte mich die Aufführung der Matrosen dazu bewogen, als welche während ihres Hierseyns viele Ausschweifungen begangen, und sich mit den wilden Mädchens ziemlich lustig gemacht hatten. Ich besorgte daher nicht mit Unrecht, daß dadurch unsere Geister würden in etwas herabgesetzet worden seyn, wodurch die Wilden nach und nach mehr aufgekläret werden, und mich mit Gewalt zurück behalten könnten. Allein ich bekam sie nicht mehr zu sehen; denn da sich in eben dieser Nacht der Wind änderte, und südwestlich wurde, so machten wir uns diesen zu

Nutzen

Nutzen, und lichteten mit Anbruch des Morgens die Anker, worauf sich das Schiff alsobald in Bewegung setzte. Da der Fluß gleichfalls von Westen gegen Norden zu sich ergoß, so war uns dieses zu unsrer Reise sehr behülflich, und wir kamen nach zween Tagen glücklich auf die hohe See hinaus.

Ob ich gleich noch verschiedene angenehme Sachen, die ich vom englischen Schiffe gerettet, und als mein Eigenthum ansehen konnte, auf meiner verlassenen Insel liegen hatte, so war mir doch noch nicht der Gedanke eingekommen, dieselbe noch einmal besuchen zu wollen, indem ich, da mich der Kapitain blos aus Menschenliebe mit sich nahm, nicht zu vermuthen hatte, daß er wegen solchen Kleinigkeiten seinen Kours verändern würde; und dann machte auch die Hoffnung, mein wahres Vaterland bald wieder zu sehen, daß ich an nichts anderes mehr gedachte, und dafür lieber alles in den Wind geschlagen hätte. Doch dieser brave Mann gab mir selbst Gelegenheit dazu, und ich bekam sie unverhofft noch zu betreten.

Seit wir vom Lande gestoßen waren, war ich meist bei ihm in der Kajüte, wenn ihn nicht seine Pflicht auf das Verdeck forderte. Auf einmal kam er wieder auf die Wilden zu reden. Er sagte, daß er sich zwar über ihre besondere Sanftmuth gewundert habe, als welche man sonst unter dergleichen Nationen nicht leicht anträfe; nur sey ihm dieses schmerzlich, daß er bei ihnen nicht so viel Proviant zusammen bringen können, um das Schiff wenigstens auf etliche Wochen damit zu versorgen.

Wäh=

Während er so sprach, fielen mir die Ochsen ein, die auf meiner Insel wohnten, und deren ich, da ich noch darauf war, etliche zu meinem Unterhalte erleget hatte. Ich sagte ihm nunmehr davon, daß ich auf meiner Insel Rindvieh angetroffen hätte, welches, ob es gleich scheu sey, dennoch bey einer so großen Anzahl von Menschen leicht zu bekommen seyn würde. Diese Entdeckung war ihm lieb, und er befahl mir, den Steuermann, zu unterrichten, wie er mit dem Schiff umgehen sollte, damit wir sie ja nicht verfehlten. Wir hielten uns also um etwas weniges mehr gegen Osten. Ob wir gleich einigemal auf Untiefen kamen, daß man einmal schon den Sand rauschen hörte, wie das Schiff darüber hin streifte, so fuhren wir doch die ganze Nacht über ohne Anstoß.

Den andern Morgen als es Tag geworden war, sahen wir etwas nördlich eine Insel, die wir schon vorbei gefahren waren. Da unsere Reise erst so kurze Zeit gewähret hatte, so dachte ich Anfangs nicht, daß es meine Insel seyn könnte; aber das Fernglas überzeugte mich bald, daß sie es wirklich war, und wir uns etwas zu viel gegen Osten zu gehalten hatten, wiewohl zu unserm Glück, indem wir im Finstern gar leicht hätten stranden können.

Wir mußten also, da der Wind stark wehete, den Augenblick alle Segel einreffen, und umwenden, wo wir kein anderes Mittel fanden, als mittelst der Chaluppe und der Boote das Schiff gegen das Land zu buxiren. Wiewohl diese Arbeit langsam herging, so gelang es uns doch

end=

endlich, indem wir das Waſſer, jemehr wir uns näherten, immer ſeichter fanden, daher wir bald die Anker warfen, und blos mit der Chaluppe und einem Boot hinüber ſetzten.

Wir fuhren diesmal gerade unter den Riff hin, wo die Schildkröten wohnten, und ſtiegen dort ans Land, wo ich die Leute insgeſammt in die Gegend führte, die, meines Wiſſens, die wilden Ochſen am liebſten bewohnten. Der Kapitain, welcher indeſſen das Kommando dem Oberbootsmann gegeben hatte, war ſelbſt mit bei uns, und wollte, als ein Liebhaber von der Jagd, dieſem Fang mit beiwohnen.

Seine Gegenwart war ſehr gut, indem das unbändige Schiffsvolk ſonſt nach ſeinem Eigenſinn gehandelt haben würde, und wir leicht mit leeren Händen hätten ausgehen können. Da ſich auf ſeinen Befehl die Schützen alle geſtellet hatten, begab ich mich mit vierzig Matroſen in ein dickes Gebüſche, und trieb gegen jene zu, wodurch es ſo glücklich gieng, daß ſie das erſtemal zwölf Stück erlegten, die ſogleich ins Boot geſchaffet wurden, welches damit an das Schiff fahren, und alſobald zurückkehren mußte. Wir ſtreiften binnen vier Tagen die ganze Inſel aus, und es gerieth uns wirklich, ſechs und achtzig Stücke erwachſenes Rindvieh zu erlegen, welches, da wir noch einigen alten Vorrath an Fleiſch hatten, auf unſere ganze Reiſe bis nach Europa hinreichend war. Ich hätte nie dieſe Inſel ſo reichlich damit ver=

versehen geglaubt, indem ich selten viele beisammen antraf.

Der Kapitain war höchst zufrieden mit mir wegen dieser so vortheilhoften Anzeige, und erbot sich, mir in allen Stücken dafür gefällig zu seyn, und wenn wir nach Frankreich zurück kämen, mich bei der Admiralität so gut zu rekommandiren, daß ich gewiß belohnet, und in ein schickliches Amt untergebracht werden sollte. Da ich ihm gesagt hatte, daß in meiner Wohnung noch einiges Getraide und verschiedene brauchbare Sachen liegen geblieben, so fuhren wir in den Fluß, und begaben uns dahin. Er wunderte sich über den Bau meiner Hütte, und lobte meine Vorsicht über alles. Wir fanden noch einige tausend Pfund an Reiß, nebst verschiedenen Kisten, die ich zum Theil nur obenhin durchgesehen hatte, und die wir sogleich ins Boot schafften, wiewohl ich auch nicht vergaß, meine alte Höhle auszuräumen, von welcher ich noch zwölf Kisten auf das Schiff brachte.

Da wir damit fertig waren, giengen wir alsobald unter Segel. Wind und Wetter war uns vollkommen günstig, und nach einer Fahrt von acht Monaten kamen wir an die Insel Madera, wo wir sehr gut aufgenommen wurden, und uns den herrlichen Wein dieses Landes wohl schmecken ließen. Von da giengen wir nach vierzehn Tagen wieder in See, und bekamen bald wieder Sturm, der uns etwas rückwärts trieb; allein, da er sich geleget hatte, gewannen wir unsere Straße bald wieder.

Eines

Eines Tages fiel dem Kapitain ein, mich um alle meine Habseligkeiten auszufragen, und erklärte mir die Ursache, daß nämlich bei dem Einlaufen in einen Hafen jedes Schiff seine Ladung genau angeben müsse, da sonst alles Verschwiegene, bei einer Visitirung konfisciret würde.

Da ich nun selbst nicht alles genau wußte, was ich besaß, und selbst einige unter meinen Kisten hatte, die noch gar nicht eröffnet worden waren, so nahm ich eine genauere Untersuchung vor. Endlich kam ich unvermuthet auf acht Säcke, in welchen Gold und Banknoten waren, die ich zusammen auf zwölf tausend Pfund Sterling rechnete, und in verschiedenen Kisten vertheilet waren. Hätte ich diesen Reichthum auf der Insel entdecket, so würde er wenig Eindruck auf mich gemachet haben; itzt aber, da ich so nahe an der europäischen Küste war, war meine Freude darüber ohne ihres gleichen. Ich entdeckte sogleich diesen Fund dem Kapitain. Er stutzte ziemlich über eine so große Summe, aber er war ein ehrlicher Mann.

Diese Gelder, sagte er, waren ohne Zweifel königliche Admiralitätsgelder von England. Da Ihr der einzige wissentlich Uibergebliebene von jenem verunglückten Schiffe seyd, so spricht Euch das Recht der Billigkeit auch dessen Verlassenschaft zu, und in einem andern Welttheile würde sie Euch niemand streitig gemacht haben; allein die Admiralitätsrechte sind ganz anders. Nach diesen müßtet Ihr alles herausgeben, was ihr gefunden habt. Doch da wir itzt mit England Krieg führen, hoffe ich,

ich, daß man diese Sache nicht so genau untersuchen wird. Indessen fiel er bald auf ein sicheres Mittel, und ersuchte mich, ihm alles in Verwahrung zu geben; da er es als sein eigen ansagen würde. Ich that es, und er stellte mir dagegen einen Wechsel aus.

Endlich bekamen wir die Küsten von Spanien ins Gesicht, die wir vorbei segelten, und langten endlich wohl behalten in dem Brester Hafen an, wo wir alsobald die Anker fallen ließen. Wir stiegen gleich des andern Tages ans Land, und der Kapitain, welcher in dieser Stadt ein eigenes Haus besaß, war so höflich, mir darin ein Zimmer einzuräumen, welches ich auch, da ich ganz fremd war, mit Freuden annahm.

Alle unsere Angelegenheiten giengen, so wie wir es wünschten, von Statten, und schon am sechsten Tage gab mir dieser brave Franzose alles mein Geld und übrige Sachen wieder, die er in Verwahrung genommen hatte, worüber er mir noch auf königliche Rechnung nach dem hiesigen Marktpreise das Getraide bezahlte, welches ich von der Insel auf das Schiff gebracht hatte, das ich ihm aber wieder zurück gab, und unter die Matrosen zu vertheilen bat.

Dieser Mann, welcher La Rogue hieß, und schon zwei und zwanzig Jahre bei der Marine diente, hatte keine Gemahlinn mehr, wohl aber eine liebenswürdige Tochter von zwanzig Jahren, die ihm seine Haushaltung führte. Es wurden ihm kurz nach unserer Ankunft verschiedene Kaba-

U

len

len gespielet, so daß er zu einer Expedition, die man auf eine englische Kolonie vorhatte, im Kommando eines größern Schiffes, welches ihm doch schon lange versprochen worden war, übergangen wurde. Er ärgerte sich darüber, und da er ohnehin Vermögen besaß, so nahm er auf der Stelle seinen Abschied, und setzte sich in Ruhe. Ich hatte mir erst vorgenommen, nach Steyermark zu den Meinigen zu reisen; da aber eben der Winter vor der Thüre war, schob ich solches auf, und beschloß, bis zum Maymonat in Brest zu bleiben, wozu mich hauptsächlich die eingezogene Nachricht brachte, daß der Kapitain, bei welchem ich ehemals gedienet hatte, und von dem ich durchgegangen war, schon lange nicht mehr lebte, und ich also keine weitere Ungelegenheit zu befürchten hatte.

Die schöne Louise, (so hieß meines Wirths Tochter) gab sich alle mögliche Mühe, mich zu bewirthen, und ich merkte bald, daß ihre Gefälligkeiten etwas mehr, als französische Politesse, zum Grunde haben möchten, wiewohl ich mir nicht das geringste von meinem Wahn merken ließ. Sie war brünett, von schönen Gesichtszügen, und großen Augen, die die Lebhaftigkeit selbst genennet werden konnten, dabei von einem so vortheilhaften Wuchs, daß sie jeder Kenner bewundern mußte. So schön sie aber auch im Aeußerlichen war, so übertraf doch ihr Verstand noch alle diese Eigenschaften, und es geschah auch endlich, daß ich etwas in mir fühlte, welches mehr als bloße Hochachtung gegen sie war.

Ich

Ich suchte nun ihren Umgang mehr als jemals, und da ihr Vater nicht so kurzsichtig war, daß er es nicht hätte merken sollen, so wendete er einmal, als wir ganz allein waren, das Gespräch auf seine Tochter. „Sie ist gut erzogen, fieng „er an, und ich hätte schon einigemal Gelegenheit „gehabt, sie zu verheurathen, wenn ich ihrer Nei„gung hätte Gewalt anthun wollen; allein warum „soll ich trachten, ein einziges Kind aus dem Hau„se zu bringen, das ich liebe, und welches ich noch „dazu zu meinem Hauswesen unentbehrlich finde? „Es würde grausam von mir gehandelt seyn, wenn „ich sie zu einer Heirath bereden wollte, die sie aus „Gehorsam zwar eingehen, aber sich doch bald un„glücklich schätzen, und als das Opfer meines Ei„gensinnes betrachten würde."

Ich gab ihm hierauf zur Antwort, wie ich sie diese kurze Zeit meines Aufenthaltes kennen gelernet, und gefunden hätte, daß ihr Herz und Tugenden vollkommen mit dem Aeußerlichen übereinstimmten, und daß sich daher jeder Mann für den glücklichsten unter allen schätzen müsse, den er einst zu seinen Eidam wählen würde. — — „Wäh„len? — erwiederte er: ich habe Euch schon ge„sagt, daß ich die Wahl allezeit meiner Tochter „überlasse, wenn sie auf Vernunft gegründet ist; „und dann ist nur mein Beyfall nöthig. Dürfte „ich wählen, so wüßte ich schon, auf wen diese „Wahl fallen würde; allein ich muß aufrichtig „gestehen, daß ich viel zu empfindlich darüber seyn

U 2 „wür-

„würde, wenn derjenige, dem ich die Hand meiner
„Tochter antrüge, sie etwa ausschlagen sollte."—

Er sah mich unter diesen Worten mit einer viel
sagenden Mine starr an, und schwieg itzt auf einmal still. Auch ich sagte lange kein Wort. Es
war mir nicht schwer zu merken, daß er blos auf
mich gezielet hatte, und diese Erklärung, so erfreulich sie mir auch war, setzte mich doch, da sie mir
so ganz unvermuthet kam, in einige Verlegenheit.
Doch ich faßte Herz, und gestand ihm, daß ich
seine Tochter aufs redlichste liebe, und falls ihm
nicht mein Stand zu gering wäre, ihn um ihre
Hand bitten würde.

Er sagte kein Wort darauf, sondern hieß mich
auf ihn warten, und gieng zur Thüre hinaus.
Bald darauf kam er mit Louisen, und führte sie
gegen mich. Willst du Herrn Müller haben? —
fragte er sie itzt. Das Mädchen stutzte über diese
unvermuthete Frage, ich gieng aber auf sie zu,
und küßte ihr die Hand; und da der Vater seine Frage wiederholte, und ihr sich frei zu erklären
befahl, antwortete sie mit einem bescheidenen Ja.
„— „Nun, sagte er hierauf, gebe ich meine Ein-
„willigung dazu von ganzem Herzen; allein ich muß
„eine Bedingniß anhängen, deren Erfüllung von
„Euch, Herr Müller, abhängt, nämlich daß Ihr
„mir versprechet, so lange ich lebe, in meinem
„Hause zu bleiben, und nicht von mir zu ziehen.
„Ich bin dann Euer Kostgänger, und nach mei-
„nem Tode sollt Ihr alles bekommen, was ich ha-
„be; dabei aber verspreche ich euch auch, mich nie
„in

„in Eure ehelichen Händel zu mengen. Einem
„Windbeutel würde ich meine Tochter nie gegeben
„haben; Ihr aber seyd lange genug unglücklich
„gewesen, und endlich dennoch so glücklich gewor=
„den, als mancher nicht wird, der sein ganzes
„Kapital auf ein ostindisches Handlungsschiff le=
„get, und Ihr müsset ein braver Mann seyn, weil
„Euch der Himmel so wohl will. Da Ihr nun
„den Besitz meiner Tochter, wie ihr saget, auch
„für ein Glück haltet, so darf ich die Absicht des
„Himmels nicht unterbrechen. Ich bitte nur,
„daß ihr mich beide in Zukunft lieben möget."

Ich dankte ihm nun für seine Freundschaft,
und es wurde sogleich der Tag anberaumt, an
welchem die Hochzeit auch vollzogen wurde. Ich
war nun, da ich ein liebenswürdiges treues
Weib besaß, und einen edeldenkenden Schwieger=
vater um mich hatte, der glücklichste Mensch un=
ter der Sonne; allein es währte nicht lange. Der
Kapitain war von seiner ersten Jugend an die Rei=
sen und Strapazen gewohnt gewesen; seinem Kör=
per that daher die jählinge Ruhe gar nicht gut,
und er verfiel bald in verschiedene Krankheiten, die
ihn so sehr mitnahmen, daß er, da er kaum ein
Jahr wieder zu Hause war, zu unserm großen Leid=
wesen mit Tode abgieng.

Dieser Verlust machte uns den längeren Auf=
enthalt in Brest so zuwider, daß wir uns endlich
entschlossen, in Zukunft in einer andern Stadt zu
wohnen, und wählten uns Paris, als diejenige,
wo man Gelegenheit hat, sein Geld mit Vergnü=
gen

gen zu verzehren, besonders, weil uns, nachdem wir durch diesen Hintritt nunmehr ein Vermögen von tausend Pfund Sterling beisammen hatten, keine Nahrungssorgen drücken durften. Wir machten also alles zu Gelde, und reißten dahin, wo wir uns den Theil eines schönen Hauses mietheten, das in der Straße St. Germain gelegen war.

Ich hatte, ehe wir von Brest abgereiset waren, alle unsere Kapitalien aufgekündiget, und sie im baarem Gelde bei mir, indem an gedachtem Orte sehr wenige Interessen bezahlet wurden, die ich also in dieser Stadt besser unterzubringen hoffte. In dieser Absicht suchte ich Bekanntschaft mit Parisern zu machen, und gieng an alle öffentlichen Oerter, wo ich nur glaubte, daß Leute von Bedeutung hinkommen möchten. Unter andern besuchte ich auch eines der größten Kaffeehäuser dieser Zeit, welches unweit dem bekannten Platz La Greve gelegen war, und wohin Menschen von allen Ständen verschiedener Nationen kamen.

Sechs Wochen war ich schon da, und hatte diese Zeit über wenig Tage ausgelassen, wo ich es nicht besuchet, und immer neue Bekanntschaftserwerbungen gemachet hätte. Unter andern lernte ich einen Mann kennen, der bereits über die ersten Jugendjahre hinweg, und etliche vierzig zählen mochte. Er hatte ein gesetztes Wesen an sich, und war in jeder Gesellschaft sehr beliebt, weil er gern plauderte, und hundert artige Histörchen nach der Reihe her zu erzählen wußte. Sein Name war Du Bois. Er war auch sehr weit in der Welt herum um gereiſet, und hatte verſchiedene Gegenden von Amerika beſehen. Dieſerwegen war er ganz ein Mann nach meinem Schlage, und unſere Freundſchaft gieng bald ſo weit, daß er mich in meinem Hauſe beſuchte, wo ich ihm die meiſten meiner Begebenheiten gleichfalls anvertraute, und ich ſowohl als meine Frau beeiferten uns gleichſam um die Wette, ihm alle erſinnlichen Gefälligkeiten anzuthun, die mir aber am Ende ſehr übel vergolten wurden. Eines Tages ſaßen wir unter einer ziemlich ſtarken Geſellſchaft von Männern beiſammen, und da kam die Rede endlich auch auf England. Hier ließ er ſich nun offenherzig heraus, **daß die Einwohner dieſes Landes ein Volk ſeyen**, welches weder Lebensart noch Tugend, noch wahren Verſtand beſäße, kurz ein ganz rohes, ungeſittetes Volk, und ſetzte ſie beinahe mit den unvernünftigen Thieren in eine Klaſſe.

Dieſe Schilderung war mir, der ich dieſe **edle Nation** beſſer kennen gelernet hatte, da ich lange unter ihnen diente, höchſt unangenehm, und ich gab ihm mein Mißfallen darüber zu erkennen, welches ihn ſo wider mich aufbrachte, daß er mir die gröbſten Schimpfworte gab, und mich ſogleich auf einen Zweikampf heraus forderte, welchen ich auch annahm. Nach zwei Tagen ſollte er in **der Gegend von Verſailles** vor ſich gehen. Ich verfügte mich nach Hauſe, ſagte aber meiner Frau nicht das geringſte davon, und begab mich an benanntem Tage zu dem beſtimmten Orte, wo ich meinen Gegner antraf.

Das

Das Gefecht gieng alsogleich vor sich, nicht weit von einem kleinen Landhause; und da ich in der Führung des Degens weniger geschickt war, als mein Feind; so geschah es, daß ich eine gefährliche Wunde in den Unterleib bekam, wovon ich auf der Stelle niederstürzte. Der Bösewicht war entweder so verzagt, oder so unmenschlich, daß er, da er mich todt glaubte, liegen ließ, und seines Weges gieng. Ich war in eine tiefe Ohnmacht gesunken. Da ich wieder zu mir selbst kam, sah ich mich in dem bemerkten Landhause auf einem reinlichen Bette, wo eben ein Wundarzt beschäftiget war, mir meine Wunde zu verbinden, und eine bejahrte Weibsperson gegenwärtig war, die Bandagen hielt, und Umschläge bereitete. Ich erkundigte mich bei ihr, auf wessen Veranstalten ich hier verpfleget würde, konnte aber keine andere Antwort aus ihr bringen, als daß es eine Person sey, die mich schon seit einigen Jahren kennte, deren ich mich aber schwerlich erinnern würde, die mich aber bitten ließ, mich zu schonen, damit ich bald wieder hergestellet würde.

Ich machte mir hierüber unterschiedliche Gedanken, ohne daß ich auf den wahren Grund kommen konnte. Indessen wurde ich mit aller Sorgfalt behandelt, die sich nur erdenken läßt, so daß ich mich nach sechs Wochen wieder vollkommen hergestellet fand. Ich hatte in dieser Zeit an meine Frau zwei Briefe abgeschickt, aber nie eine Antwort bekommen, und dieser Umstand befremdete mich über die Maßen. Sobald ich also wieder

auf

auf den Beinen war, machte ich Anstalt, nach Paris zurück zu kehren, um mich wegen den Sonderbaren dieses Umstandes zu belehren. Da ich überflüßig Geld hatte, ließ ich mir von der Alten meine Rechnung machen, und hinterbrachte ihr die Ursache meines Zurückgehens; allein sie gab mir zur Antwort, wie sie gemessenen Befehl habe, nichts von mir anzunehmen, und mir zu sagen, daß alles, was man an mir gethan habe, aus Pflicht geschehen sey. So ungern ich auch dieses annahm, so mußte ich es dennoch geschehen lassen, und ich bat sie nur noch, mir einen Wagen zu bestellen, auf welchem ich dann nach Paris fuhr.

Ich wandte mich gerad nach meinem **Hause.** Sobald ich abstieg, kam mir der Wirth entgegen, und brachte mir die Schlüssel von meiner Wohnung, mit der Nachricht, daß meine Frau sie ihm aufzuheben gegeben hätte, da sie verreiset wäre, und ihm aufgetragen hätte, sie mir zuzustellen, sobald ich nach Hause käme. Da ich nicht das Mindeste von einer Reise wußte, so war ich darüber ganz erstaunet, gieng aber alsobald auf das Zimmer, in welchem sie gewohnet hatte. Ich fand dort alles in ziemlicher Ordnung; da ich aber die Augen von ohngefähr auf ihren Putztisch warf, sah ich einen Brief liegen, der an mich gerichtet, und folgenden Inhalts war:

„Mein Herr Gemahl!

„Sie verließen mich vor einiger Zeit, ohne „mir das Geringste davon zu sagen, oder von sich
„hören

„hören zu lassen. Wenn sie überzeugt sind, wie
„sehr ich Sie vom ersten Anbeginn unseres Ehe-
„standes geliebet habe, so werden Sie leicht ein-
„sehen, wie schmerzlich es mir fiel. Vielleicht
„hätte ich armes betrogenes Weib noch lange die
„Thorheit begangen, um Sie zu weinen, und be-
„kümmert zu seyn, da ich nichts von Ihnen erfah-
„ren können; allein, es giebt doch noch Freunde,
„die Träume auslegen können. Ich erfuhr bald
„durch einen braven Mann, daß Sie so glücklich
„waren, Ihre geliebtere Jiatoah wieder zu fin-
„den, und in derselben schwarzen Armen ein Weib
„zu vergessen, welches Ihnen ganz gleichgültig
„war, und Sie entweder aus Eigennutz, oder aus
„Dankbarkeit gegen ihren Vater geheirathet haben.

„So sehr ich auch Ursache hätte, mich über
„Dero Betragen zu beklagen, so sollen Sie mich
„doch auf einer weit großmüthigern Seite kennen
„lernen. Allem Anschein nach wünschen Sie von
„dem Zwange frei zu seyn, der Sie an mich bindet,
„und ich selbst will diesen Wunsch in Erfüllung
„bringen. Ich sage Sie hiermit von aller Pflicht
„los, und trenne selbst ein Band, welches Ihnen
„zur Last fällt.

„Damit Ihnen nun meine Gegenwart nicht
„mehr hinderlich seyn möge, so reise ich in die-
„sem Augenblicke von Paris, um Sie niemals
„wieder zu sehen. Ich habe nichts von dem ange-
„rühret, was Ihr Eigenthum ist; allein Sie
„wissen, daß ich einiges Vermögen zu Ihnen ge-
„bracht habe, welches ich Ihnen nicht lassen
„konnte,

„konnte, weil ich es unter einem andern Himmels=
„striche zu meinem Unterhalte nöthig haben werde.
„Laſſen Sie ſich dieſes zu einem Beweggrunde die=
„nen, nicht nach mir zu fragen; denn ich habe
„ſolche Anſtalten getroffen, die alle Ihre Mühe
„vereiteln werden. Leben Sie übrigens wohl, le=
„ben Sie glücklicher mit Ihrer Jiatoah, und er=
„lauben Sie mir wieder zu heißen

   Dero
     ergebenſte
     Louiſe La Rogne.

Nach Leſung dieſer Zeilen konnte ich lange nicht aus meinem Erſtaunen zurück kommen, in= dem ſie ſo voll Räthſel waren, daß ich ſie für ver= rückt halten mußte. Jiatoah, dacht' ich: — was für Träume? — Doch endlich fiel mir ein, daß ſie nach ihrem eigenen Geſtändniß keinen Brief von mir bekommen hatte, und nun merkt' ich bei= nahe, daß ein Betrug oder Irrthum hinter dieſer Sache ſtecken müſſe. Ich wollte eben über den Vorſaal gehen, um meinen Hauswirth über einige Umſtände ihrer Abreiſe zu befragen, als mir einer meiner Bedienten entgegen kam, welchen ſie zuvor abgedanket hatte, und der täglich etlichemal nach= fragte, ob noch niemand von ſeiner Herrſchaft wie= der gekommen ſey. Ich fragte ihn voll Haſtigkeit, wo meine Frau hingereiſet ſey; allein er gab mir hier ſeine Verwunderung zu erkennen, indem er ſie bei mir anzutreffen glaubte. Endlich gab er mir folgende Erläuterung.

             Den=

Denselben Tag, als ich ausgeblieben, sey Du Bois gekommen, und über drei Stunden lang bei meiner Frau geblieben. Er habe diesen Besuch vier Tage hinter einander fortgesetzt, endlich hätten beide die Post genommen, und vorgegeben, daß, da ich auf einige Tage über Land gereiset sey, sie mich abholen wollten.

Ich war nun auf einmal zu Hause, und merkte, daß mir dieser saubere Freund mein Weib verführet hatte, und sie mit ihm durchgegangen war, und da ich ihm weiter nachfragte, klärte es sich noch deutlicher auf. Ich machte diese Sache gleich bei dem Polizeylieutenant bekannt, und stellte Nachforschung um die Flüchtigen an, die aber ganz vergebens war. Indessen erkundigte ich mich bei einigen Bekannten um die nähern Umstände des Du Bois, und erfuhr, daß er in der Nähe von Paris ein kleines Landhaus hätte. Sogleich ließ ich mich in einem Wagen dahinbringen, und stieg zu meiner Verwunderung an dem nämlichen Orte ab, wo ich verwundet gelegen hatte. Man sagte mir hier, daß Monsieur Du Bois seit Kurzem verreiset, seine Gemahlinn aber zu Hause wäre, zu welcher ich nunmehr verlangte.

Man machte anfangs einige Schwierigkeit, mich bei dieser Frau anzumelden, endlich aber bekam ich doch Zutritt; allein wie groß war mein Erstaunen, als es Jiatoah war. Sie that einen Schrei der Freude, und fiel mir sogleich um den Hals; aber bald erholte sie sich, und sagte, indem sie einige Schritte zurück trat, daß sie Herrn

von

von Du Bois zugehöre; und sich aus Furcht vor ihm nicht eher mir zu erkennen geben wollen, doch aber, da sie mich durch das Fenster gesehen, nicht hätte zu Grunde gehen lassen können. Doch ich half ihr bald aus dem Traum, und nun erfuhr ich alles. Der leichtsinnige Du Bois hatte sie in Barbados von einem Engländer um vierzig Guineen gekauft, und mit sich nach Europa genommen. Da er anfänglich sterblich in sie verliebt war, so verband er sich mit ihr am Altar; aber sein Feuer verschwand sehr bald wieder, und er suchte sein Vergnügen anderwärts.

Er hatte sich in meine Frau verliebt, und den Zweikampf geflissentlich angestellet, um mich in sein Haus zu bringen, und meiner Louise alle falschen Nachrichten hinterbracht, auch meine Briefe an sie untergeschlagen, wodurch es ihm dann gelang, sie zu verführen. Wir waren nun beide betrogen, und mußten uns eines mit dem andern trösten. Nachdem wir uns von unserer ersten Zerstreuung in etwas erholet hatten, bat ich Jiatoah, mir ihre Geschichte seit der Zeit, als ich sie verloren hatte, zu erzählen, und sie erklärte mir folgendes.

Da sie eines Tages aus meiner Hütte gieng, im Flusse einige Fische zu fangen, und sich denselben aufwärts um etwas entfernte, wurde sie plötzlich von einigen Wilden der benachbarten Nation überfallen, und fortgeschleppet, die sie denn zu dem Zauberer brachten, welchen ich kurz zuvor von mir gejaget hatte. Da sie unter den Indianerin=

nerinnen für eine der größten Schönheiten angesehen war, so entbrannte der Bösewicht, welcher vermuthlich ihre Entführung veranlasset hatte, sogleich in Liebe gegen sie, wogegen sie ihm aber ihre Verachtung bezeugte. In eben dieser Zeit war auf der westlichen Seite dieses Landes ein englisches Schiff angekommen, und da er sah, daß er nichts bei ihr zu hoffen hatte, und sie doch aus Furcht einer Ahndung nicht mehr nach Hause gehen lassen durfte, glaubte er, er könne, damit die Sache verschwiegen bleibe, nichts besseres thun, als sie ganz auf die Seite zu bringen.

Er schenkte sie also einem Schiffsofficier, von welchem sie gleich an Bord gebracht, und verwahret wurde. Nach einigen Tagen gieng das Schiff unter Segel, und da es an verschiedenen Küsten von Amerika gelandet hatte, lief es endlich in den Hafen von Barbados ein. Der Schiffsofficier liebte sie, und würde sie vermuthlich niemals verkaufet haben; allein kurz zuvor, ehe sie an diesen Ort kamen, starb er, und nun wollte sich der Oberbootsmann Eigenthumsrecht auf sie anmassen, welches vielen mißfällig war, und es entstand endlich ein Streit, welcher von der Equipage sie haben sollte. Man übergab endlich die Entscheidung dem Kapitain, und dieser that den Ausspruch, daß sie Niemand auf dem Schiff bekommen, und sie auf dem Markt verkauft, das Geld dafür aber unter die Equipage vertheilet werden sollte.

So wenig auch dies den Streitern gefiel, so durften sie doch nichts dawider sagen, und sie wurde de auf den Markt gebracht, wo sie erst ein Engländer kaufte, von welchem sie nachher Monsieur Du Bois, der eben auf einem andern Schiffe war, käuflich an sich brachte, mit nach Frankreich führte, und endlich zu seiner Gemahlinn nahm, nachdem er, als ein vermöglicher Mann, so wie ich, vorher den Seedienst quittiret hatte.

Wir sahen nunmehr ein, daß wir beide sehr schändlich betrogen worden waren, und ich erneuerte meine ganze Freundschaft mit dieser schönen Indianerinn, in so weit sie nämlich die Ehrbarkeit nicht verletzte. Da ihr treuloser Mann das meiste von seinem Vermögen mit sich genommen hatte, so versprach ich ihr, sie bis auf weite Aufklärung der Sache von dem meinigen zu unterstützen. Von dieser Zeit waren wir immer beisammen; endlich bekamen wir, nachdem sechs Monate vorüber waren, dennoch eine Nachricht von unsern Ehekonsorten.

Sie waren beyde zu Schiffe nach Amsterdam gegangen, wo mein Weib in den ersten vier Wochen an einer epidemischen Krankheit gestorben war. Du Bois kam endlich auch auf das Krankenlager, und da er merkte, daß es mit ihm zum Abdruck gieng, sah er sein Unrecht ein, machte ein Testament für seine Frau, und schickte es ihr nebst einem Briefe zu, worin er uns beide auf das wehmüthigste um Vergebung seines Vergehens bat. Wir bekamen dieses, nebst der Nachricht von seinem Tode, und wurden berufen, die Erbschaft zu erheben, die ich also bald durch Wechsel übermachen

chen ließ. Gleich darauf heirathete ich Jiatoah, die über diesen Wechsel die größte Freude bezeugte.

Wir waren nun in den blühendsten Glücksumständen, und blieben noch ein ganzes Jahr in Paris. Endlich fiel mir ein, in mein Vaterland zu gehen, und ich that meiner Frau diesen Vorschlag, mit welchem sie auch wohl zufrieden war. Wir reiseten also nach Steyermark ab, wo ich noch zween von meinen Brüdern in sehr dürftigen Umständen antraf; mein Vater aber, und alle übrigen Bekannten waren theils gestorben, theils zerstreuet. Die beiden Brüder unterstützte ich, indem ich jedem einen schönen Gasthof kaufte, auf welchem er sich wohl fortbringen konnte; ich aber erkaufte mir ein mittelmäßiges Landgut ohnweit Gräz, auf welchem ich nun mit meiner geliebtesten Jiatoah das vergnügteste Leben führe, und in ihren Armen sorgenlos meine übrigen Tage verleben werde.

www.ingramcontent.com/pod-product-compliance
Lightning Source LLC
Chambersburg PA
CBHW022048230426
43672CB00008B/1102